VERÖFFENTLICHUNGEN DES
HWWA - INSTITUT FÜR WIRTSCHAFTSFORSCHUNG - HAMBURG

HWWA-STUDIEN ZUR AUSSENWIRTSCHAFT UND ENTWICKLUNGSPOLITIK
herausgegeben von Manfred Holthus, Dietrich Kebschull, Hans-Eckart Scharrer

Analyse der Themen und Ergebnisse der dritten Welthandelskonferenz

Probleme der Entwicklungsländer
nach der dritten UN-Konferenz für Handel
und Entwicklung (UNCTAD III)

Ahmad Naini
Axel Borrmann   Hans-L. Dornbusch

1972

VERLAG WELTARCHIV GMBH · 2 HAMBURG 36

©
Ahmad Naini
Verlag Weltarchiv GmbH, 2 Hamburg 36
1972
Alle Rechte vorbehalten
Ohne ausdrückliche Genehmigung des Verlages ist es auch nicht gestattet, das Buch oder
Teile daraus auf photomechanischem Wege (Photokopie, Mikrokopie) zu vervielfältigen.
ISBN 3-87895-088-8

VERÖFFENTLICHUNGEN DES

HWWA - INSTITUT FÜR WIRTSCHAFTSFORSCHUNG - HAMBURG

Das HWWA-Institut für Wirtschaftsforschung-Hamburg (gegründet 1908) ist eine wissenschaftliche Anstalt der Freien und Hansestadt Hamburg. Es ist in seiner Arbeit den Bedürfnissen der wirtschaftlichen und politischen Praxis zugewandt. Das gilt sowohl für seine ausgedehnten Sammlungen und seinen Beratungsdienst als auch für seine Forschungsarbeiten. Die Tätigkeit des Instituts reicht von der Dokumentation und Literaturbeschaffung über umfassende Auskünfte und monographische Berichte bis zu wissenschaftlichen Gutachten und grundlegenden Untersuchungen. Sein Forschungsinteresse ist dementsprechend in erster Linie auf empirische Studien und die angewandte sozial- und wirtschaftswissenschaftliche Theorie gerichtet. Dabei stehen weltwirtschaftliche Bezüge im Vordergrund der Beobachtung.

Mit seinen Veröffentlichungen möchte das HWWA-Institut für Wirtschaftsforschung-Hamburg nicht nur dem Kreis seiner Freunde und Förderer, sondern darüber hinaus einer möglichst breiten interessierten Öffentlichkeit Einblick in seine verschiedenen Arbeitsbereiche bieten.

Die Autoren der vorliegenden Studie Ahmad Naini, Axel Borrmann und Hans-L. Dornbusch sind wissenschaftliche Referenten der Abteilung Entwicklungspolitik im HWWA-Institut für Wirtschaftsforschung-Hamburg. Die Arbeit wurde unter der Leitung von Ahmad Naini durchgeführt.

Hamburg, im August 1972

Heinz-Dietrich O r t l i e b

INHALT

I	GENF, NEU-DELHI, SANTIAGO DE CHILE	1
II	ÜBERBLICK ÜBER DEN INTERNATIONALEN HANDEL UND DIE WIRTSCHAFTSENTWICKLUNG	9
	1. Kluft zwischen Industrie- und Entwicklungsländern	9
	2. Position der Entwicklungsländer im Welthandel	12
	3. Handelspolitik als Mittel der Entwicklungshilfe	18
III	ROHSTOFFPOLITIK	20
	1. Bedeutung der Rohstoffexporte für die Entwicklungsländer	20
	2. Rohstoffabkommen - Forderungen und Ergebnisse	23
	3. Das Problem des Marktzugangs	28
	4. Probleme des Substitutionswettbewerbs	32
	5. Rationalisierung der Vermarktungs- und Verteilungssysteme	34
	6. Nutzung des Meeresbodens	36
IV	TARIFÄRE HANDELSHEMMNISSE	38
	1. Bedeutung der Halb- und Fertigwarenexporte für die Entwicklungsländer	38
	2. Zollpräferenzen für Entwicklungsländer	41
	3. EWG-Zollpräferenzen	44
	4. Zollpräferenzen der Ostblockländer	51
V	NICHT-TARIFÄRE HANDELSHEMMNISSE UND RESTRIKTIVE GESCHÄFTSPRAKTIKEN	54
	1. Nicht-tarifäre Handelshemmnisse	54
	2. Restriktive Geschäftspraktiken der Privatwirtschaft	58
	3. Möglichkeiten eines allgemeinen Abbaus im Rahmen des GATT	60
	4. Forderung nach einem einseitigen Abbau zugunsten der Entwicklungsländer	61
VI	EXPORTFÖRDERUNG UND STRUKTURANPASSUNG IN DEN INDUSTRIELÄNDERN	64
	1. Kommerzielle Exportförderungemaßnahmen	64
	2. Strukturanpassung in den Industrieländern	68

VII	MASSNAHMEN ZUR DIVERSIFIZIERUNG	72
	1. Strukturschwächen der Entwicklungsländer	72
	2. Die Bedeutung der Diversifizierung für den Entwicklungsprozeß	80
	3. Voraussetzungen für die Wirksamkeit von Diversifizierungsmaßnahmen	82
	4. Perspektiven für die Diversifizierung	85
VIII	ENTWICKLUNGSHILFE	88
	1. Entwicklungshilfezusagen und -leistungen	88
	2. Konditionen der öffentlichen Entwicklungshilfe	99
	3. Direktinvestitionen in den Entwicklungsländern	104
	4. Entwicklungshilfe der sozialistischen Länder	108
IX	VERSCHULDUNGSSITUATION	111
	1. Umfang und Struktur der Verschuldung der Entwicklungsländer	111
	2. Maßnahmen zur Schuldenerleichterung	115
X	PROBLEME DER GEGENWÄRTIGEN WÄHRUNGSORDNUNG	117
	1. Die Stellung der Entwicklungsländer im internationalen Währungssystem	117
	2. Die Notwendigkeit einer stärkeren entwicklungspolitischen Orientierung des internationalen Währungssystems	126
	3. Vorschläge und Forderungen zur Verbesserung der Liquiditätsversorgung der Entwicklungsländer	128
XI	WÄHRUNGSREFORM UND LINK	133
	1. Entwicklungsländer und Währungsreform	133
	2. Der Link	135
XII	FINANZIERUNG VON EXPORTERLÖSSCHWANKUNGEN	141
	1. Das Problem schwankender Exporterlöse	141
	2. Die kompensatorische Finanzierung	143
	3. Ergänzungsfinanzierung	146
XIII	SCHIFFAHRTSPOLITIK, TOURISMUS UND VERSICHERUNGSWESEN	149
	1. Kritik der Entwicklungsländer	149
	2. Bedeutung der Seeschiffahrt	151
	3. Schiffahrtspolitische Kontroverse in Santiago	154
	4. Tourismus und Versicherungswesen	156

XIV	TECHNOLOGIETRANSFER	159
	1. Wachstumspolitische Bedeutung des Technologietransfer für die Entwicklungsländer	159
	2. Maßnahmen zur Förderung des Technologietransfers	161
XV	HANDELSBEZIEHUNGEN ZWISCHEN LÄNDERN MIT UNTERSCHIEDLICHEN GESELLSCHAFTSSYSTEMEN	163
	1. Handelsvolumen und -struktur der sozialistischen Länder	163
	2. Intensivierung der Handelsbeziehungen sozialistischer Staaten mit Entwicklungsländern	168
XVI	HANDELSEXPANSION UND WIRTSCHAFTLICHE INTEGRATION ZWISCHEN ENTWICKLUNGSLÄNDERN	170
	1. Stand der wirtschaftlichen Integration	170
	2. Förderung der Integrationsbemühungen	172
XVII	MASSNAHMEN ZUGUNSTEN DER AM STÄRKSTEN ZURÜCKGEBLIEBENEN LÄNDER UND DER LÄNDER OHNE ZUGANG ZUM MEER	176
	1. Die am wenigsten entwickelten Länder	176
	2. Vom Meer abgeschlossene Entwicklungsländer	179
XVIII	SONSTIGE WICHTIGE BESCHLÜSSE DER UNCTAD	181
	1. Charta der ökonomischen Rechte und Pflichten aller Staaten	181
	2. Multilaterale Handelsgespräche	182
	3. Regierungskonsultationen über Fragen des Marktzugangs und der Preispolitik	183
	4. Entschließung zum Suezkanal	184
	5. Wirtschaftliche Aspekte der Abrüstung	184
	6. Öffentlichkeitsarbeit	185
ANHANG	BERICHT DES GENERALSEKRETÄRS DER UNCTAD AN DEN GENERALSEKRETÄR DER VEREINTEN NATIONEN	186
LITERATURVERZEICHNIS		203

VERZEICHNIS DER TABELLEN

Tabelle	1:	Bevölkerung und Bruttosozialprodukt nach Ländergruppen / Regionen 1969 - 1970	10
Tabelle	2:	Entwicklung des realen Bruttosozialprodukts pro Kopf nach Ländergruppen /Regionen 1960 - 1970	11
Tabelle	3:	Entwicklung des Welthandels nach Ländergruppen / Regionen 1950 - 1970	14
Tabelle	4:	Handel der Entwicklungsländer nach Ländergruppen 1960, 1970, 1971	15
Tabelle	5:	Weltexport nach Ländergruppen und Warengruppen 1960 und 1970	17
Tabelle	6:	Fertigwarenexporte der Entwicklungsländer nach Regionen in einzelne Ländergruppen 1960, 1969	39
Tabelle	7:	Entwicklung der EWG-Importe aus den Entwicklungsländern 1960 - 1971	49
Tabelle	8:	Export von Fertigprodukten der Entwicklungsländer in die sozialistischen Länder Osteuropas und Asiens 1960, 1965, 1969	52
Tabelle	9:	Häufigkeit von nicht-tarifären Importrestriktionen ausgewählter Industrieländer auf bestimmte Produkte der Entwicklungsländer im Jahre 1968	57
Tabelle	10:	Veränderung der Exporte ausgewählter Problemgüter aus Entwicklungsländern von 1959/61 bis 1967/69	74
Tabelle	11:	Exporte ausgewählter Agrarprodukte aus Entwicklungsländern 1959/61 bis 1967/69 und Projektionen für 1970-80	75
Tabelle	12:	Ausgewählte Entwicklungsländer mit ausgeprägter Abhängigkeit von nur einem Exportprodukt im Jahr 1969	76
Tabelle	13:	Ausgewählte Entwicklungsländer mit ausgeprägter Abhängigkeit von nur einem Exportprodukt im Jahr 1969	78
Tabelle	14:	Gesamte Nettoleistungen der DAC-Länder 1960-1971	89
Tabelle	15:	Öffentliche Entwicklungshilfe (Nettobetrag) der DAC-Länder 1960 - 1971	90
Tabelle	16:	Struktur der finanziellen Nettoleistungen der DAC-Länder 1961 - 1971	92
Tabelle	17:	Entwicklungsländer, die von den DAC-Ländern und multilateralen Stellen mehr als 40 Mill. US-$ öffentliche Entwicklungshilfe empfingen, 1969 - 1970	95

Tabelle 18:	Finanzielle Bedingungen der öffentlichen Entwicklungshilfe 1970/71	100
Tabelle 19:	Schätzungen der Investitionen der DAC-Staaten in den Entwicklungsländern Ende 1967	106
Tabelle 20:	Gewinnrückfluß aus Direktinvestitionen 1965-1969	107
Tabelle 21:	Deutsche Direktinvestitionen in Industrie- und Entwicklungsländern	108
Tabelle 22:	Entwicklungshilfezusagen der sozialistischen Länder 1961 - 1970	109
Tabelle 23:	Regionale Auslandsverschuldung der Entwicklungsländer von 1965 bis 1969	112
Tabelle 24:	Schuldendienstzahlungen der Entwicklungsländer nach Regionen von 1965 bis 1969	112
Tabelle 25:	Entwicklungsländer mit einem Schuldendienstquotient von über 10 % im Jahre 1969	113
Tabelle 26:	Regionale Auslandsverschuldung von 80 Entwicklungsländern nach Art des Gläubigers im Jahre 1969	114
Tabelle 27:	Komponenten und Gesamtbestand der internationalen Liquidität 1951 - 1970	119
Tabelle 28:	Die geographische Verteilung der Währungsreserven 1960 - 1970	120
Tabelle 29:	Das Verhältnis der Weltwährungsreserven zum Welthandel 1952 - 1969	121
Tabelle 30:	Quoten und Sonderziehungsrechte im IMF	123
Tabelle 31:	Brutto-Ziehungen im Internationalen Währungsfonds von 1947 bis 30. April 1972	124
Tabelle 32:	Kurzfristige Preisschwankungen ausgewählter Rohstoffe mit starker Instabilität in Beziehung zum Preistrend 1960-70	141
Tabelle 33:	Kurzfristige Preisschwankungen ausgewählter Rohstoffe mit mäßiger Instabilität in Beziehung zum Preistrend 1960-70	142
Tabelle 34:	Die Welthandelsflotte nach Ländergruppen 1960, 1970, 1971	152
Tabelle 35:	Die sieben größten Handelsflotten der Entwicklungsländer 1971	153
Tabelle 36:	Anteil der Entwicklungsländer am internationalen Tourismus von 1960 bis 1968	157
Tabelle 37:	Außenhandel der sozialistischen Länder nach Regionen 1969 bis 1971	165
Tabelle 38:	Außenhandel der osteuropäischen sozialistischen Staaten mit Entwicklungsländern von 1960 - 70	166
Tabelle 39:	Außenhandel Chinas nach Regionen im Jahre 1968	167
Tabelle 40:	Ausgewählte Indikatoren zur Kennzeichnung der am wenigsten entwickelten Länder im Jahre 1969	177

VERZEICHNIS DER SCHAUBILDER

Schaubild 1: Entwicklung jährlicher Durchschnittspreise ausgewählter Nahrungsmittel und Rohstoffe — 21

Schaubild 2: Finanzielle Gesamtleistungen aller DAC-Mitglieder an Entwicklungsländer und multilaterale Stellen 1961 - 71 — 93

Schaubild 3: Struktur der öffentlichen Entwicklungshilfe 1961 - 71 — 93

ABKÜRZUNGSVERZEICHNIS

BIP	Bruttoinlandsprodukt
BMZ	Bundesministerium für wirtschaftliche Zusammenarbeit
BRT	Bruttoregistertonne
BSP	Bruttosozialprodukt
BTN	Brussels Tariff Nomenclature
DAC	Development Assistance Committee
ECOSOC	Economic and Social Council
EWG	Europäische Wirtschaftsgemeinschaft
FAO	Food and Agriculture Organisation
GATT	General Agreement on Tariffs and Trade
IBRD	International Bank for Reconstruction and Development (= Weltbank)
IDA	International Development Association
IFC	International Finance Corporation
IDB	Inter-American Development Bank
ILO	International Labour Organization
IMF	International Monetary Fund = IWF
ITC	International Trade Center
IWF	Internationaler Währungsfonds = IMF
OECD	Organization for Economic Co-operation and Development
SDR	Special Drawing Rights = SZR
SITC	Standard International Trade Classifications
SZR	Sonderziehungsrecht = SDR
UN(O)	United Nations (Organisation)
UNCTAD	United Nations Conference on Trade and Development
UNIDO	United Nations Industrial Development Organisation
UNDP	United Nations Development Program

I. GENF, NEU-DELHI, SANTIAGO DE CHILE

Zum dritten Mal tagte vom 13.4. bis zum 20.5.1972 die Welthandels- und Entwicklungskonferenz der Vereinten Nationen. Sechs Wochen lang diskutierten mehr als 2500 Delegierte aus 142 Ländern über fast alle internationalen Handels- und Entwicklungsfragen. Das Ergebnis einer so großen und aufwendigen Tagung war auch diesmal nicht gerade ermutigend. Als vor acht Jahren die 1. Welthandelskonferenz in Genf nach achtwöchigen Sitzungen ohne konkrete Ergebnisse zu Ende ging, sah man die Ursache in den organisatorischen Anfangsschwierigkeiten einer so großen Veranstaltung. Nach vier Jahren intensiver Diskussionen der UNCTAD-Organe kam man in Neu-Delhi, diesmal eingehender vorbereitet, wieder zusammen. Am Ende der fast acht Wochen dauernden Tagung schrieb Gunnar Myrdal, einer der führenden Wissenschaftler auf dem Gebiet der Entwicklungspolitik: "Die zweite UNCTAD-Sitzungsperiode ... war ein fast vollendeter Mißerfolg"[1].

Ohne greifbare Ergebnisse blieb auch die dritte Tagung in Santiago, doch hielten sich die kritischen Stimmen relativ zurück. Der Grund kann unter anderem darin gesehen werden, daß inzwischen Resignation an die Stelle großer Erwartungen getreten ist.

Anlaß für die Einberufung einer Welthandels- und Entwicklungskonferenz war die Verschlechterung der Handelspositionen der Entwicklungsländer in den 50-er Jahren. Der Anstoß für den Einsatz der Vereinten Nationen zur Vorbereitung der Konferenz kam von den Entwicklungsländern, die auf dem Belgrader Treffen der bündnisfreien Staaten (Herbst 1961) und der Kairo-Konferenz (Juli 1962) entsprechende Initiativen ergriffen hatten. Die Ostblockländer unterstützten von Anfang an die Forderungen der Entwicklungsländer nachdrücklich in der Hoffnung, mit der UNCTAD ein Gegengewicht zum GATT[2] aufbauen zu können, in dem außer der CSSR kein anderer kommunistischer Staat vertreten war. Dagegen standen die westlichen Industrielän-

---

1) Gunnar Myrdal, Politisches Manifest über die Armut in der Welt, Frankfurt 1970, S. 291
2) Das "General Agreement on Tariffs and Trade" - GATT - wurde 1947 als Sonderorgan der Vereinten Nationen gegründet. Von der Mitgliederstruktur her war das GATT eine Institution der westlichen Industrieländer.

der der UNCTAD zunächst ablehnend gegenüber in der Meinung, daß die handelspolitischen Fragen durch andere UN-Organe, vor allem durch das GATT, schon in ausreichendem Maße behandelt werden könnten[1].

Die 1. Welthandelskonferenz fand vom 23.3. - 16.6.1964 in Genf statt, an der 1500 Delegierte aus 120 Staaten teilnahmen (86 Entwicklungsländer, 24 westliche Industrieländer, 10 Ostblockländer)[2]. Themen der Verhandlungen waren vor allem Rohstoffprobleme, der Handel mit Halb- und Halbfertigwaren, Verbesserungen der Dienstleistungsbilanz (einschließlich Schiffahrtsfragen) sowie die Finanzierung einer Ausweitung des internationalen Handels. Die Entwicklungsländer, die sich im Laufe der Konferenz zu einer Interessengemeinschaft (Gruppe der 77) zusammengetan hatten, versuchten, ihre Forderungen mit ihrer großen Majorität durchzusetzen. Die Industrieländer waren jedoch nicht bereit, den mit der Mehrheit der Entwicklungsländer in den UNCTAD-Ausschüssen zustande gekommenen Resolutionsentwürfen zuzustimmen. Um die Konferenz nicht scheitern zu lassen, mußten sich beide Seiten zu Kompromissen durchringen, die aber oft genug lediglich aus vagen Formulierungen bestanden.

Die 2. Welthandelskonferenz, in der bereits 1600 Vertreter aus 133 Staaten und 47 internationalen Organisationen vertreten waren, fand vom 1.2. - 29.3.1968 in Neu-Delhi statt. Auf der Tagesordnung standen abermals die Themen der ersten Welthandelskonferenz, ergänzt durch neue Vorschläge und Entwürfe. In den Vordergrund der Diskussion traten vor allem die in der Charta von Algier[3] niedergelegten Forderungen der Entwicklungsländer. Einmal mehr kam es zu heftigen Meinungsverschiedenheiten zwischen Industrie- und Entwicklungsländern, jedoch verlief die Diskussion etwas sachlicher als in Genf, da sich die Delegierten mit den anstehenden Problemen eingehender auseinandergesetzt hatten. Trotzdem beharrten die Kontra-

---

[1] Zur historisch organisatorischen Entwicklung der UNCTAD siehe A. Naini, Grundfragen der 3. Welthandelskonferenz, Veröffentlichung des HWWA-Institut für Wirtschaftsforschung, Hamburg 1972

[2] Teilnahmeberechtigt sind alle Staaten, die entweder der UN oder einer ihrer Sonderorganisationen angehören.

[3] Bei einem Ministertreffen vom 10. - 25. Oktober 1967 in Algier haben die Entwicklungsländer, die sich auf der 1. UNCTAD zur "Gruppe der 77" zusammengeschlossen hatten - inzwischen war ihre Zahl auf 88 gestiegen -, ihren gemeinsamen Standpunkt für die UNCTAD II formuliert.

henten so sehr auf ihren Standpunkten, daß in vielen Fragen eine
Einigung nicht zu erzielen war. Es galt als ein Verdienst des
UNCTAD-Generalsekretärs Prebisch, daß durch intensive Vermittlungs-
bemühungen die Gefahr eines Scheiterns der Konferenz gebannt werden konnte, jedoch bemerkte Prebisch in seinem Bericht, sie hätten
"nur zu sehr begrenzten positiven Ergebnissen geführt, die dem Ausmaß und der Dringlichkeit des Entwicklungsproblems nicht angemessen sind ..."[1]. Nach seiner Ansicht fehlte der Konferenz ein "ausreichender politischer Wille".

Die Bereitschaft der Industrieländer, Zugeständnisse zugunsten der
Entwicklungsländer zu machen, wurde auch in Santiago vermißt. Sie
gingen wiederum davon aus, daß die Entwicklungsländer das Problem
ihrer Rückständigkeit primär selbst zu lösen hätten und sperrten
sich gegen Zugeständnisse, die auf einen Abbau von Handelshemmnissen auch auf ihrer Seite abzielten und sie zu Anpassungsprozessen
gezwungen hätten, die nur gegen den massiven Druck betroffener ge-
sellschaftlicher Gruppen durchzusetzen sind. Die eigenen inneren
Probleme vieler Industriestaaten bewirkten zudem ein wachsendes
Desinteresse, wenn nicht sogar eine gewisse Gleichgültigkeit gegenüber den Schwierigkeiten anderer Länder. Z.B. schwächte die mit
steigendem privaten Wohlstand verbundene Gefahr einer mangelhaften
Ausstattung mit öffentlichen Leistungen insbesondere die finanzielle Konzessionsbereitschaft der entwickelten Staaten.

Obwohl die Welthandelskonferenz grundsätzlich eine gute Möglichkeit
bietet, die Weltöffentlichkeit auf die Rückständigkeit der Entwicklungsländer aufmerksam zu machen, fand die dritte Tagung jedoch
wegen zeitlicher Überlagerung mit anderen politischen Ereignissen
kaum große Resonanz. Die Verschärfung des Vietnam-Krieges und in-
nenpolitische Probleme zahlreicher Industrienationen, wie etwa die
Ratifizierung der Ostverträge in der BRD, wirtschaftliche Schwierigkeiten und Arbeitsniederlegungen in Großbritannien oder auch die
Parlamentswahlen in Italien haben das Interesse von dieser Sitzungs-
periode abgelenkt.

---

1) United Nations, The Significance of the Second Session of UNCTAD,
   Bericht des Generalsekretärs, New York 1968, S. 20, zitiert in
   G. Myrdal, a.a.O., S. 292

Eine weitere Ursache für das unbefriedigende Ergebnis der Konferenz ist in ihrem Umfang sowie in ihrer jetzigen Tagungsform zu sehen. Die Debatten der Delegierten waren von geringer Flexibilität und Entscheidungsfähigkeit gekennzeichnet, und es tauchten nicht nur Uneinigkeiten zwischen Industrie- und Entwicklungsländern, sondern auch solche innerhalb dieser Gruppen auf. Obwohl sich die "Gruppe der 77", die inzwischen 96 Mitglieder hat, bei ihrer Tagung in Lima auf eine gemeinsame Haltung in Santiago geeinigt hatte [1], kam es bei Ausschußberatungen immer wieder zu Meinungsunterschieden. Das lag vor allem daran, daß die politisch und wirtschaftlich sehr unterschiedlich strukturierten Staaten der Dritten Welt bei einem so mannigfaltigen Komplex der Handels- und Entwicklungspolitik durchaus voneinander abweichende Interessen vertraten.

Auch die Industrieländer bildeten in Santiago nicht immer einen einheitlichen Block. Während die Niederlande und die skandinavischen Staaten die relativ größte Aufgeschlossenheit gegenüber den Entwicklungsländern zeigten, verhielten sich vor allem die USA, aber auch die Länder der EWG in vielen Fragen außerordentlich passiv. Bezeichnend ist in diesem Zusammenhang die Feststellung, daß die Industrieländer in den Sachfragen keine eigenen Entschließungsentwürfe einbrachten, sondern aus ihrer defensiven Haltung die Vorschläge der Entwicklungsländer mit Gegenresolutionen beantworteten.

Die Haltung der sozialistischen Länder war vor allem durch ihre Kritik an den westlichen Industrieländern und die Unterstützung der wesentlichen Forderungen der Entwicklungsländer gekennzeichnet. Ihre Bereitschaft zu weiterer Hilfe für die Entwicklungsländer konnte jedoch nicht darüber hinwegtäuschen, daß die eigene Leistung der Ostblockländer bis jetzt hinter allen Erwartungen zurückgeblieben ist und daher ein großer Teil ihrer Versprechungen lediglich deklamatorischen Charakter haben dürfte. Deshalb blieben auch sie nicht von der Kritik der Entwicklungsländer verschont.

---

1) Wie schon auf der Tagung in Algier (1967) versuchten die Entwicklungsländer auch in Lima (25.10. - 8.11.1971), eine gemeinsame Marschroute für ihre Haltung auf der Welthandelskonferenz zu entwickeln. Trotz mancher gegensätzlichen Auffassungen gelang es, eine gemeinsame Erklärung und ein Aktionsprogramm zu verabschieden.

Mit besonderer Spannung wurde der Auftritt der Volksrepublik China
erwartet. Da China erst im November 1971 in die UNO aufgenommen
wurde, nahm es zum ersten Mal an einer Welthandelskonferenz teil.
Der chinesische Chefdelegierte übte in seiner Antrittsrede scharfe
Kritik an der Politik der Industrieländer, die er als "Kolonialismus, Neokolonialismus und Imperialismus" bezeichnete. Diese Vorwürfe bezogen sich direkt auf die USA, aber auch indirekt auf die Sowjetunion. Als Aufgabe Chinas nannte er die Unterstützung der asiatischen, afrikanischen und lateinamerikanischen Völker in ihrem Kampf
gegen die beiden imperialistischen Supermächte. Die im Verlaufe
der Konferenz gezeigte Haltung Chinas entsprach dennoch nicht den
allgemeinen Erwartungen. Zwar unterstützte es die Forderungen der
Entwicklungsländer, schloß sich aber nicht der "Gruppe der 77" an,
verzichtete auch darauf, detaillierte Alternativen zur Entwicklungspolitik der Industrieländer vorzuschlagen.

Seit der Gründung der Welthandelskonferenz sind nunmehr acht Jahre
vergangen. Inzwischen hat sich die Konferenz zu einer der größten
Organisationen der Vereinten Nationen entwickelt. Ihre Mammutsitzungen finden alle vier Jahre statt und werden durch eine Fülle
einzelner Unterorgane vorbereitet und in ihrer Arbeit ergänzt. An
der Spitze stehen der UNCTAD-Rat sowie das UNCTAD-Sekretariat. Der
Rat, der zunächst aus 55 Mitgliedern bestand und in Santiago auf
68 erweitert wurde[1] (40 Entwicklungsländer, 21 westliche Industrieländer, 7 sozialistische Länder), ist das ausführende Organ der
UNCTAD und tagt mindestens einmal jährlich. Das UNCTAD-Sekretariat
wird von einem Generalsekretär geleitet. Als erster hatte der Argentinier Raul Prebisch (Februar 1965 - März 1969) dieses Amt inne,
sein Nachfolger ist Manuel Perez Guerero aus Venezuela. Die Hauptaufgabe besteht in der Materialzusammenstellung und der Vergabe von
Studien sowie der Organisation von Sitzungen des Rates und der Ausschüsse.

Eine große Zahl von Ausschüssen und Expertengruppen ist von der
UNCTAD zur Behandlung einzelner Sachfragen eingesetzt worden. Es
gibt vier ständige Ausschüsse[2], die für ihre Arbeit wiederum viele

---

1) Für Beschlüsse des UNCTAD-Rates genügt die einfache Mehrheit; für
die der Welthandelskonferenz ist eine 2/3 Mehrheit erforderlich.
2) Ausschuß für: Rohstoffe, Halb- und Fertigwaren, unsichtbaren Handel und Finanzierung des Handels, Schiffahrtsfragen.

Unterausschüsse und Expertengruppen einsetzen. Neben diesen Hauptausschüssen werden für die Behandlung spezieller Fragen ad-hoc-Gruppen und Sonderausschüsse von der Welthandelskonferenz und vom Rat gebildet.

Immer häufiger taucht in der öffentlichen Diskussion die Frage auf, ob diese aufwendigen Tagungen in einem angemessenen Verhältnis zu den bisher doch recht mageren Ergebnissen stehen. Es bleibt zu fragen, ob es nicht besser wäre, auf solche Mammutkonferenzen zu verzichten und stattdessen zu versuchen, die handels- und entwicklungspolitischen Fragen in kleinerem Rahmen zu behandeln. Dies läge schon deshalb nahe, weil die UNCTAD-Beschlüsse keinen verbindlichen Charakter haben, sondern höchstens Empfehlungen darstellen, die niemanden zur Durchführung der Beschlüsse zwingen können.

Die konkreten Ergebnisse der UNCTAD waren bisher, verglichen mit dem Umfang der Bemühungen, sicher tatsächlich gering. Dennoch darf die Welthandelskonferenz nicht allein an den gefaßten Beschlüssen gemessen werden, sondern auch an ihrem politischen Gewicht: Die Konferenz gibt nämlich den ökonomisch schwächeren Ländern die Möglichkeit, ihre Interessen gegenüber den Industrienationen in einem grossen internationalen Rahmen zu artikulieren. Die Arbeit der Konferenz hat schon durch diesen Publizitätseffekt langfristigen Einfluß auf die Entwicklungspolitik, da sich die Industrienationen wegen ihrer außenpolitischen Interessen den Resolutionen auf Dauer nur schwer widersetzen können.

In Santiago hat sich in diesem Sinne ein erster politischer Erfolg der Entwicklungsländer eingestellt. Es wurde durchgesetzt, daß sie nunmehr in währungs- und handelspolitischen Fragen ein Mitsprache- und Mitentscheidungsrecht erhalten. So muß es als Fortschritt gewertet werden, daß sich alle Entwicklungsländer an den Vorbereitungen und den Sitzungen der neuen GATT-Runde 1973 beteiligen können, auch wenn sie nicht Mitglieder sind. Darüber hinaus wurde der Internationale Währungsfonds in einem Beschluß ersucht, die Errichtung eines Zwanziger-Ausschusses, der den Gouverneurs-Rat des IMF in allen währungspolitischen Fragen beraten soll, wohlwollend zu prüfen.

Im Zusammenhang mit den auf der letzten Welthandelskonferenz vorgetragenen Forderungen der Entwicklungsländer nach Maßnahmen zur Beseitigung ihrer wirtschaftlichen und sozialen Rückständigkeit ist auch die Umweltschutz-Konferenz der Vereinten Nationen zu sehen. Auch hier führten die unterschiedlichen Interessen der Industrie- und Entwicklungsländer zu einer unübersehbaren Konfrontation. Während die Industriestaaten zur Wahrung einer menschenwürdigen Umwelt die nicht bedachten Folgen ihrer raschen wirtschaftlichen Entwicklung zu erkennen und bekämpfen beginnen, bilden die Bevölkerungsexplosion, Armut und Unterernährung in den meisten Entwicklungsländern die vordringlicheren Probleme. Darüber hinaus haben diese Staaten aber auch Gelegenheit, die Entwicklung ihrer industriellen Produktion von Beginn an mit der Notwendigkeit der Erhaltung einer lebensfreundlichen Umwelt abzustimmen. Bemerkenswert ist in diesem Zusammenhang die unterschiedliche inhaltliche Fassung des Begriffs Umweltschutz. So gelang es den Entwicklungsländern mit Unterstützung Chinas[1], in der von der Stockholmer Konferenz verabschiedeten Deklaration sowie in einem Aktionsprogramm neben anderen Forderungen durchzusetzen, daß der Ausbau der Forschung, die Eindämmung der Überbevölkerung und die notwendigen Infrastrukturverbesserungen als dringende Umweltfragen anerkannt werden. Auch sollen die Kosten des Umweltschutzes den Industrieländern nicht mehr als Rechtfertigung für eine Verringerung ihrer Entwicklungshilfeleistungen dienen. Eine Anrechnung wurde auf der Konferenz auf Betreiben der Entwicklungsländer ausdrücklich mißbilligt.

Dieser wie andere Beschlüsse beider Konferenzen können jedoch nicht darüber hinwegtäuschen, daß die rasche Bewältigung der Unterentwicklung und eine Verbesserung der menschlichen Lebensbedingungen in allen Teilen der Welt trotz scheinbarer Teilerfolge kaum ohne eine strukturelle Änderung vor allem der öffentlichen Ausgaben erreicht werden können. Nach der Schätzung der Vereinten Nationen wurden im Jahre 1970 in der Welt 200 Mrd. $ für militärische Zwecke ausgegeben. Das entspricht dem Gesamteinkommen der Bevölkerung in Afrika, Südasien und dem Fernen Osten, die ein Drittel der Weltbevölkerung ausmachen[2]. Die Militärausgaben betragen z.Zt. 6-6,5 % des gesamten Bruttosozialproduktes der Welt. Im Vergleich zu den

---

1) Die meisten sozialistischen Länder blieben dieser Konferenz wegen der Aussperrung der DDR als gleichberechtigtem Mitgliedsland fern.
2) Die Weltbevölkerung betrug 1970 ca. 3,6 Mrd.

Mitteln der öffentlichen Entwicklungshilfe überstiegen die Militärausgaben diesen Betrag um das 30fache[1]. Die Zahlen zeigen, welchen entwicklungspolitischen Stellenwert eine Änderung der Ausgabenprioritäten haben könnte.

---

1) Vgl. UN, Economic and Social Consequences of the Arms Race and of Military Expenditure, New York 1972

II. ÜBERBLICK ÜBER DEN INTERNATIONALEN HANDEL UND DIE WIRTSCHAFTS - ENTWICKLUNG

1. Kluft zwischen Industrie- und Entwicklungsländern

Die Welthandels- und Wirtschaftsposition der Entwicklungsländer verschlechterte sich auch in den 60-er Jahren weiterhin, womit sich die Kluft zwischen den reichen Industrieländern und den armen Entwicklungsländern weiterhin vergrößerte. Fast alle der Delegierten aus 142 Ländern äußerten auf der 3. Welthandelskonferenz in Santiago ihre Besorgnis über diese beängstigende Entwicklung. Es wurde in diesem Zusammenhang auf die Tatsache hingewiesen, daß das Pro-Kopf-Einkommen im letzten Jahrzehnt in den Industrieländern um mehr als 650 $, in den Entwicklungsländern jedoch nur um 40 $ gestiegen ist.

Im Zeitalter des Massenkonsums und des ständig steigenden Lebensstandards in den Industrieländern herrschen noch immer Hunger und Armut in weiten Teilen der übrigen Welt. Legt man die verfügbaren Statistiken über Bevölkerungszahlen und das Bruttosozialprodukt der Welt zugrunde (ohne die sozialistischen Staaten Asiens), so verfügten 1969 die westlichen Industrienationen mit einem Anteil von nur 27,2 % der Weltbevölkerung über 72,3 % der Weltproduktion. Die sozialistischen Staaten Osteuropas, einschließlich der UdSSR, konnten mit einem Bevölkerungsanteil von 12,5 % weitere 15,4 % der Weltproduktion auf sich vereinigen. Dagegen bestreiten 60,3 % der Weltbevölkerung, die in Entwicklungsländern leben, nur noch 12,3 % des Weltbruttosozialprodukts.

Zwar stieg das Wirtschaftswachstum der Entwicklungsländer - gemessen am realen Bruttosozialprodukt - im letzten Jahrzehnt mit durchschnittlich 5,1 % pro Jahr geringfügig stärker als das der Industrieländer mit 4,9 %, aber die Bevölkerungsexplosion in der Dritten Welt machte dieses Ergebnis wieder zunichte: das Bruttosozialprodukt pro Kopf nahm in den industrialisierten Staaten um 3,7 %, in den Entwicklungsländern dagegen nur um 2,4 % zu.

Diese Verhältnisse haben nur in einer sehr globalen Betrachtung Aussagekraft und lassen bei Einzelbetrachtungen große regionale und strukturelle Unterschiede erkennen.

Tabelle 1:
Bevölkerung und Bruttosozialprodukt nach Ländergruppen/Regionen 1969-1970

	Anzahl	Bevölkerung 1969		BSP 1969		BSP 1970	
		Mill.	Anteil v.H.	Mrd.$	Anteil v.H.	Mrd.$	Anteil v.H.
Länder mit entwickelten Marktwirtschaften	26	748,2	27,2	1931,4	72,3	2089,0	72,1
Sozialistische Staaten Osteuropas [1]	8	345,4	12,5	410,4	15,4	442,0	15,3
Entwicklungsländer und -gebiete in:	145	1661,3	60,3	328,5	12,3	364,6	12,6
Afrika	53	326,5	11,9	48,4	1,8	52,8	1,8
Süd- und Ostasien	24	996,1	36,2	123,0	4,6	135,7	4,7
Westasien	16	66,5	2,4	27,2	1,0	30,8	1,1
Lateinamerika	39	268,1	9,7	128,4	4,8	143,4	5,0
andere	13	4,1	0,1	1,5	0,1	1,7	0,1
Welt [2]	179	2754,9	100	2670,3	100	2895,6	100

1) Ohne Albanien. Schätzungen des BSP zu Preisen von 1967.
2) Alle Industrieländer, sozialistische Staaten Osteuropas und alle Entwicklungsländer
Quelle: UNCTAD, Review of International Trade and Development 1971,
9 August 1971, TD/B/369 Add.1, p.47

Tabelle 2:

Entwicklung des realen Bruttosozialprodukts – pro Kopf nach Ländergruppen/Regionen 1960-1970

	BSP-pro Kopf Mill.$			Durchschnittliche Wachstumsrate 1960-69			Wachstumsrate des BSP (geschätzt) 1960-70	
	1960	1969	1970	Bevölkerung	BSP	BSP pro Kopf	insg.	pro Kopf
Länder mit entwickelten Marktwirtschaften	1829	2551	2620	1,2	5,1	3,9	4,9	3,7
Sozialistische Staaten Osteuropas [1]	745	1195	1275	1,1	6,6	5,4	6,7	5,5
Entwicklungsländer und -gebiete	161	198	205	2,6	5,0	2,3	5,1	2,4
Erdölexportländer	367	531	554	3,0	7,3	4,2	7,3	4,2
übrige Länder	153	185	192	2,6	4,8	2,1	5,0	2,3
nach Regionen								
Afrika	129	148	151	2,5	4,0	1,5	4,1	1,6
Süd- und Ostasien	101	123	127	2,5	4,8	2,2	4,9	2,3
Westasien	266	409	434	2,6	7,6	4,9	7,7	5,0
Lateinamerika	397	479	496	3,0	5,2	2,1	5,4	2,2
Welt [2]	731	970	989	2,0	5,3	3,2	5,2	3,1

1) Ohne Albanien. Schätzungen des BSP zu Preisen von 1967.
2) Alle Industrieländer, sozialistische Staaten Osteuropas und alle Entwicklungsländer

Quelle: UNCTAD, Review of International Trade and Development 1971, 9 August 1971, TD/B/369/Add.1, p. 48f.

Ein Vergleich des Bruttosozialprodukts pro Kopf im Jahre 1969 zwischen den USA (4240 $), Frankreich (2460 $), BRD (2190 $), Großbritannien (1890 $) einerseits und Indonesien (100 $), Indien (110 $), Marokko (190 $), Algerien (260 $), Brasilien (270 $) auf der anderen Seite zeigt die großen Diskrepanzen des Einkommensniveaus in der Welt. Der Lebensstandard in den Entwicklungsländern könnte nur dann gesteigert werden, wenn ein rasches Wirtschaftswachstum mit einer Reduzierung der Bevölkerungszunahme parallel verliefe.

Wenn auch das Einkommensniveau in den Entwicklungsländern die Rückständigkeit dieser Volkswirtschaften im allgemeinen offenbart, so genügen diese Indikatoren jedoch nicht für eine eingehendere Beurteilung einzelner Staaten. Die in einer dualistischen Wirtschaftsstruktur vorherrschende Diskrepanz zwischen dem modernen Sektor von Industrie und Dienstleistungsbetrieben und dem traditionellen Sektor der Landwirtschaft und Handwerksbetriebe ist ein typisches Merkmal für den niedrigen wirtschaftlichen Entwicklungsstand dieser Länder. Das Pro-Kopf-Einkommen liegt für einen großen Teil der Bevölkerung sogar unter dem statistischen Mittelwert, denn die ungerechte Einkommensverteilung und die nicht vorhandene oder nur mangelhafte soziale Sicherung verschärfen zusätzlich die materielle Notlage der untersten sozialen Schichten. Dieser nicht unerhebliche Bevölkerungsteil ist zur Zeit noch von offener oder verdeckter Arbeitslosigkeit betroffen und hat selbst langfristig nur geringe Aussichten auf Beschäftigung und Einkommen.

Diese wirtschaftlichen Probleme der Entwicklungsländer stehen in einer engen Verbindung zu ihrer Exportentwicklung.

2. Position der Entwicklungsländer im Welthandel

Trotz umfangreicher Bemühungen um eine Lösung der Handelsprobleme der Entwicklungsländer - insbesondere im Rahmen der UNCTAD - konnte die relative Verschlechterung der Handelsposition für diese Staaten in den 60-er Jahren nicht vermieden werden. Die Exporte aus der Dritten Welt stiegen im Zeitraum 1960 - 1970 mit durchschnittlich 7,2 % wesentlich geringer als die Exportausweitung der Industrieländer mit 10,0 %. Sie blieben auch hinter dem Zuwachs der Ostblockländer zurück, deren Exportvolumen immerhin um 8,7 % stieg. Gleichzeitig fiel der

Anteil der Entwicklungsländer am gesamten Welthandel von 21,3 % (1960) auf 17,6 % (1970) zurück. Dieser Trend hielt auch 1971 an. Der Anteil sank auf 17,3 %. Nach der regionalen Aufgliederung wiesen die Exporte der amerikanischen Entwicklungsländer mit einer durchschnittlichen Wachstumsrate von nur 5,5 % im Zeitraum 1960 - 1970 die geringste Ausfuhrzunahme aller Regionen der Dritten Welt auf. Auch am Welthandel sind diese Länder nur noch mit 4,5 % beteiligt (1970), gegenüber 7,8 % im Jahre 1960 und sogar 12,3 % im Jahre 1950. Obwohl die asiatischen Länder ihre Exporte im letzten Jahrzehnt mehr als verdoppelt haben, konnten auch sie ihre Position im Welthandel nicht behaupten. 1971 hatten sie nur einen Anteil von 7,9 % am globalen Handel gegenüber 9,3 % 1961 (1950: 13,5 %).

Nur die afrikanischen Staaten konnten mit einem Exportzuwachs von durchschnittlich 9,1 % pro Jahr (1960-70) annähernd den Weltdurchschnitt von 9,2 % erreichen; ihr volumenmäßiger Anteil am Welthandel blieb mit 4,0 % über die 60-er Jahre hin konstant (1950:5,0 %). Diese Entwicklung ist allerdings hauptsächlich auf die gestiegenen Roherdölexporte aus Nordafrika zurückzuführen. Die wichtigsten Abnehmer für die Ausfuhren der Entwicklungsländer sind die westlichen Industriestaaten, die 1971 über 74,0 % dieser Ausfuhren aufnahmen (1960: 73,3 %). Demgegenüber fielen die Exporte in die Ostblockstaaten mit 4,5 % sehr bescheiden aus und blieben konstant auf ihrem niedrigen Niveau. Auch der Handel zwischen den Entwicklungsländern selbst hat mit einem Anteil von 19,8 % keine wesentliche Bedeutung. Die Handelsbeziehungen sind in dieser Staatengruppe noch sehr gering entwickelt und konnten in den letzten zehn Jahren mit den Exporten in die übrige Welt nicht Schritt halten. 1960 betrug der Anteil des internen Handels immerhin noch 22,3 %.

Tabelle 3: Entwicklung des Welthandels nach Ländergruppen/Regionen 1950-1970
— in Mill. US-$ und in v.H. —

	1950 Mill.$	1950 v.H.	1960 Mill.$	1960 v.H.	1970 Mill.$	1970 v.H.	Durchschnittliche Zuwachsrate in v.H. 1950-60	1960-70	1950-70
				Exporte					
Entwickelte Länder mit Marktwirtschaft	37200	60,9	85700	67,0	223900	71,7	7,0	10,0	8,0
darunter									
EWG-Länder	9290	15,2	29740	23,2	88520	28,3	10,4	11,3	10,4
EFTA-Länder 1)	9691	15,8	18547	14,5	41027	13,1	5,8	7,9	6,5
USA	10149	16,6	20412	15,9	42593	13,6	5,1	7,7	5,8
Japan	820	1,3	4055	3,2	19318	6,2	15,9	17,5	15,7
Entwicklungsländer und -gebiete	18930	31,0	27300	21,3	55000	17,6	2,9	7,2	4,7
darunter									
Afrika	3080	5,0	5300	4,1	12540	4,0	4,0	9,2	6,1
Asien	8220	13,5	11900	9,3	24620	7,9	2,8	7,7	5,1
Amerika	7540	12,3	9950	7,8	17330	5,5	2,1	5,5	3,4
Sozialistische Länder	4930	8,1	15000	11,7	33390	10,7	10,8	8,1	9,1
darunter									
Osteuropa einschl. UdSSR	4140	6,8	13000	10,1	31000	9,9	10,8	8,7	9,8
Asien	790	1,3	2040	1,6	2390	0,8	10,9	3,1	4,6
Weltexporte	61100	100,0	128000	100,0	312290	100,0	6,3	9,2	7,4
				Importe					
Entwickelte Länder mit Marktwirtschaft	41600	64,9	89200	65,8	236100	72,2	6,5	10,2	8,0
darunter									
EWG-Länder	11210	17,5	29610	21,9	88270	27,9	8,8	10,8	9,7
EFTA-Länder 1)	11617	18,1	23000	17,0	48603	14,7	5,2	7,5	6,3
USA	8853	13,8	15010	11,1	39764	12,2	4,9	11,3	7,0
Japan	974	1,5	4400	3,3	18811	5,8	12,1	14,3	13,0
Entwicklungsländer und -gebiete	17500	27,3	30200	22,3	56200	17,2	4,1	6,4	4,8
darunter									
Afrika	3420	5,3	6560	4,8	10550	3,2	5,0	4,8	4,3
Asien	7080	11,0	13100	9,7	25780	7,9	4,4	7,2	5,7
Amerika	6840	10,7	10210	7,5	18850	5,8	3,2	6,0	3,7
Sozialistische Länder	5030	7,8	16100	11,9	34660	10,6	11,3	7,8	9,2
darunter									
Osteuropa einschl. UdSSR	4000	6,2	13900	10,3	31700	9,7	12,0	8,1	10,1
Asien	1000	1,6	2200	1,6	2960	0,9	8,1	6,0	4,1
Weltimporte	64100	100,0	135500	100,0	326960	100,0	6,3	9,1	7,4

1) ohne Finnland

Quelle: UNCTAD, Handbook of International Trade and Development Statistics, New York 1972, p. 2 ff

Tabelle 4: Handel der Entwicklungsländer nach Ländergruppen 1960, 1970, 1971
- in Mrd. US-$ und in v.H. -

	Exporte						Importe					
	1960		1970		1971		1960		1970		1971	
	Mrd.$	v.H.	Mrd.$	v.H.	Mrd.$	v.H.	Mrd.$	v.H.	Mrd.$	v.H.	Mrd.$	v.H.
Industrieländer	19,8	73,3	39,9	73,5	44,2	74,0	21,2	75,4	41,9	72,6	47,4	73,4
Ostblockländer	1,2	4,4	3,1	5,7	3,2	5,4	0,8	2,9	5,2	9,0	5,4	8,3
Entwicklungsländer selbst	6,1	22,3	10,6	19,5	11,8	19,8	6,1	21,7	10,6	18,4	11,8	18,3
Gesamt[1]	27,4	100	54,3	100	59,7	100	28,1	100	57,7	100	64,6	100

1) einschließlich Exporte, deren Bestimmungsort nicht festgelegt werden konnte

Quelle: berechnet nach UN, Monthly Bulletin of Statistics, June 1972, Special Table B
UN, Statistical Yearbook 1965, New York 1966, S. 406 f

Exportstruktur

Ein charakteristisches Merkmal der Exporte der Entwicklungsländer ist die einseitige Orientierung auf Rohstoffexporte, die über 3/4 der Gesamtexporte ausmachen. Daher sind die Exporteinnahmen der Entwicklungsländer in großem Maße der strukturellen Preisfluktuationen auf den Rohstoffmärkten ausgesetzt. Die Exportmöglichkeiten sind durch geringe, stagnierende oder abnehmende Entwicklung der Nachfrage sowie durch protektionistische Handelspolitik der Industriestaaten beschränkt. Die Ursache dafür liegt vor allem in der geringen Einkommenselastizität der Rohstoffnachfrage und in der zunehmenden Substitution durch synthetische Materialien.

Unter den verschiedenen Rohstoffen war die Nachfrageentwicklung in den letzten zehn Jahren sehr unterschiedlich. Die Nahrungs- und Genußmittel sowie die bergbaulichen Rohmaterialien haben von 1960-70 sehr wenig zugenommen und damit an Bedeutung verloren. So fiel der Anteil der Nahrungsmittel am Gesamtexport der Entwicklungsländer von 29,6 % 1960 auf 24,3 % 1970. Die bergbaulichen Rohstoffe gingen von 27,9 % auf 18,2 % zurück. Das entspricht etwa der gleichen Ausfuhrentwicklung dieser Waren im Welthandel. Dagegen stiegen die Ausfuhren von Brennstoffen der Entwicklungsländer in diesem Zeitraum stark an und erhöhten ihren Anteil von 27,9 % auf 33,3 % womit sie über 62,9 % der Weltexporte dieser Rohstoffe ausmachen.
Nur ein geringer Teil der Exporte der Entwicklungsländer besteht aus Fertigprodukten. 1970 machten diese Produkte nur 23,4 % der gesamten Exporte der Entwicklungsländer aus und sind trotz der Verdreifachung der Exporte in den letzten zehn Jahren immer noch sehr gering. Schließt man die Nicht-Eisen-Metalle aus, so reduziert sich der Anteil dieser Warengruppe auf nur 17,0 % der gesamten Exporte der Entwicklungsländer. Bei den Industrieländern beträgt dieser Anteil hingegen 72,0 %.

Tabelle 3: Weltexport nach Ländergruppen und Warengruppen 1960 und 1970
— in Mill. US-$ und in v.H. —

SITC Warengruppe	Welt 1960 Mill.$	Welt 1960 v.H.	Welt 1970 Mill.$	Welt 1970 v.H.	Entwickelte Länder 1960 Mill.$	Entwickelte Länder 1960 v.H.	Entwickelte Länder 1970 Mill.$	Entwickelte Länder 1970 v.H.	Anteil am Weltexport 1960	Anteil am Weltexport 1970
0+1: Nahrungs- und Genußmittel	22310	17,4	41430	13,3	11820	13,8	24270	10,8	53,0	58,6
2+4: Rohstoffe	21120	16,7	32960	10,6	11250	13,2	19470	8,7	52,8	59,1
3: Brennstoffe	12640	9,9	28700	9,2	3350	3,9	7600	3,4	26,5	26,5
5: Chemische Produkte	7520	5,9	21840	7,0	6550	7,7	19420	8,7	87,1	88,9
7: Maschinen, Fahrzeuge	27770	21,7	89570	28,8	23840	27,9	78620	35,1	85,8	87,8
6+8: Sonstige Fertigprodukte darunter	34860	27,3	90300	29,0	27380	32,0	71050	31,7	78,5	78,7
67: Eisen und Stahl	7080	5,5	17000	5,5	5990	7,0	14090	6,3	84,6	82,9
68: Nicht-Eisenmetalle	4570	3,6	12020	3,9	2870	3,4	7760	3,5	62,8	64,6
0-4: Rohstoffe	56270	44,0	103090	33,1	26420	30,9	51340	22,9	47,0	49,8
5-8: Fertigprodukte	70150	55,2	201710	64,8	57770	67,6	169090	75,5	82,4	83,8
5-8: Fertigprodukte ohne NE-Metalle (68) [2]	65580	51,6	189690	60,9	54900	64,2	161330	72,0	83,7	85,0
0-9: Exporte insgesamt [2]	127870	100,0	311390	100,0	85440	100,0	224210	100,0	66,8	72,0

SITC Warengruppe	Sozialistische Länder 1960 Mill.$	Sozialistische Länder 1960 v.H.	Sozialistische Länder 1970 Mill.$	Sozialistische Länder 1970 v.H.	Entwicklungsländer 1960 Mill.$	Entwicklungsländer 1960 v.H.	Entwicklungsländer 1970 Mill.$	Entwicklungsländer 1970 v.H.	Anteil am Weltexport 1960	Anteil am Weltexport 1970
0+1: Nahrungs- und Genußmittel	2380	15,8	3950	12,0	8110	29,6	13210	24,3	36,4	31,9
2+4: Rohstoffe	2420	16,1	3600	10,9	7640	27,9	9890	18,2	35,8	30,0
3: Brennstoffe	1630	10,8	3030	9,2	7650	27,9	18060	33,3	60,5	62,9
5: Chemische Produkte	660	4,4	1610	4,9	300	1,1	800	1,5	4,0	3,7
7: Maschinen, Fahrzeuge	3740	24,9	9630	29,3	190	0,7	1320	2,4	0,7	1,5
6 8: Sonstige Fertigprodukte darunter	3430	22,8	8680	26,4	3400	12,4	10560	19,5	9,8	11,7
67: Eisen und Stahl	1000	6,7	2370	7,2	88	0,3	540	1,0	1,2	3,2
68: Nicht-Eisenmetalle	355	2,4	800	2,4	1350	4,9	3460	6,4	29,5	28,8
0-4: Rohstoffe	6430	42,7	10580	32,1	23400	85,4	41160	75,8	41,6	39,9
5-8: Fertigprodukte	7830	52,1	19920	60,6	3890	14,2	12680	23,4	5,5	6,3
5-8: Fertigprodukte ohne NE-Metalle (68) [2]	7475	49,7	19120	58,2	2540	9,3	9220	17,0	3,9	4,9
0-9: Exporte insgesamt [2]	15030	100,0	32900	100,0	27390	100,0	54290	100,0	21,4	17,4

1) Fertigprodukte sind nach UNCTAD-Definition die Waren der Klassifikation 5-8 abzüglich der Nicht-Eisenmetalle (68).   2) einschließlich der Klassifikation 9 (Verschiedenes)

Quelle: UNCTAD, Handbook of International Trade and Development Statistics;
UN-Monthly Bulletin of Statistics, July 1972, Special Table C

3. Handelspolitik als Mittel der Entwicklungshilfe

Spätestens die Gründung der Welthandelskonferenz hat deutlich gemacht, daß nur die Erhöhung der Exporteinnahmen eine ausreichende Kapitalausstattung für den Wirtschaftsaufbau der Entwicklungsländer gewährleisten kann. Die Ausfuhrerlöse erhöhen die Importkapazität und sind im Gegensatz zur Entwicklungshilfe nicht von finanzieller Belastung durch Rückzahlungspflicht und Zinsbelastung, wie sie letztere mit sich bringt, begleitet. Insbesondere die immer stärker zunehmende Verschuldung der Entwicklungsländer deutet darauf hin, daß auf lange Sicht nur ein rasches Anwachsen der Exporteinnahmen zu einem sich selbst tragenden Wirtschaftswachstum führen kann. Daher ist es kaum verwunderlich, daß von Seiten der Entwicklungsländer Forderungen unter dem Stichwort "trade not aid" vorgebracht werden, nachdem jahrelang die traditionelle Kapitalhilfe als eigentliche Hilfe verstanden wurde.

Ein Vergleich zwischen der Entwicklung der Exporteinnahman und der finanziellen Hilfe der Industrieländer zeigt die Bedeutung der Exporte für die Entwicklungsländer. Während 1970 55 Mrd. US-$ als Exporterlöse in die Entwicklungsländer flossen, erhielten sie Nettokapitalhilfe von etwa 13 Mrd. US-$. Wären die Entwicklungsländer in den letzten zehn Jahren in der Lage gewesen, ihre Ausfuhren in demselben Ausmaß wie die Industrieländer zu erhöhen, so hätten sie 1970 ca. 16 Mrd. US-$ mehr an Einnahmen aus den Exporten erzielt. Wenn man die Exportzunahme der Industrieländer von 1950 - 1970 entsprechend auch für die Entwicklungsländer zugrunde legt, so würden die Exporte der Entwicklungshilfe empfangenden Länder 1970 um 59 Mrd. $ höher liegen als ihre tatsächlich erzielten Einnahmen.

Unter diesen Umständen bedeutet die Öffnung der Märkte in den Industrieländern für die Exporte aus den Entwicklungsländern die wirkungsvollste Art der Entwicklungshilfe. Versteht man den Sinn der Entwicklungshilfe als "Hilfe zur Selbsthilfe", so heißt die Konsequenz für die Industrieländer, daß sie den Entwicklungsländern die Möglichkeit geben müssen, Produkte aller Verarbeitungsstufen ungehindert auszuführen. Neben der Ausweitung der bisherigen Exporte gilt dies in besonderem Maße für viele Agrarprodukte und Industrieerzeugnisse, für welche die Entwicklungsländer ein Eigenpotential besitzen[1].

Dieser Gesichtspunkt kommt auch bei der Formulierung der allgemeinen Grundsätze der UNCTAD zum Ausdruck. Dort wird unter anderem darauf hingewiesen, daß die internationale Wirtschaftspolitik darauf gerichtet sein sollte, eine internationale Arbeitsteilung zu erreichen, die insbesondere die Bedürfnisse und Interessen der Entwicklungsländer berücksichtigt. Wenn der internationale Handel auch auf der Basis der Meistbegünstigungsklausel abgewickelt wird, so wird doch ausdrücklich darauf hingewiesen, daß die wirtschaftlich entwickelten Staaten den Entwicklungsländern einseitige Vergünstigungen gewähren sollten[2].

Die Industrieländer haben bis jetzt nicht nur kaum Bereitschaft zu derartigen Konzessionen gezeigt (mit Ausnahme einer mangelhaften Zollpräferenzregelung[3]), sondern auch keinerlei Schritte unternommen, um die internationale Arbeitsteilung in Bezug auf die Entwicklungsländer zu verbessern. Das erklärt sich daraus, daß die Industrieländer ihre kurzfristigen nationalen Interessen über das langfristige Ziel einer Hebung des Lebensstandards in der Dritten Welt gestellt haben. Protektionismus in der Agrarpolitik und Schutzmaßnahmen zugunsten einheimischer Waren, die dem Wettbewerb durch Produkte aus Entwicklungsländern ausgesetzt sind (Textil- und Lederindustrie z.B.), stehen im Widerspruch zu dem erklärten Ziel der Entwicklungshilfe. Es ist in den Industriestaaten bislang nicht gelungen, gegen nationale Interessengruppen und ihre Lobbyisten, die Handels- und Steuerpolitik mittels einer Strukturänderung umzugestalten. Die Industriestaaten lehnen noch immer die Forderungen der Entwicklungsländer ab, eine vorausgeplante Strukturpolitik zu betreiben, die einer rationalen Arbeitsteilung mit einer wirkungsvollen Einbeziehung der Entwicklungsländer den Weg ebnet.

---

1) Vgl. O. Matzke, Der Widerspruch zwischen Handels- und Entwicklungspolitik, in: Aus Politik und Zeitgeschichte, Beilage zur Wochenzeitung Das Parlament, B 17/72 vom 22.4.1972, S. 26
2) Vgl. UNCTAD, Proceedings of the United Nations Conference on Trade and Development, Final Act and Report, Vol.I, New York 1964, S.10ff
3) Vgl. IV

III. ROHSTOFFPOLITIK

1. Bedeutung der Rohstoffexporte für die Entwicklungsländer

Wirtschaftliches Wachstum und Beteiligung am internationalen Handel stellen einen für die Entwicklungsländer elementaren Sachzusammenhang dar. Um so wichtiger erscheint es, angesichts der Exportsituation dieser Länder den Rohstoffen besondere Aufmerksamkeit zu widmen, da

- ihr Anteil an der Gesamtausfuhr im Durchschnitt beträchtlich, in einzelnen Ländern besorgniserregend hoch ist,
- das Exportwachstum der Rohstoffe hinter der allgemeinen Belebung des Welthandels zurückbleibt,
- preisliche Instabilität bzw. Verfall der Weltmarktpreise bei vielen Rohstoffen die Devisenknappheit verschärft und zudem
- die Rohstoffexporte einzelner Staaten sich in bedenklichem Umfang auf einige wenige Produkte und Bestimmungsländer konzentrieren.

Der Anteil der Rohstoffe an den Gesamtexporten ist - nach den Daten des Jahres 1969 - mit 75,9 % immer noch beträchtlich, obwohl im letzten Jahrzehnt die Anstrengungen zur Erhöhung des Halb- und Fertigwarenanteils z.T. einigen Erfolg hatten (1960 = 14,6 %; 1969 = 24,1 %).

Die Abhängigkeit von Rohstoffexporten wäre jedoch für die Entwicklungsländer nicht so bedenklich, wenn das Exportwachstum dieser Produkte nicht hinter der allgemeinen Belebung des Welthandels zurückbliebe. Dies kommt deutlich im sinkenden Anteil der Rohstoffe an den gesamten Weltexporten zum Ausdruck. Während er 1960 noch 44,4 % betrug, fiel er bis 1969 auf 33,7 %.

Diese Entwicklung ist vor allem damit zu erklären, daß die Nachfrage nach agrarischen Erzeugnissen wegen ihrer geringen Einkommenselastizität und dem geringen Bevölkerungszuwachs in den hochindustrialisierten Abnehmerländern nur unterdurchschnittlich zunimmt und Substitutionsprozesse und technischer Fortschritt den Bedarf an Rohmaterialien reduzieren und der Handels-, insbesondere der Agrarprotektionismus der Industrieländer den Absatz einiger Produkte z.T. erheblich behindern.

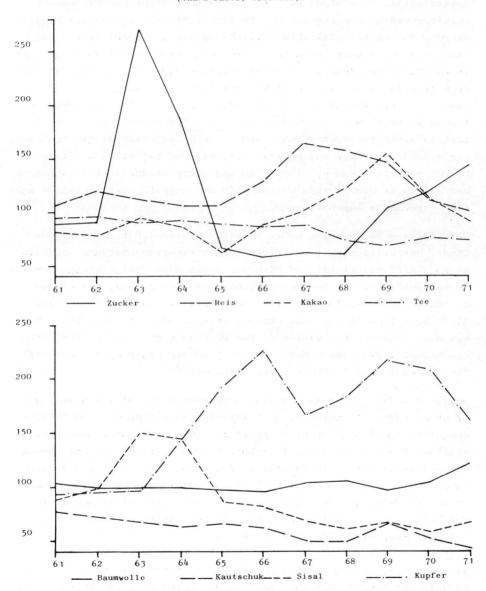

Schaubild 1: Entwicklung jährlicher Durchschnittspreise ausgewählter Nahrungsmittel und Rohstoffe
(Index-Basis: 1960=100)

Quelle: eigene Darstellung nach: UNCTAD, Third Session, Commodity Problems and Policies, Trends in Commodity Trade in the 1960s and Prospects for the 1970s, 7 March 1972, TD/113/Supp.2, p.11 ff

Eine zusätzliche Belastung für die Rohstoffexporte der Entwicklungsländer bedeutet der bei vielen dieser Produkte hohe Grad preislicher Instabilität. In einigen Fällen sind es aber nicht nur die daraus resultierenden Schwankungen der Deviseneinnahmen, welche die Finanzierung der wirtschaftlichen Entwicklung auf eine unsichere Grundlage stellen, sondern auch der mehr oder weniger deutlich ausgeprägte absolute bzw. relative[1] Preisverfall einiger Rohstoffe, der die Exporterlöse nachhaltig negativ beeinflußt (vgl. Schaubild). Für Instabilität und Verfall der Preise sind jedoch nicht allein Restriktionen im Bereich der Nachfrage und der Außenhandelspolitik der Industrieländer verantwortlich, sondern auch angebotsbedingte Ursachen, wie z.B. die geringe Angebotselastizität, die vor allem bei Agrarprodukten auftretenden, klimatisch bedingten Produktionsschwankungen und der durch die geringe Haltbarkeit und Lagerfähigkeit einiger Rohstoffe bedingte Angebotsdruck.

Unter diesen Bedingungen haben verständlicherweise besonders jene Länder der Dritten Welt zu leiden, deren Exportangebot nur unzureichend differenziert ist und sich auf einen oder einige wenige Rohstoffe konzentriert. Der Pearson-Bericht weist darauf hin, daß nahezu die Hälfte der rohstoffproduzierenden Entwicklungsländer mehr als 50 % ihrer Exporterlöse aus einem einzigen, 3/4 von ihnen über 60 % aus drei Rohstoffen erzielen[2]. Das Problem wird überdeutlich, wenn man bedenkt, daß etwa Sambia über 90 % seiner Exporterlöse mit Kupfer und Ceylon über 60 % mit Tee verdienen[3].

Angesichts dieser für die rohstoffproduzierenden Entwicklungsländer prekären Lage galt seit der 1. Weltkonferenz für Handel und Entwicklung (UNCTAD I) den für diese Probleme von der ökonomischen Theorie erarbeiteten bzw. in der politischen Praxis entwickelten Lösungsmöglichkeiten erhöhte Aufmerksamkeit. Dabei spielten neben den Anstrengungen auf dem Gebiet der tarifären und nicht-tarifären Handelshemmnisse für Halb- und Fertigerzeugnisse, der Diversifizierung sowie der Entwicklungsfinanzierung - um hier nur einige zu nennen - u.a. folgende Maßnahmen eine wichtige Rolle:

---

1) Im Verhältnis zum Anstieg der Halb- und Fertigwarenpreise.
2) Vgl. Der Pearson-Bericht, Bericht der Kommission für Internationale Entwicklung, Vorsitzender Lester B. Pearson, Wien-München-Zürich, 1969, S. 107
3) Vgl. auch VII.1

- der Abschluß internationaler Rohstoffabkommen,
- der Abbau von Marktzugangsbeschränkungen,
- Initiativen gegenüber der Substitutionskonkurrenz synthetischer Produkte sowie
- die Reorganisation und Rationalisierung der Vermarktungs- und Verteilungssysteme.

2. Rohstoffabkommen - Forderungen und Ergebnisse

Vom Abschluß internationaler Abkommen erwarten die rohstoffproduzierenden Länder nicht erst seit UNCTAD I einen möglichst hohen Beitrag zu ihrer wirtschaftlichen Entwicklung. Dieser soll in einer Steigerung des Einkommens bzw. in einer generellen Anhebung der Kaufkraft und des allgemeinen Lebensstandards zum Ausdruck kommen. Dazu wird eine Stabilisierung sowie eine langfristige Erhöhung der Exporterlöse als notwendig angesehen. Dieses allgemeine Ziel konkretisiert sich in der auf der 1. Welthandelskonferenz in einer Empfehlung ausgedrückten Erwartung, im Wege internationaler Vereinbarungen[1]

- einen Ausgleich von Rohstoffangebot und -nachfrage erreichen zu können, um den Absatz durch Reduzierung von Überschüssen zu sichern bzw. die Versorgung bei Fehlbeträgen zu garantieren,
- übermäßige Schwankungen der Rohstoffpreise zu verhindern sowie
- das Preisniveau langfristig anzuheben.

Darüber hinaus soll die Einfuhr und der Verbrauch von Rohstoffen - auch in vorbearbeiteter und verarbeiteter Form - vor allem in entwickelten Ländern gefördert werden. Hierzu müssen die Abkommen einerseits einen zufriedenstellenden Zugang zu den Märkten der Industrieländer vorsehen und andererseits sicherstellen, daß die entwickelten Länder keine Maßnahmen ergreifen, die einen Anreiz zu unwirtschaftlicher Produktion bieten und dadurch die Entwicklungsländer um die Möglichkeit bringen, einen gerechten und angemessenen Anteil an ih-

---

[1] Vgl. zum folgenden: Institut für Weltwirtschaft an der Universität Kiel, Auswertung der Dokumentation der Welthandelskonferenz, in: Wissenschaftliche Schriftenreihe des Bundesministerium für wirtschaftliche Zusammenarbeit, Band 7, Heft 1, Stuttgart 1966, S. 155 im folgenden zitiert als: Auswertung der Dokumentation der Welthandelskonferenz (1964).

ren Märkten und deren Wachstum zu erlangen[1]. Der Katalog von Methoden, der zur Erreichung der mit internationalen Rohstoffvereinbarungen verknüpften Ziele zur Verfügung steht und auf UNCTAD I in einer Resolution enumerativ niedergelegt wurde[2], umfaßt im wesentlichen mengen-, preis- und vorratspolitische Maßnahmen[3].

Die Instrumente der Mengenpolitik sind auf eine Veränderung der Eigenproduktion bei sogenannten "konkurrierenden" Produkten sowie auf die Fixierung bestimmter Mindestabnahmequoten auf der Seite der Verbrauchsländer gerichtet. In stärkerem Umfang setzen sie jedoch bei Erzeugerländern an und sehen für diese u.a. Produktions- und Exportquoten vor, die durch Maßnahmen insbesondere zollpolitischer Art ergänzt werden können.

Die preispolitischen Instrumente sollen vor allem durch die Festlegung von Preismargen mit Höchst- und Mindestpreisen und einer damit verbundenen Verkaufs- bzw. Ankaufspflicht der Erzeuger- und Verbrauchsländer Absatz und Verbrauch sichern sowie die Preise stabilisieren.

Mit den vorratspolitischen Maßnahmen soll schließlich die Preispolitik ergänzt werden. Operationen aus einer Stabilisierungsreserve (buffer stock) dienen bei Erreichen der Preislimits dazu, den Marktpreis innerhalb der vorherbestimmten Bandbreite zu belassen.

Die drei Maßnahmenbereiche bestimmen - je nach Dominanz der einzelnen Instrumente - drei Grundtypen internationaler Rohstoffabkommen. Man unterscheidet die Vereinbarungen der Gegenwart und Vergangenheit in

- Quotenabkommen (wenn Produktions- und Exportquoten im Vordergrund stehen),
- multilaterale Kontraktabkommen (wenn vor allem die Preisfluktuationen durch Festlegung von Schwankungsbreiten gedämpft werden sollen),
- Buffer-Stock-Abkommen (wenn als Hauptinstrument die Interventionen der Stabilisierungsreserve eingesetzt werden).

---

1) Die Frage des Marktzugangs für Rohstoffe sollte zwar nach den Vorstellungen der Entwicklungsländer im Rahmen internationaler Rohstoffabkommen geregelt werden, wird aber wegen ihrer besonderen Problematik und der engen Beziehungen zu den allgemeinen Zoll- und Handelsfragen im allgemeinen - wie auch an dieser Stelle - gesondert behandelt.
2) Vgl. Auswertung der Dokumentation der Welthandelskonferenz (1964), a.a.O., S. 154 ff
3) Vgl. zum folgenden auch: H. Wruck, Internationale Marktvereinbarungen, Berlin 1970, S. 45 ff

Die "Schicksale" vergangener Rohstoffvereinbarungen auf internationaler Ebene sowie die geringe Anzahl der heute noch "funktionsfähigen " Abkommen (Zinn, Kaffee, Zucker) deuten darauf hin, daß die zur Verfügung stehenden Konzepte und Methoden zur Lösung der drängenden Rohstoffprobleme weit davon entfernt sind, die Erwartungen der rohstoffexportierenden Entwicklungsländer zu erfüllen, die in der Grundsatzempfehlung von UNCTAD I zum Ausdruck kommen und auf einen spürbaren Einkommenstransfer von den industrialisierten Verbrauchsländern in die Rohstoffländer gerichtet sind.

Sicherlich muß man den wenigen Abkommen, wie etwa denen für Zinn, Kaffee und auch Zucker bescheinigen, einen durchaus positiven Stabilisierungsbeitrag geleistet zu haben. Auch konnte wie im Falle Zinn eine beachtliche Anhebung des Preisniveaus erzielt werden, die dazu geführt hat, daß die für die Planung der wirtschaftlichen Entwicklung dauerhaft zur Verfügung stehenden Deviseneinnahmen auf ein höheres Niveau angehoben wurden[1].

Dennoch leisteten diese Abkommen bei kritischer Würdigung einen bisher nur bescheidenen, wenn auch nicht zu übersehenden Beitrag zur Wachstumsförderung der Entwicklungsländer[2]. Darüber hinaus zeigen die Bemühungen der Vergangenheit und Gegenwart, eine größere Zahl von Rohstoffmärkten durch internationale Abkommen zu ordnen, wie wenig aussichtsreich oder aber wie langwierig solche Verhandlungen bei einzelnen Produkten sein können. Die zu überwindenden Schwierigkeiten sind einerseits ökonomischer, andererseits aber auch politischer Art.

Zu den wirtschaftlichen Hemmnissen zählen insbesondere bestimmte Merkmale der Rohstoffnachfrage. Es hat sich gezeigt, daß sich ein wie auch immer geartetes Rohstoffabkommen nicht über die geringe Elastizität der Nachfrage bezüglich Preis- und Einkommensveränderungen hinwegsetzen kann. Auch hatten die Bemühungen um eine Begrenzung der

---

1) Vgl. zur Effizienz internationaler Rohstoffabkommen: UNCTAD, Third Session, Commodity Problems and Policies, Effectiveness of Commodity Agreements, 16. February 1972, TD/129, p. 30; ferner G. Greve, Die Bedeutung der internationalen Rohstoffabkommen für die unterentwickelten Länder, Diss., Münster 1961, S. 137; Greve ermittelte für die Zeit vor 1960 eine durchschnittliche Dämpfung der Preisschwankungen von 5-10 %.

2) Vgl. G. Greve, Die Bedeutung der internationalen Rohstoffabkommen, a.a.O., S. 138

zahlreichen Substitutionsprozesse bisher nur bescheidenen Erfolg. Dies hängt z.T. mit den nur sehr schwer beherrschbaren, von den natürlichen, insbesondere klimatischen Bedingungen mitverursachten Produktionsschwankungen zusammen.

Die Versuche, mit Hilfe von buffer-stocks diese wie die u.a. konjunkturell bedingten Schwankungen auf der Nachfrageseite auszugleichen, also Rohstoffproduktion und Verbrauch aufeinander abzustimmen, scheiterten, weil in einigen Fällen die Lagerfähigkeit vor allem bei agrarischen Erzeugnissen nicht oder nur bedingt möglich ist oder aber die Finanzierung der Stabilisierungsreserven nicht sichergestellt werden konnte[1].

Ein Kernproblem internationaler Rohstoffvereinbarungen stellt die einseitige Elastizität des Angebots dar, das aufgrund seiner Starrheit bei Preisrückgängen und der z.T. heftigen Reaktion bei Preisanstiegen die Tendenz zur Überschußproduktion in sich birgt. Fixiert man die Mindestpreise auf zu hohem Niveau, verstärkte man diese Tendenz, fördert weitere Substitutionsprozesse auf der Verbraucherseite, verhärtet die einseitige Produktionsstruktur anstatt zu diversifizieren[2] und fordert eine bisher am Markt nicht beteiligte Aussenseiterkonkurrenz heraus[3].

Die Vermeidung der Überschußproduktion durch Produktions- und Exportquoten - und dies leitet zu den politischen Implikationen internationaler Rohstoffabkommen über - ist eines der schwierigsten Probleme. Schwankt schon die Bereitschaft, sich solchen Vereinbarungen verbindlich anzuschließen mit der jeweiligen Lage auf dem Weltmarkt[4],

---

1) Ein begrenzter Erfolg wurde mit der Bereitschaft des IWF erzielt, derartige buffer-stocks wie im Falle von Zinn mitzufinanzieren. Die Finanzierungsbedingungen werden allerdings von einigen Entwicklungsländern wegen ihres restriktiven und wenig flexiblen Charakters kritisiert. Der IMF wurde daher in Santiago von ihnen zu einer Änderung seiner Kreditpolitik aufgefordert. Vgl. UNCTAD, Third Session, Commodity Problems and Policies, Access to Markets, Pricing Policy, Machinery and International Price Stabilization Measures and Mechanism, Draft Resolution, Santiago 2. May 1972, TD/III/C.1/L.11, p. 7

2) Sehr interessant ist der Versuch, im Rahmen des Internationalen Kaffeeabkommens mit einem aus Beiträgen aller Exportländer gespeisten Diversifizierungsfonds diesem Problem etwas besser Herr zu werden. Vgl. O. Matzke, Plündern die Reichen die Armen aus?, Münster 1971, S. 35 f.

3) Vgl. D. Kebschull unter Mitarbeit von K. Fasbender und A. Naini: Entwicklungspolitik - Eine Einführung, Düsseldorf 1971, S. 135

4) In diesem Zusammenhang ist u.a. auf die bisher vergeblichen Bemühungen um ein Kakaoabkommen hinzuweisen.

so sind die Widerstände besonders heftig, wenn es gilt, diese Quoten auf die Erzeugerländer zu verteilen und auf ihrer unbedingten Einhaltung zu bestehen. Wie sinnvoll Einsicht und Kooperationsbereitschaft der Rohstoffanbieter sein kann, beweist das Kaffeeabkommen[1], wie stark die Abneigung ist, zeigt beispielsweise das Ringen um eine Kakaovereinbarung.

Ein politisches Problem stellen auch die industrialisierten Rohstoffländer dar, deren Neigung zu multilateralen Abkommen - wie das Beispiel Zucker zeigt - sehr gering sein kann. Problematisch sind ferner die Versuche, die Verbrauchsländer, deren Mitgliedschaft prinzipiell als überaus sinnvoll angesehen wird, im Rahmen der Verträge zu einem Abbau ihrer Handelsschranken zu bewegen.

Die praktischen Schwierigkeiten, internationale Rohstoffabkommen abzuschließen und ihre Effizienz zu erhalten, lassen Zweifel an der Zweckhaftigkeit aufkommen, ein allgemeines internationales Abkommen anzustreben, wie dies von den Entwicklungsländern seit vielen Jahren gefordert wird. Darüber hinaus sind die Produkteigenschaften sowie die Angebots- und Nachfragebedingungen auf den einzelnen Rohstoffmärkten derart unterschiedlich, daß eine solche Skepsis durchaus begründet ist. Aus diesen Gründen widersetzten sich die Industriestaaten auf den vergangenen Konferenzen der Aufforderung der Entwicklungsländer, ihre Vorstellungen zu unterstützen, und stimmten lediglich einer Überprüfung der in diesem Zusammenhang angesprochenen Probleme zu[2].

Auch auf UNCTAD III wurde der Gedanke eines allgemeinen Abkommens von der "Gruppe der 77" wieder vorgetragen. Aber obwohl das Generalsekretariat der UNCTAD in einer Stellungnahme betonte, der sogenannte "multi-commodity-approach" stelle keinen Ersatz, sondern eine Ergänzung für einzelne Rohstoffabkommen dar[3], konnten Zugeständnisse von den Industrieländern nicht erreicht werden.

Generell wurde insbesondere von den Entwicklungsländern Klage über den Stand des bisher auf dem Rohstoffsektor Erreichten geführt. Auch das Generalsekretariat der UNCTAD[4] monierte die nur geringen Fort-

---

1) Vgl. O. Matzke, Plündern die Reichen die Armen aus?, a.a.O., S.34 f
2) Vgl. A. Naini, Grundfragen, a.a.O., S. 59
3) Vgl. UNCTAD, Third Session, Draft Report of the First Committee, Santiago 13 May 1972, p.13, TD/III/C.1/L.12/Add. 2
4) Vgl. UNCTAD, Third Session, Draft Report of the First Committee, a.a.O., p. 20

schritte, die - abgesehen vom 1968 zustande gekommenen Internationalen Zuckerabkommen - allenfalls in angefertigten oder eingeleiteten Studien und ähnlichem bestehen. Als Gründe für den mangelhaften Erfolg bei der Verwirklichung der auf UNCTAD II in Resolution 16 beschlossenen Aktionen nannte das Generalsekretariat unzureichenden politischen Willen, die ökonomische und technische Komplexität vieler Rohstoffmärkte und Schwächen im Konsultationsapparat[1]. Zwar brachten die Industrienationen ihre grundsätzliche Zustimmung für weitere Konsultationen, Studien, informelle Vereinbarungen und formelle Abkommen zum Ausdruck und bekundeten sogar ihr Interesse an einer Analyse sogenannter "multi-commodity-buffer-stocks"[2], blieben aber hinsichtlich konkreter Zugeständnisse zurückhaltend. Als bescheidener Erfolg kann lediglich die von der EWG und anderen Industrieländern bekundete Bereitschaft, am 1973 neu zu fassenden Internationalen Zuckerabkommen aktiv teilzunehmen, wie auch die zugesagte Unterstützung für das für Ende 1972 erwartete, aber erfahrungsgemäß keineswegs gesicherte Internationale Kakao-Abkommen, angesehen werden[3]. Gerade dieses Abkommen verdeutlicht in deprimierender Weise, mit welchen Schwierigkeiten Vereinbarungen dieser Art verbunden sind und wie groß der Zeitbedarf ist, die notwendigen Kompromisse zwischen Erzeuger- und Verbraucherländern auszuhandeln. Die Konferenz empfahl der Weltbank, bei der Finanzierung von buffer stocks eng mit dem IMF zusammenzuarbeiten, Preisstabilisierung zum Gegenstand ihrer Kreditpolitik zu machen sowie den Abschluß von Warenabkommen und -vereinbarungen zu ermutigen[4].

3. Das Problem des Marktzugangs

In einer mehr oder weniger engen Verbindung mit den Bemühungen um den Abschluß weiterer und die Verbesserung bestehender Rohstoffabkommen versuchen die Entwicklungsländer seit vielen Jahren, den in der Regel industrialisierten Verbrauchsländern Zugeständnisse für den Abbau der vielfältigen Marktzugangsbeschränkungen abzuringen.

---

1) Vgl. UNCTAD, Third Session, Draft Report of the First Committee, a.a.O., p. 20
2) Vgl. ebenda, p. 13
3) Vgl. ebenda, p. 17/23; sowie UNCTAD, Third Session, Resolution 49(III), International Cocoa Agreement, 29 June 1972, TD(III)Misc.3, p. 44
4) Vgl. UNCTAD, Third Session, Resolution 54(III), The Stabilization of Commodity Prices and in particular the Role of the International Bank for Reconstruction and Development, 29 June 1972, TD(III)/Misc. 3, p. 55

Obwohl der größte Teil der Importe unbearbeiteter Rohstoffe weitgehend liberalisiert ist, wird eine Reihe von rohstoffexportierenden Entwicklungsländern weiterhin durch künstliche Handelsschranken daran gehindert, ihre Standortvorteile durch Ausweitung ihrer Exporte voll auszunutzen. Im Wege stehen auf der Seite der Industrieländer vor allem Schutz- und Finanzzölle, Kontingente, fiskalische Abgaben sowie umfangreiche Stützungsmaßnahmen für einzelne Wirtschaftszweige. Protektionistische Praktiken dieser Art stehen nicht nur im Widerspruch zu den Allgemeinen Grundsätzen für die internationalen Handelsbeziehungen, die 1964 auf UNCTAD I auch von den Industrieländern beschlossen wurden, sondern setzen jenes marktwirtschaftliche Konzept außer Kraft, auf das sich diese Länder sonst gerne berufen. Die Konsequenzen dieser restriktiven Politik sind besonders für die Entwicklungsländer mit nur schwach differenzierter Exportstruktur gravierend: Das Wachstum der Rohstoffexporte bleibt unter Verlust von Deviseneinnahmen und realem Einkommen zurück; die durch die Stützungspolitik produzierten Überschüsse werden von den Industrieländern unter Gewährung von Exportsubventionen auf die internationalen Märkte geworfen, wo sie sehr rasch das Preisniveau drücken und wegen ihres unregelmäßigen Auftretens die Schwankungen der Preise und Exporterlöse verstärken.

Marktzugangsbeschränkungen sind im Bereich der sogenannten nicht-konkurrierenden Produkte nicht in dem Umfang anzutreffen wie bei den Rohstoffen, die sowohl von Industrie- als auch von Entwicklungsländern produziert werden. Wegen ihrer verhältnismäßig hohen Importabhängigkeit ist zwar der Außenhandel liberalisiert, jedoch verzichten die Verbrauchsländer zum Teil nicht darauf, Produkte wie z.B. Kaffee und Tee mit fiskalischen Abgaben zu belasten. Da jedoch ihr Abbau - wie die FAO in einer Untersuchung feststellte - wegen einer weitgehend unelastischen Nachfrage - keine wesentliche Verbrauchszunahme induzieren dürfte, liegt die Lösung der Probleme für diese Rohstoffgruppe primär auf der Erzeugerseite, wo es gilt, eine unkoordinierte Ausweitung der Produktion nicht zuletzt durch Rohstoffabkommen zu vermeiden[1].

Auch innerhalb der Gruppe der konkurrierenden Produkte gelangen einige Rohstoffe, z.B. Mineralien und Metalle, relativ unbehindert in die Industrieländer. Erzeugnisse aber, an denen nicht wie bei diesen Man-

---

[1] Vgl. O. Matzke, Plündern die Reichen die Armen aus?, a.a.O., S. 23

gel herrscht, werden sehr häufig zu sogenannten "Problemgütern", wenn sie an den Grenzen der Verbrauchsländer durch die hohen Schutzzölle ihre Konkurrenzfähigkeit einbüßen oder durch Kontingente oder sonstige nicht-tarifäre Handelshemmnisse behindert werden. Betroffen sind insbesondere landwirtschaftliche Erzeugnisse, wie Zucker, Reis, Getreide, Fette und Öle sowie Baumwolle und Tabak, um nur einige zu nennen.

Die zum Abbau und zur Beseitigung des protektionistischen Verhaltens der Industrieländer notwendigen Maßnahmen beziehen sich einmal auf eine allgemeine Bereitschaft der Industrieländer zum sogenannten "standstill" sowie auf eine Modifizierung ihrer Außenhandels-, Steuer- und Sektoralpolitik[1].

Bereits auf der 1. Welthandelskonferenz versuchten die Entwicklungsländer in einem ersten Schritt, die industrialisierten Staaten durch eine Empfehlung darauf festzulegen, keine neuen zolltariflichen oder nicht-tarifären Handelsschranken bei der Rohstoffeinfuhr zu errichten bzw. bereits bestehende nicht noch weiter zu erhöhen. Darüber hinaus verlangten sie auf dem Gebiet der Außenhandelspolitik den Abbau von Importzöllen insbesondere für Rohstoffe, die Erhöhung der Einfuhrquoten, zumindest jedoch die Vermeidung jeder diskriminierenden Zuteilung von Kontingenten, die Beseitigung jeder Art von Exportsubventionierung sowie eine internationale Konsultation und Abstimmung bei der Veräußerung von Rohstoffüberschüssen. Als Ergänzung dieser Maßnahmen sollten die Industrieländer interne Abgaben und Steuern auf den Verbrauch und die Verwendung von Rohstoffen abschaffen, Anreize zur unwirtschaftlichen Produktion in Form von Preisstützung und Subventionierung beseitigen sowie auf bestimmte Beimischungsvorschriften verzichten.

Die Hoffnungen und Erwartungen, welche die Entwicklungsländer mit diesen Maßnahmen verknüpfen, müssen aus ökonomischen wie auch aus politischen Gründen relativiert werden. Z.B. dürfen die preisinduzierten Verbrauchseffekte wegen der zum Teil geringen Nachfrageelastizität und des geringen Anteils der Rohstoffe am jeweiligen Endprodukt nicht zu hoch angesetzt werden. Auch muß damit gerechnet werden, daß bei einer Beseitigung der Handelshemmnisse westliche Industriestaaten

---

1) Vgl. zum folgenden auch: Auswertung der Dokumentation (1964), a.a.O., S. 159 ff

wie auch Ostblockländer in verstärktem Maße auf internationale Warenmärkte drängen, auf denen sie bei einigen Produkten durchaus Wettbewerbsvorteile gegenüber Entwicklungsländern aufweisen könnten.

Die größeren Schwierigkeiten sind jedoch im politischen Bereich zu erwarten. Der vollständige Abbau der Handelshemmnisse würde einige Industriezweige, vor allem aber die Landwirtschaft in den entwickelten Staaten einem Konkurrenzdruck aussetzen, der in einigen Fällen zu erheblichen strukturellen Anpassungsprozessen führen würde. Die Abkehr vom bisher gezeigten protektionistischen Verhalten verlangt jedoch, sich gegen jene Interessengruppen durchzusetzen, denen zuliebe die Abschirmung von den Weltmärkten erfolgte. Diese politische Implikation des Problems erklärt die Zurückhaltung der Industrieländer, den Marktzugang für Rohstoffe aus den Entwicklungsländern zu erleichtern, kann sie jedoch nicht rechtfertigen.

So ist es nicht verwunderlich, daß nennenswerte Fortschritte auf diesem Gebiet bisher kaum zu verzeichnen sind. Es gelang lediglich, durch Verhandlungen der FAO im Rahmen der Kennedy-Runde Zollsenkungen für einige Produkte der gemäßigten Zone zu erreichen[1]. Auf die Klagen und Forderungen der Entwicklungsländer reagierten die Industriestaaten auf UNCTAD III zwar mit Verständnis, nicht jedoch mit bindenden Zusagen. Sie vertrösteten die Entwicklungsländer auf die neue, 1973 beginnende GATT-Runde, auf der die immer noch ungelösten Probleme der Handelsliberalisierung angefaßt werden sollen[2].

Die in der "Gruppe der 77" zusammengeschlossenen Entwicklungsländer äußerten sich gegenüber diesen Verhandlungen skeptisch, die nach ihrer Auffassung primär solche Probleme zum Gegenstand haben würden, an denen die Industriestaaten ein Interesse hätten[3]. Sie wiederholten daher ihre Forderungen[4], unter denen sich auch die noch sogenannte "market sharing arrangements" befand. Die Industrieländer wa-

---

1) Vgl. A. Naini, Grundfragen, a.a.O., S. 49
2) Vgl. UNCTAD, Third Session, Commodity Problems and Policies, Access to Markets and Pricing Policy, Draft Resolution, Santiago 9 May 1972, p. 2, TD/III/C.1/L.13
3) Vgl. UNCTAD, Third Session, Draft Report of the First Committee, a.a.O., p. 8
4) Vgl. UNCTAD, Third Session, Commodity Problems and Policies, Access to Markets, Pricing Policy, Machinery and International Price Stabilization Measures and Mechanism, Draft Resolution, Santiago 2 May 1972, TD/III/C.1/L.11

ren jedoch nicht bereit, Zusagen bezüglich eines garantierten Anteils der Entwicklungsländer am Wachstum des Verbrauchs von Rohstoffen zu machen, da das "market sharing" mit ihrer marktwirtschaftlichen Ordnung nicht vereinbar sei[1]. So blieb es mit einer Resolution zur Intensivierung von Regierungskonsultationen auf dem Gebiet des Marktzugangs in Santiago bei einem "stand still" besonderer Art[2].

Die kommenden GATT-Verhandlungen, an denen die Entwicklungsländer ohne Rücksicht auf ihre Mitgliedschaft in allen Phasen teilnehmen sollen, werden zeigen, ob die Industrieländer bei ihrer immobilen Haltung auf dem Gebiet des Marktzugangs bleiben. Sollten tatsächlich Fortschritte erzielt werden, können die Entwicklungsländer jedoch keineswegs vor währungspolitisch bedingten Rückfällen in den Außenhandelsprotektionismus sicher sein. Die Reform des Weltwährungssystems kann daher als notwendige Ergänzung und Absicherung der Ergebnisse der GATT-Verhandlungen angesehen werden.

4. Probleme des Substitutionswettbewerbs

Ein eng mit der Frage des Marktzugangs verknüpftes Problem stellen diejenigen von den Entwicklungsländern exportierten Rohstoffe dar, die in den Verbrauchsländern einem zum Teil sehr heftigen Konkurrenzdruck synthetischer Produkte ausgesetzt sind. Vor allem Naturkautschuk und Baumwolle, aber auch Leder, Häute und Felle, Jute, einige Metalle, Öle und Fette gehören u.a. zu den Erzeugnissen, die nach Ansicht der Entwicklungsländer unter einer durch die Rohstoffsubstitution bewirkten Verlangsamung der Erzeugungs- und Verbrauchszunahme sowie unter einer abnehmenden Verwendungsquote zu leiden haben. Damit sei bei einem anhaltenden Preisdruck auf den internationalen Märkten ein reduziertes Wachstum ihrer Rohstoffexporte verbunden.

Tatsächlich ist der Absatz einzelner Rohstoffe u.a. durch die vor allem bei relativ knappen Gütern unsicherer Versorgungslage, durch nicht mehr befriedigende Produkteigenschaften und mangelnde Qualitätskonstanz beeinträchtigt. Darüber hinaus können manche Rohstoffe auch preislich nicht immer mit synthetischen Materialien konkurrieren, die zudem von Preisschwankungen und der damit verbundenen Gefahr irreversibler Substitution weitgehend frei sind. Die Ursachen

---

1) Vgl. UNCTAD, Third Session, Draft Report of the First Committee, a.a.O., p. 9
2) Vgl. UNCTAD, Third Session, Resolution 83(III), Intergovernmental Consultations on Commodities in Connexion with Access to Markets and Pricing Policy, 29 June 1972, TD(III)/Misc. 3, p. 159 f

für die Verdrängung natürlicher Rohstoffe liegt zum Teil aber auch in der vertikalen Integration bei der Produktion und Verarbeitung synthetischer Erzeugnisse. Außerdem werden in der chemischen Industrie durch intensive Forschung die Produkteigenschaften und -anwendungsbereiche ständig erweitert. Schließlich sorgt die Handels- und Fiskalpolitik der Verbrauchsländer für zusätzliche Marktzugangsbeschränkungen.

Dennoch muß das Ausmaß der von den Entwicklungsländern unterstellten Substitutionseffekte zum Teil in Frage gestellt werden[1]. Zwar kann beispielsweise für Kautschuk und Baumwolle tatsächlich eine abnehmende Verwendungsquote sowie ein Sinken der Preise festgestellt werden, demgegenüber entwickelten sich Produktion und Exporte jedoch nicht in der unterstellten Weise. Außerdem kompensierte die wachsende Nachfrage der Ostblockstaaten und der VR-China sowie der zunehmende Eigenverbrauch der Entwicklungsländer Verbrauchsrückgänge in den westlichen Industriestaaten.

Die von den Rohstoffländern auf UNCTAD III wieder erhobenen Forderungen müssen daher in einigen Punkten relativiert werden. Verlangt wurde einmal mehr der Abbau aller Handelshemmnisse besonders für verarbeitete Rohstoffe (vgl.III.3) und die allmählich steigende Erstattung fiskalischer Einkünfte, Produktionsverzichte, zumindest jedoch die Garantie von Mindestmarktanteilen, das Verbot von Produktions-"incentives" und die Beseitigung von Beimischungsvorschriften, ja sogar eine Steuer auf Synthetika, um nur einige der Maßnahmen zu nennen. Zu diesen bekannten Forderungen der Entwicklungsländer trat die Empfehlung, die "Permanent Group on Synthetics and Substitutes" der UNCTAD möge sich zukünftig mit der Frage beschäftigen, inwieweit der chemischen Industrie die bei der Produktion synthetischer Produkte anfallenden Kosten der Umweltverschmutzung angelastet werden könnten[2]. Die Industrieländer stimmten der Überprüfung dieses Aspektes zwar zu, wiesen aber den Großteil der übrigen Forderungen aus ordnungspolitischen Gründen zurück und fanden sich lediglich zu einer relativ unverfänglichen Empfehlung zur Intensivierung der Forschung und der internationalen Zusammenarbeit bereit.

---

1) Vgl. zum folgenden, D. Kebschull, Stellungnahme zum Tagesordnungspunkt (13b) Competitiveness of Natural Products (UNCTAD III) - erarbeitet im Auftrag des Wissenschaftlichen Beirats beim BMZ, Hamburg 1972 (Veröffentlichung in Vorbereitung)

2) Vgl. UNCTAD, Third Session, Resolution 50(III), Competitiveness of Natural Products, Synthetics and Substitutes, 29 June 1972, TD(III)/Misc. 3, p. 45 f

Es hat nicht den Anschein, daß die Industrieländer diese Haltung in naher Zukunft aufgeben, womit die einzigen realen Fortschritte auf dem Gebiet der Substitutionskonkurrenz für Rohstoffe zunächst nur durch Qualitätsverbesserungen, neue Anwendungsbereiche und ein gezieltes Marketing zu erreichen sein dürften.

5. Rationalisierung der Vermarktungs- und Verteilungssysteme für Rohstoffe

Auf dem Gebiet der Rationalisierung der Vermarktungs- und Verteilungssysteme für Rohstoffe legten die Entwicklungsländer auf der jüngsten UN-Konferenz keine konkreten Aktionspläne vor. Da die Informationsbasis für diesen Problemkreis bisher außerordentlich schmal ist, beschränkte man sich weit stärker noch als etwa bei den Fragen des Marktzugangs oder des Substitutionswettbewerbs auf die Forcierung grundlegender Studien[1].

Die Entwicklungsländer gehen davon aus, daß der gegenwärtige Distributionsapparat für Rohstoffe ineffizient organisiert ist und damit unnötige Kosten verursacht. Ihr Ziel ist es daher, alle Möglichkeiten zu nutzen, die Marketing- und Distributionssysteme sowohl in den Produktions- als auch in den Verbrauchsländern zu rationalisieren, dabei vor allem Monopole und ähnlich wirkende Zusammenschlüsse abzubauen sowie alle durch die Effizienzverbesserung anfallenden "Gewinne" soweit wie möglich auf die rohstoffproduzierenden Entwicklungsländer umzulenken. In diesem Zusammenhang soll auch die Rolle der Rohstoffbörsen und die Realisierungschancen für die Etablierung nationaler und internationaler[2] Marketing Boards überprüft werden.

Die ersten Untersuchungen, die sich mit diesen Fragen beschäftigen, haben aber bereits gezeigt, daß schon aufgrund der erheblichen analytischen Schwierigkeiten keine raschen Erfolge zu erwarten sind. Darüber hinaus wurde deutlich, daß die Marketing- und Distributionssysteme besonders auf der Erzeugerseite recht unterschiedlich ausgeprägt sind. Dies gilt nicht nur für einzelne Rohstoffe, sondern

---

1) Vgl. zum folgenden: A. Borrmann, F.J.Jägeler, D.Kebschull, M.R. Schams, U.Steuber, Vermarktungs- und Verteilungssysteme für Rohstoffe - Eine Untersuchung möglicher Ansatzpunkte zur Rationalisierung bei Kakao, Baumwolle, Kautschuk und Zinn - durchgeführt im Auftrage des Bundesministeriums für Wirtschaft und Finanzen, Projektleitung Dietrich Kebschull, Hamburg 1972, Veröffentlichung in Vorbereitung.

2) Diese Vorstellungen lehnen sich an das in der Organisation erdölproduzierender Länder (OPEC) realisierte Modell an.

auch für denselben Rohstoff in verschiedenen Ländern. Daher kommen keine generellen, allenfalls produktbezogene Rationslisierungsstrategien in Betracht. Eine Reorganisation bestehender Handelssysteme stieße zudem auf eine Reihe von Hemmnissen, unter denen vor allem die Frage der Eigentumsverhältnisse und der Vereinbarkeit mit ordnungspolitischen Vorstellungen hervortritt. Darüber hinaus spielen aber auch Bedenken hinsichtlich der nationalen und internationalen Kooperationsbereitschaft der Erzeugerländer, der Effizienz nationaler und internationaler Boards und der Ersetzbarkeit der Warenterminbörsen eine wesentliche Rolle[1].

In den Ausschußberatungen der Dritten Welthandelskonferenz kamen einmal mehr die Schwierigkeiten zur Sprache, bestehende Systeme und Strukturen zu erfassen, insbesondere die Handelskosten einzelner Stufen hinreichend exakt zu bestimmen. Die analytischen Schwierigkeiten erklären schließlich auch, weshalb bei der eingeleiteten Pilot-Studie für Kakao bisher kaum Fortschritte erzielt werden konnten[2]. Die Entwicklungsländer forderten aber dennoch - unterstützt von den sozialistischen Staaten -, mit weiteren Untersuchungen etwa für Baumwolle, Kautschuk und Tabak zu beginnen und dabei insbesondere die Rolle der multinationalen Unternehmen zuberücksichtigen[3].

Die Industrieländer betonten jedoch, weitere Studien wären erst sinnvoll, wenn die Kakao-Analyse gezeigt hätte, daß die Ergebnisse in einem angemessenen Verhältnis zu den Kosten stünden. Dennoch wurde in der vom Plenum angenommenen Resolution dem Rohstoffausschuß empfohlen, die Zahl der Studien zu vergrößern sowie die Kakao-Untersuchung so bald wie möglich fertigzustellen[4]. Es war ferner interessant festzustellen, daß die Gruppe der sozialistischen Staaten, die sich in

---

1) Vgl. u.a. A.Borrmann, F.J.Jägeler, D.Kebschull, M.R.Schams, U.Steuber, Vermarktungs- und Verteilungssysstems, a.a.O.; FAO, Committee on Commodity Problems, Study Group on Bananas, Fourth Session, Point à Pietre (u.a.) 5-12 May 1971, Review of Economic Aspects of Production, Trade and Distribution of Bananas, CCP: BA 71/2, 25 January 1971; UNCTAD, Trade and Development Board, Committee on Commodities, Sixth Session, Marketing and Distribution Systems for Primary Commodities, Descriptive and Statistical Reviews, Cocoa, 14 June 1971, TD/B/C.1/110/Add.1
2) Vgl. UNCTAD, Third Session, Commodity Problems and Policies, Marketing and Distribution Systems for Primary Commodities: Progress Report on a Study in Depth Regarding Cocoa, 9 February 1972, TD/113/Supp. 3
3) Vgl. UNCTAD, Third Session, Draft Report on the First Committee, Santiago, 9 May 1972, TD/III/C.1/L.12, p.6/7
4) Vgl. UNCTAD, Third Session, Resolution 78(III) Marketing and Distribution Systems, 29 June 1972, TD(III)/Misc. 3, p. 144 f

den vergangenen Jahren besonders stark für eine Reorganisation der Vermarktungssysteme eingesetzt hat, auf der Konferenz eine Überprüfung auch ihrer Handelsstruktur ablehnte[1].

Die bisherige Diskussion, die immer noch nicht über das Stadium einer Problemanalyse hinausgekommen ist, deutet darauf hin, daß eine Reorganisation des Vermarktungs- und Verteilungssystems allenfalls nur langfristig denkbar ist und aus politischen Gründen kaum in den Industriestaaten, eher in den rohstoffproduzierenden Entwicklungsländern Erfolg verspricht. Internationale Lösungen (z.B. Angebotskonzentration durch Marketingboards) unterliegen den gleichen Schwierigkeiten, die auch das Zustandekommen internationaler Rohstoffabkommen seit Jahren behindern. Daher kann auch auf diesem Gebiet nicht mit baldigen Erfolgen gerechnet werden.

6. Nutzung des Meeresbodens

Die traditionellen Arbeitsgebiete des Rohstoffausschusses haben in der letzten Zeit eine Ergänzung in der Behandlung jener Fragen gefunden, die mit den juristischen Problemen der Nutzung der Küsten und des Meeresbodens zusammenhängen[2].

Die Entwicklungsländer sind der Auffassung, daß die mineralischen Ressourcen der Meeresboden-Zone wie Mangan, Kupfer, Nickel, Kobalt, die sich außerhalb der Grenzen nationaler Hoheit befinden, allen Staaten zur Verfügung stehen müssen. Sie sind besorgt darüber, daß in Ermangelung angemessener Abkommen die Ausnutzung dieser Ressourcen negative Effekte auf die Märkte der einzelnen Rohstoffe haben könnten, die sowieso schon instabil genug seien. Da die Meeresbo-

---

1) Vgl. UNCTAD, Third Session, Draft Report of the First Committee, a.a.O., p. 6/7

2) Vgl. zum folgenden: UNCTAD, Third Session, Commodity Problems and Policies, Mineral Production from the Area of the Sea-Bed beyond National Jurisdiction, Issues of International Commodity Policy, 7 March 1972, TD 113 Supp. 4; United Nations Economic and Social Council, Fifty-first session, The Sea, Mineral Resources of the Sea, 26 April 1971, E/4973; United Nations General Assembly, Committee on the Peaceful Uses of the Sea-Bed and the Ocean Floor beyond the Limits of National Jurisdiction, Possible Impact of Sea-Bed Mineral Production in the Area beyond National Jurisdiction on World Markets, with Special Reference to the Problems of Developing Countries: A Preliminary Assessment, 28 May 1971, A/AC. 138/36

denproduktion u.U. tatsächlich kostengünstiger sein kann und damit
negative Effekte auf die Preisentwicklung am Weltmarkt denkbar sind,
kann die Gewinnung der Bodenschätze auf dem Land unrentabel und verdrängt werden, zumindest sind in einzelnen Fällen rückläufige Produktionserlöse zu erwarten. Darüber hinaus können bei unregelmäßiger
Erzeugung auch kurzfristige Preisfluktuationen am Weltmarkt induziert oder bestehende Schwankungen verstärkt werden.

Unter diesen Bedingungen sind die vitalen Interessen der Entwicklungsländer unmittelbar betroffen. Die Deviseneinnahmen hängen in
einigen Staaten sehr stark von den Exporterlösen der jeweiligen Mineralien ab. Da die Entwicklungsländer wegen des hohen technologischen und finanziellen Aufwands voraussichtlich nur geringen Anteil
an der Meeresbodennutzung haben werden, wird ihr sowieso schon geringer und fallender Anteil am Welthandel gegebenenfalls weiter absinken.

Die 3. Welthandelskonferenz brachte eine für die Interessen der Entwicklungsländer durchaus positive Resolution[1], deren tatsächliche
Relevanz jedoch noch nicht abgeschätzt werden kann. Darin wird
der Rat für Handel und Entwicklung beauftragt, die mit der Nutzung
der Rohstoffvorkommen im Meer verbundenen Fragen laufend zu beobachten. Außerdem wird der UNCTAD-Generalsekretär aufgefordert, in Zusammenarbeit mit der FAO mögliche negative Auswirkungen zu untersuchen, die die Ausnutzung des Meeresbodens auf die Fischereiwirtschaft haben kann. Ferner sollen die Studien über allgemeine wirtschaftliche Effekte fortgesetzt werden.

Alle in der Region des Meeresbodens außerhalb nationaler Hoheit tätigen und interessierten Staaten sollen bis zum Zustandekommen einer
internationalen Übereinkunft alle Aktivitäten einstellen, die auf
eine kommerzielle Ausbeutung der Meeresbodenregion gerichtet sind
und sich von einer direkten oder politischen Beteiligung an allen
diesbezüglichen Unternehmungen fernhalten. Die Konferenz versicherte ausdrücklich, daß vor der Verabschiedung einer internationalen
Konvention keine gesetzlichen Ansprüche auf irgendeinen Teil der
Region oder ihrer Ressourcen berücksichtigt werden, ob sie auf vergangenen, gegenwärtigen oder zukünftigen Aktivitäten beruhen.

---

1) Vgl. UNCTAD, Third Session, Resolution 53(III)/54(III), The Exploitation, for Commercial Purposes, of the Resources of the Sea-Bed and the Ocean Floor, and the Subsoil thereof, beyond the Limits of National Jurisdiction, Santiago 29 June 1972, TD(III)/Misc. 3, p. 47 f

IV. TARIFÄRE HANDELSHEMMNISSE

1. Bedeutung der Halb- und Fertigwarenexporte für die Entwicklungsländer

Die Ursache für die Verschlechterung der Handelsposition der Entwicklungsländer liegt vor allem darin, daß diese Länder in sehr geringem Maße industrielle Produkte exportieren. Zwar stieg der Anteil der Fertigwaren (SITC 5-8) am Gesamtexport von 15,2 % (1960) auf 23,4%(1970), allerdings ist dieser Anteil im Vergleich zu dem der Industrieländer 75,5 % (1970) noch immer verschwindend gering. Läßt man in der Position der Fertigprodukte die Nicht-Eisenmetalle außer Acht, würde der Anteil der Entwicklungsländer sogar auf 4,9 % der Weltexporte zurückgehen (Industrieländer 72,0 %). Die Entwicklungsländer hatten 1970 mit 12,7 Mrd. $ einen Anteil von nur 6,3 % am Weltexport dieser Produkte.

Die negativen Folgen der Exportstruktur der Entwicklungsländer lassen sich nicht nur dadurch erklären, daß die meisten Rohstoffexporte starken Preisschwankungen unterworfen sind, sondern auch durch die Tatsache, daß Exporteinnahmen eine unterproportionale Entwicklung aufweisen. Während die Rohstoffexporte von 1960-70 um nur 76 % gestiegen sind, verzeichneten die Fertigprodukte eine Zunahme von 226 %. Damit lag diese sogar über der Zuwachsrate der Halb- und Fertigwarenausfuhr der entwickelten Länder, die 193 % betrug. Der Weltexport dieser Produkte nahm im selben Zeitraum um 188 % zu.

Die Vorteile einer an industriellen Erzeugnissen orientierten Exportstruktur bestehen nicht nur in einer aufgrund der höheren Einkommenselastizitäten starken Dynamik der mengenmäßigen Nachfrage nach diesen Produkten, sondern auch in der Preisentwicklung. Während die Preise der meisten Rohstoffe in den letzten zehn Jahren kaum eine kontinuierliche Steigerung zeigten, nahmen die Preise der industriellen Produkte ständig zu.

An den verhältnismäßig geringen Fertigwarenexporten der Entwicklungsländer konnten noch nicht einmal alle Länder der Dritten Welt in etwa gleichem Umfang profitieren. So kam 1969 die Hälfte der gesamten Fertigprodukte der Entwicklungsländer aus süd- und ostasiatischen Staaten.

Tabelle 6: Fertigwarenexporte der Entwicklungsländer nach Regionen in einzelne Ländergruppen 1960, 1969
- in Mill. US-$ und in v.H. -

	Alle Entwicklungsländer				Afrika				Lateinamerika				Süd- und Ostasien				Westasien			
	1960		1969		1960		1969		1960		1969		1960		1969		1960		1969	
	Mill.$	v.H.	Mill.$	v.H.	Mill.$	v.H.	Mill.$	v.H.	Mill.$	v.H.	Mill.$	v.H.	Mill.$	v.H.	Mill.$	v.H.	Mill.$	v.H.	Mill.$	v.H.
Länder mit entwickelter Marktwirtschaft	1441	52	5543	60	220	63	458	50	187	70	536	50	776	48	3317	64	129	58	454	60
Sozialistische Länder Osteuropas und Asiens	178	6	724	8	17	5	149	16	4	2	24	2	52	3	191	4	3	1	18	2
Entwicklungsländer	1136	41	2923	32	115	33	266	29	68	25	520	48	798	49	1635	32	78	35	254	34
Insgesamt[2]	2775	100	9250	100	352	100	910	100	269	100	1080	100	1626	100	5150	100	224	100	752	100

1) Summe der Exporte aus Afrika, Lateinamerika, Süd- und Ostasien, Westasien sowie Jugoslawien und einiger Entwicklungsgebiete im Karibischen und Pazifischen Raum
2) einschließlich Exporte, deren Bestimmungsort nicht festgelegt werden konnte

Quelle: UNCTAD, Third Session, Review of Trade in Manufactures of the Developing Countries 1960 - 1970, 10 December 1971, TD/111, p. 23

Unter diesen Ländern bestreiten wiederum Honkong und Taiwan den größten Anteil der Halb- und Fertigwarenexporte. 1969 haben sie mit 2,05 Mrd. $ (Honkong 1480 Mill. $ und Taiwan 570 Mill $) 62 % der süd- und ostasiatischen Halb- und Fertigwarenausfuhren in die Industrieländer auf sich vereinigt. Das entspricht 32 % der Exporte aller Entwicklungsländer in die Industrieländer[1]. Bemerkenswert ist, daß der Handel mit Fertigprodukten zwischen den Entwicklungsländern selbst an Bedeutung verloren hat. Zwar ist der Anteil der Exporte mit diesen Produkten in die Entwicklungsländer selbst mit 32 % (1969) immer noch höher als der der Gesamtexporte von 20 %, dennoch hat der Anteil gegenüber 1960 (41 %) stark abgenommen. Das zeigt, daß der interne Handel mit diesen Produkten vernachläßigt wurde.

---

1) Vgl. UNCTAD, Third Session, Review of Trade in Manufactures of the Developing Countries 1960-1970, 10 December 1971, TD/111.

2. Zollpräferenzen für Entwicklungsländer

Eines der klassischen Instrumente zur Beeinflussung des Außenhandels ist die Errichtung von Zöllen, die bei Grenzüberschreitung auf Güter erhoben werden. Zollabgaben liegen zwei unterschiedliche Motivationen zugrunde, die sich nicht gegenseitig auszuschließen brauchen. Zum einen sollen sie dem Staat Einnahmen verschaffen, andererseits dienen manche Abgaben dem Schutz der einheimischen Produktion vor ausländischer Konkurrenz. Indem sie auf die Preise überwälzt werden, wirken sie sich negativ auf die Einfuhren aus. Insbesondere sind die Importe aus den Entwicklungsländern, deren Ausweitung eine der wichtigsten Voraussetzungen für ihre Industrialisierung und Entwicklung ist, durch Zollschranken in den Industrieländern großen Hemmnissen ausgesetzt.

Um ihre Handelsposition langfristig zu verbessern, müssen die Entwicklungsländer ihre Exportstruktur verändern und den Schwerpunkt auf Halb- und Fertigwaren legen. Die Zollstruktur der Industrieländer wirkt jedoch dieser Entwicklung entgegen. Während auf die Rohstoffe gar keine oder nur geringe Zölle erhoben werden, nimmt die Zollbelastung mit dem Verarbeitungsgrad der Produkte zu. Hinzu kommt, daß nicht die nominelle, sondern die effektive Belastung, die durchweg 1 1/2 bis 2 mal höher liegt als der Nominal-Zollsatz, der eigentliche Maßstab für die Handelsschranken ist. Der tatsächliche Schutz für die einheimische Produktion der Industrieländer ergibt sich durch die Zollbelastung der Wertschöpfung des entsprechenden Produktionsprozesses. Beim EWG-Zolltarif zum Beispiel liegt die effektive Zollprotektion um ein Drittel höher als der Nominalzollsatz[1].

Da sich die Industrien der Entwicklungsländer noch immer in ihrer Aufbauphase befinden, sind sie zumeist noch nicht in der Lage, mit der industriellen Produktion der entwickelten Staaten zu konkurrieren, die durch Massenproduktion und technischen Fortschritt Kostenvorteile ausnutzt. Darum wird angestrebt, daß die Industrieländer durch Gewährung von Zollpräferenzen, d.h. durch einseitigen Fortfall oder Reduktion von Zöllen den Entwicklungsländern für eine Übergangszeit Wettbewerbsvorteile verschaffen.

---

[1] Vgl. C. Wilhelms, D.W. Vogelsang, Untersuchung über Fragen der Diversifizierung in Entwicklungsländern, HWWA-Report Nr. 3, Hamburg 1971, S. 138 ff

Es wurde allerdings lange darüber diskutiert, ob eine solche - nicht generelle und nicht gegenseitige - Regelung im Widerspruch zu der GATT-Meistbegünstigungsklausel steht. Die Ausnahmeregelung der GATT-Bestimmungen für den Fall der Bildung einer Zollunion oder Freihandelszone gibt jedoch die Möglichkeit, die Gewährung von Zollpräferenzen zu rechtfertigen.

Bei der Präferenzgewährung geht man von der Überlegung aus, daß bei verschieden starker Marktmacht der Handelspartner kein gleichgewichtiger Warenaustausch vonstatten gehen kann. "Anders ausgedrückt: das im Prinzip der Nicht-Diskriminierung verkörperte ethische Prinzip besagt, daß Gleiche gleich zu behandeln sind; die entwickelten Länder und die Entwicklungsländer sind aber in den internationalen Wirtschaftsbeziehungen nicht gleich"[1]. Eine solche Präferenzregelung drückt die anerkannte Verpflichtung der Industrieländer aus, den Entwicklungsländern Handelshilfe einzuräumen.

Bereits auf der 1. Welthandelskonferenz forderten die Entwicklungsländer einseitige Zollpräferenzen für ihre Halb- und Fertigwaren. Dem standen die Industrieländer mit Ablehnung oder großen Bedenken gegenüber, worauf man sich auf die Einsetzung eines Ausschusses einigte, der eine befriedigende Methode zur Verwirklichung von einseitigen Zollpräferenzen ausarbeiten sollte. Bis zur 2. Welthandelskonferenz gelang es dem Ausschuß jedoch nicht, eine annehmbare Regelung zu finden. Deshalb stand auf der 2. Welthandelskonferenz das Problem der Zollpräferenzen wieder im Mittelpunkt der Diskussion. Die Entwicklungsländer hatten schon auf der vorausgehenden Tagung der "Gruppe der 77" in Algier ihre Forderung nach konkreten Präferenzregelungen nachdrücklich vertreten[2].

Die Haltung der Industrieländer kam besonders in den Stellungnahmen der OECD-Sondergruppe für den Handel mit Entwicklungsländern zum Ausdruck. Grundsätzlich bejahte man die Gewährung von Zollpräferenzregelungen. Sie sollte jedoch die Möglichkeit schaffen, daß die Zollentlastungen auf alle Industrieländer gleichmäßig verteilt werden.

---

1) H.G. Johnson, Präferenzen - ein wirksames Instrument der Entwicklungsförderung, in: Wirtschaftsdienst, Nr. 7, 1966, S. 370
2) Vgl. zum folgenden A. Naini, Grundfragen, a.a.O., S. 70-87 und ders. Ein Jahr EWG-Zollpräferenzen, in: Wirtschaftsdienst, Jg. 52, H. 7, Juli 1972, S. 362-365

Nach Beschluß der Konferenz sollte ein Sonderausschuß die in Neu-Delhi nicht gelösten Fragen klären und Einzelheiten eines Abkommens hierüber festlegen. Nach einigen Schwierigkeiten wegen Differenzen des Präferenzsystems unter den Industrieländern kam es im Oktober 1970 doch zu einer Einigung über Präferenzabkommen. Im Rahmen der OECD hatte man sich nicht auf eine gemeinsame und gleichzeitige Einführung des Präferenzsystems einigen können. Das Problem bestand vor allem darin, wie man die zusätzlichen Importe aus den Entwicklungsländern angemessen auf die präferenzgewährenden Länder verteilt, damit deren einheimische Industrie durch die Konkurrenz der billigen Importe nicht einseitig belastet wird.

Der erste Erfolg dieser langjährigen Bemühungen war der Beschluß der Kommission der Europäischen Gemeinschaften am 30. März 1971, den Entwicklungsländern Zollpräferenzen ab 1. Juli 1971 zu gewähren. Mit diesem Schritt hat die EWG, ohne auf das Zustandekommen eines gemeinsamen Angebots der OECD-Länder zu warten, zum ersten Mal ein Präferenzsystem in Kraft gesetzt[1]. Ihrem Beispiel folgten Japan und Norwegen am 1.8. bzw. 1.10.1971, Großbritannien, Irland, Neuseeland sowie Dänemark, Finnland und Schweden am 1.1.1972 und schließlich Österreich und die Schweiz am 1.3. bzw. am 1.4.1972. Kanada kündigte auf der Welthandelskonferenz in Santiago an, sein Präferenzsystem so schnell wie möglich in Kraft zu setzen. Lediglich die USA sagten mit der Begründung von Zahlungsbilanzschwierigkeiten keinen festen Termin zu.

Damit haben die meisten westlichen Industriestaaten im Prinzip die Empfehlung der Welthandelskonferenz, allgemeine, nicht reziproke und nicht diskriminierende Zollpräferenzen zugunsten der Entwicklungsländer zu gewähren, verwirklicht. Obwohl die westlichen Industrieländer jeweils ein eigenes Präferenzschema entwickelten, das jeweils die nationalen Interessen besonders berücksichtigt, sehen diese Regelungen grundsätzlich gleich aus. Für gewerbliche Halb- und Fertigwaren (Kapitel 25 - 99 Brussels Tariff Nomenclature - BTN -) sehen die Systeme eine einseitige Zollaussetzung mit Ausnahmeregelungen für Textilien, Erdöl und Erdölprodukte sowie Leder und Lederwaren vor. Verarbeitete landwirtschaftliche Produkte (Kapitel 1-24 BTN) werden von den einzelnen Ländern bzw. Ländergruppen in verschiedenem Umfang in ihren Präferenzsystemen berücksichtigt.

---

[1] Für eine Reihe von Produkten aus den Entwicklungsländern gewährte allerdings Australien bereits 1966 Zollpräferenzen.

3. EWG-Zollpräferenzen

Das Präferenzsystem der EWG sieht eine vollständige Zollfreiheit für alle gewerblichen Halb- und Fertigwaren aus den Entwicklungsländern vor. Die Regelung bezieht sich auf alle Waren der Kapitel 25 - 29 des EWG-Zolltarifschemas.

<u>Mengenplafonds</u>

Zum Schutz vor möglichen Wettbewerbsschäden hat die EWG für alle gewerblichen Halb- und Fertigwaren mengenmäßige Beschränkungen (Plafonds) erlassen. Der gesamte Umfang aller Mengenplafonds betrug 1971 1030 Mill. US $. Er setzt sich zusammen aus einem Grundbetrag von 488 Mill. $ plus einem Zusatzbetrag von 542 Mill. $. Während der Grundbetrag unverändert bleibt, wird der Zusatzbetrag aus den letzten verfügbaren Einfuhrstatistiken berechnet. Für 1972 erhöht sich damit das Präferenzplafond nach der Aussage des Sprechers der EWG auf der 3. Welthandelskonferenz für fast alle Waren um 6 - 12 %.

Beim Erreichen der Plafondgrenze soll zwar in der Regel der normale Zolltarif[1] wieder angewandt werden; dabei wird aber auf die einzelnen Importarten unterschiedlich reagiert. So werden die Importwaren nach dem Grad der Konkurrenz mit einheimischen Produktionen nach sensiblen, halb-sensiblen und nicht-sensiblen Waren unterteilt. Überschreiten die Importe von sensiblen Produkten, die 60 % der gesamten Importe von Halb- und Fertigwaren aus den Entwicklungsländern ausmachen, die festgelegten Plafonds, so tritt der normale Zollsatz automatisch in Kraft. Bei halb-sensiblen Waren (10 % der gesamten Importe von Halb- und Fertigwaren) wird dagegen über die Anwendung des normalen Zollsatzes beim Erreichen der Plafondgrenze von Fall zu Fall unter Berücksichtigung der Marktsituation entschieden. Für die restlichen, nicht-sensiblen Waren, die etwa 30 % der Importe von Halb- und Fertigwaren ausmachen, sind nur statistische Überwachungen angeordnet.

Schon an der Form der Plafondberechnung kann Kritik geübt werden. So wurde als Basisjahr für die Berechnung das Jahr 1968 gewählt; gerade in diesem Jahr litten jedoch die Einfuhren aus den Entwicklungs-

---

[1] Die durchschnittlichen Zollsätze betrugen nach einer GATT-Zollstudie für Halberzeugnisse 6,2 % und für Fertigerzeugnisse 8,7 % (davon: Chemische Erzeugnisse 7,6 %, Textilien 9,0 %, Elektrische Maschinen und Apparate 8,4 %, andere Maschinen 6,5 % und Fahrzeuge 11,6 %). Vgl. o.V., Bisherige Erfahrungen mit den allgemeinen Zollpräferenzen, in: Nachrichten für Außenhandel, Nr.262 vom 10.12.1971 S. 1 u. 3

ländern unter den ungünstigen wirtschaftlichen Verhältnissen in der
EWG. Das geht schon daraus hervor, daß die Halb- und Fertigwarenimporte 1969 um 30 % und 1970 noch einmal um 15 % steigen konnten.
(vgl. Tabelle 7)

Die Plafondregelung der EWG begünstigt in der Regel auch solche Erzeugnisse, die von der EWG in relativ geringem Umfange aus den Entwicklungsländern, dagegen in großem Ausmaße aus anderen Ländern importiert werden. Dagegen sind die Exportaussichten für die Entwicklungsländer in Bereichen, in denen sie weitgehend wettbewerbsfähig sind, sehr viel schlechter. Als Beispiel lassen sich für den ersten Fall die Importe von Maschinen und Fahrzeugen und im zweiten Fall von Baumwolltextilien anführen.

<u>Kontingentquoten</u>

Um die einheimischen Industrien in den einzelnen Ländern der Europäischen Gemeinschaft gleichmäßig zu belasten, wurde der EWG-Plafond für sogenannte sensible Importe zwischen den Ländern der Europäischen Gemeinschaft unter Berücksichtigung wirtschaftlicher Kriterien (Aussenhandel, Bruttosozialprodukt, Bevölkerung) aufgeteilt. Der BRD wurden 37,5 % der Plafondquote, Frankreich 27,1 %, Italien 20,5 % und den Beneluxländern 15,1 % zugewiesen. Die Bundesrepublik ist damit der wichtigste Absatzmarkt in Europa für die Entwicklungsländer. Überschreiten die Einfuhren die festgelegte Quote, so werden sie wieder mit dem vollen Zollsatz belastet, obwohl in den anderen Mitgliedsländern die Quoten möglicherweise noch nicht ausgeschöpft sind. Es ist hier zumindest die baldige Einführung einer Gemeinschaftsreserve notwendig, die dann Anwendung finden sollte, wenn ein Mitgliedsland seine Kontingente ausgeschöpft hat, aber in diesem Land noch ein zusätzlicher Bedarf besteht.

Das EWG-Präferenzsystem setzt auch für die Einfuhren einzelner Entwicklungsländer Grenzen. So kann kein Land mehr als 10 bis 50 % des gesamten für ein Erzeugnis und ein Mitgliedsland berechneten Plafonds zollfrei exportieren. Durch diese Regelung sollen die Zollvorteile für die rückständigeren unter den Entwicklungsländern, die bestimmte industrielle Produkte noch gar nicht oder in geringem Umfang in die EWG exportieren, gewahrt bleiben. Im Prinzip ist gegen die Berücksichtigung des unterschiedlichen Entwicklungsstandes der präferenzbegünstigten Länder nichts einzuwenden, wenn diese Länder die zugestandenen Vorteile ausnutzen können. Die bisherige Erfahrung zeigt jedoch, daß die Einfuhren aus den Ländern, die in der Lage sind, Produkte in die EWG zu exportieren, wegen der Sperrklausel vom Präferenzvorteil ausgeschlossen werden, ohne daß die übrigen Länder die Möglichkeit wahrnehmen können, davon zu profitieren.

Während der ersten fünf Monate nach dem Inkrafttreten des EWG-Präferenzsystems wurden in 45 Fällen die Präferenzen wegen Erreichen der Höchstgrenze suspendiert. Betroffen waren davon 15 Erzeugnisse aus Hongkong, 10 aus Jugoslawien, 5 aus Korea, 4 aus Ägypten, 2 aus Indien und jeweils 1 aus Algerien, Brasilien, Iran, Kolumbien, Mexiko, Pakistan, Philippinen, Singapur und Uruguay[1].

Sowohl die Aufteilung nach Kontingenten für die einzelnen Mitgliedsländer als auch die Länderhöchstregelungen führen dazu, daß

- EWG-Plafonds, die nicht einmal sehr eng begrenzt sind, relativ schnell von den Entwicklungsländern ausgeschöpft werden,

- durch die Aussetzung der Zollfreiheit (entweder bei der Erreichung der Höchstgrenze für einzelne Entwicklungsländer oder bei der Ausschöpfung der Quote der Mitgliedsländer) ungerechte Präferenzvorteile entstehen und

- diese unterschiedliche Zollbehandlung dazu führen könnte, daß die Zollvorteile im Handel aus Ungewißheit über die zeitliche Limitierung in den Preisen nicht kalkuliert werden und damit der positive Effekt für die Entwicklungsländer beschnitten wird.

<u>Ausnahmeregelungen</u>

Die protektionistische Agrarpolitik der EWG findet auch im Präferenzsystem ihren Niederschlag. So nahm man die verarbeiteten landwirtschaftlichen Produkte von der Zollfreiheit aus, gewährte allerdings für 150 Erzeugnisse Zollsenkungen in Höhe von durchschnittlich 15 %. Diese Produkte wiesen jedoch 1971 lediglich einen Importwert von 30 Mill. $ auf. Hinzu kommt, daß die Agrarpräferenzen auch noch einer allgemeinen Schutzklausel unterworfen sind. Sie können nämlich rückgängig gemacht werden, wenn die EWG-Lebensmittelproduktion durch überhöhte Einfuhren schwerwiegend beeinträchtigt wird. Damit hat die Gemeinschaft gerade in dem Bereich, in dem die Entwicklungsländer am wettbewerbsfähigsten sind, die geringsten Zugeständnisse gemacht. Hierdurch werden insbesondere die rückständigeren Entwicklungsländer benachteiligt.

1) Vgl. o.V., Bisherige Erfahrungen mit den allgemeinen Zollpräferenzen, a.a.O., S. 1

Das Präferenzsystem sieht im Bereich der Textilimporte vor, daß nur
die Entwicklungsländer, die Mitgliedstaaten des Baumwolltextilien-
Abkommens sind, Zollvorteile erhalten können. Andere Länder bekommen nur dann die Möglichkeit zollfreier Einfuhren, wenn sie ähnliche
Verpflichtungen übernehmen. Diese Güter werden nach dem Grad ihrer
Empfindlichkeit (sensible, halb-sensible und nicht-sensible Produkte) bei der Einfuhr kontingentiert.

Ursprungsbestimmungen

Das von der EWG vorgeschriebene Ursprungszeugnis für die Inanspruchnahme der Zollpräferenzen verursacht technische Schwierigkeiten. Bis
jetzt waren nur 35 Länder in der Lage, die entsprechenden Regelungen
zu erfüllen. 56 Länder, darunter alle mit der EWG assoziierten afrikanischen Staaten, konnten noch nicht von den Präferenzen profitieren, da sie den Bedingungen nicht nachkommen konnten. Dieses Verfahren bereitet bei der sowieso schon sehr bürokratischen Durchführung
des Präferenzsystems zusätzliche Schwierigkeiten und behindert die
Ausnutzung der Zollvorteile.

Präferenzempfänger

Nutznießer der EWG-Präferenzen sollten nach dem Beschluß des Mini-
sterrats vom Juni 1971 die zu dieser Zeit in der "Gruppe der 77" zusammengeschlossenen 91 Entwicklungsländer und zahlreiche unterentwickelte abhängige Gebiete sein. Am 1. Juli 1972 wurden alle - inzwischen 96 - Länder der "Gruppe 77" in das Präferenzschema aufgenommen. Außerdem wird der EWG-Ministerrat im Herbst entscheiden, ob
von den osteuropäischen Ländern Rumänien und von den sogenannten
südeuropäischen Entwicklungsländern die Türkei, Griechenland, Malta,
Spanien und Portugal sowie auch Israel in den Genuß der Zollvergünstigungen kommen. Eine politische Entscheidung muß die EWG auch über
die Aufnahme Taiwans, das ähnliche Verhältnisse wie die Länder der
"Gruppe der 77" aufweist, treffen.

Da die aufzunehmenden Länder im Vergleich zu den anderen präferen-
zierten Ländern wettbewerbsfähiger sind, würde sich diese Erweiterung nachteilig auf die anderen Länder auswirken. Außerdem verschlechtert sich die Position der Präferenzempfänger auch rechnerisch. Denn
nach der EWG-Berechnungsform wird sich der Mengenplafonds für die
bis jetzt bevorzugten Länder verringern, und zwar in Höhe von 5 %
der Importe aus den neu aufgenommenen Ländern.

Die Bilanz der einjährigen Erfahrungen mit den EWG-Zollpräferenzen ist nicht gerade ermutigend. Wenn auch über die Auswirkungen dieser Maßnahmen nach so kurzer Dauer noch keine endgültigen Aussagen gemacht werden können, zeigen doch die gerade für 1971 veröffentlichten Zahlen über die Entwicklung der EWG-Importe von Halb- und Fertigwaren aus den Entwicklungsländern erste enttäuschende Tendenzen (vgl. Tabelle 7). Danach sind diese Importe trotz der Gewährung von Zollpräferenzen um 8,7 % zurückgegangen. Die gesamten Importe konnten allerdings dank der starken Zunahme der Rohstoffeinfuhren (13,7 %) einen Zuwachs von 9,7 % aufweisen.

Auch ein Vergleich des zweiten Halbjahres 1971, in dem das Zollpräferenzabkommen in Kraft war, mit dem ersten Halbjahr 1971 oder mit dem zweiten Halbjahr 1970 zeigt, daß von dem Präferenzsystem kaum Impulse ausgingen. Obwohl auf diese Entwicklung auch eine Reihe anderer Faktoren eingewirkt haben, spielten die genannten Mängel des EWG-Präferenzsystems ohne Zweifel eine große Rolle. Unerfreulich ist in diesem Zusammenhang die Tatsache, daß der ohnehin geringe Anteil der Fertigprodukte an den Gesamtexporten der Entwicklungsländer in die EWG-Länder 1971 auf 15 % zurückging. Damit hat sich trotz der Zollpräferenzen der Trend zugunsten der Halb- und Fertigfabrikate nicht fortgesetzt.

Mit den Zollpräferenzfragen befaßte sich der zweite Ausschuß der Welthandelskonferenz in Santiago. Die Entwicklungsländer trugen ihre Wünsche nach einer Verbesserung des vorliegenden Systems vor, vermieden es jedoch, die Industrieländer scharf zu kritisieren[1]. Dies zeigt, daß die Entwicklungsländer auch bescheidene Zugeständnisse der Industrieländer honorieren.

In einer einstimmig verabschiedeten Resolution[2] empfahl die Konferenz allerdings den Ländern, die ihr Präferenzsystem noch nicht in

---

1) Lediglich Jugoslawien übte Kritik am Präferenzsystem der EWG.
2) Vgl. UNCTAD, Third Session, Resolution 77(III) Preferences, 29 June 1972, TD(III)/Misc. 3, p. 140 ff

Tabelle 7: Entwicklung der EWG-Importe aus den Entwicklungsländern 1960-1971
— in Mill. US-$ und in v.H. —

Klassifikation	1960		1968	1969			1970			1971			1970		1971	
	Mill.$	Anteil v.H.	Mill.$	Mill.$	Zunahme gegenüb. 1968 v.H	Mill.$	Zunahme gegenüb. 1969 v.H.	Anteil v.H.	Mill.$	Zunahme gegenüb. 1970 v.H.	Anteil v.H.	1.Hj. Mill.$	2.HJ. Mill.$	1.Hj. Mill.$	2.Hj. Mill.$
5 Chemische Erzeugnisse	64,6	0,9	93,9	129,0	37,4	166,4	29,0	1,0	202,6	21,8	1,1	76,5	89,8	103,9	98,8
6 Bearbeitete Waren	739,2	9,8	1.627,0	2.073,3	27,4	2.288,3	10,4	14,2	1.848,6	-19,2	10,5	1.235,8	1052,5	932,7	915,9
7 Maschinen, Fahrzeuge	16,7	0,2	51,2	64,0	25,0	102,6	60,3	0,6	162,9	58,8	0,9	48,6	53,9	90,7	72,1
8 Sonstige Fertigwaren	34,8	0,5	156,3	249,1	59,4	332,0	33,3	2,1	424,3	27,8	2,4	162,0	170,0	193,8	230,5
5-8 Fertigprodukte insg.	855,4	11,3	1.928,5	2.515,4	30,4	2.889,3	14,9	17,9	2.638,4	-8,7	14,9	1.523,1	1366,3	1.321,1	1317,3
0-4 Rohstoffe insg.	6.705,6	88,5	10.550,9	11.676,8	10,7	13.187,6	12,9	81,9	14.993,5	13,7	84,8	6.470,9	6716,6	7.580,9	7413,6
0-9 Importe insg. 1)	7.573,4	100,0	12.508,3	14.223,9	13,7	16.104,3	13,2	100,0	17.672,4	9,7	100,0	8.008,4	8095,9	8.923,0	8749,4

1) einschließlich der Klassifikation 9 (Verschiedenes)

Quelle: Beilage zur Monatsstatistik des Außenhandels, Statistisches Amt der Europäischen Gemeinschaften, Nr. 3 und 5, 1972, Tabelle 6, S. 8.

Kraft gesetzt haben, möglichst noch 1972, spätestens aber Anfang
1973 eine solche Regelung einzusetzen. Weiter sollen alle präferenzgewährenden Länder in ständiger Konsultation unter Mithilfe des
UNCTAD-Sekretariats ihre Systeme aufeinander abstimmen.

Von der UNCTAD gebilligt wurde auch das Verlangen der Entwicklungsländer, einen Präferenzausschuß zur Ausarbeitung von Verbesserungs-
vorschlägen einzusetzen. Man erhofft sich hiervon, die Industrieländer zur Änderung des Präferenzsystems zugunsten der Entwicklungsländer bewegen zu können.

Im einzelnen sollen alle weiterverarbeiteten Agrarprodukte (Kap. 1-24
BTN) und alle Erzeugnisse des Kapitels 25 - 99 BTN, die bis jetzt
noch ausgenommen sind, in das Präferenzsystem aufgenommen werden.
Den Vorteil zoll- und quotenfreier Einfuhren sollen alle Entwicklungsländer erhalten. Vor allem seien auch die handwerklichen Produkte der Entwicklungsländer in die Präferenzregelung mit einzubeziehen,
wobei weitere Untersuchungen über die Möglichkeit der Erweiterung
auch auf diejenigen Waren angefordert wurden, die bislang noch nicht
im Tarifsystem enthalten sind. Die Konferenz empfahl ferner Schritte
zur Vereinfachung der Ursprungsregelung sowie andere Maßnahmen, die
den Entwicklungsländern einen Nutzen ermöglichen. Besonderes Augen-
merk sollte dabei den am wenigsten entwickelten Ländern gelten.

Die Empfehlungen der Welthandelskonferenz für eine Verbesserung des
Systems dürften in den Industrieländern jedoch auf Grenzen stoßen,
da diese in absehbarer Zeit kaum bereit sein werden, ihre protektionistische Politik zu ändern. Das erklärt sich aus binnenwirtschaftlichen Schwierigkeiten, die in den meisten Industrieländern aus
strukturverändernden Maßnahmen - zumindest kurzfristig - hervorge-
hen würden.

So würde z.B. eine Aufhebung der Agrarprotektion in der EWG auf den
massiven Widerstand der von der Landwirtschaft abhängigen Bevölkerung und ihrer Interessenvertreter stoßen, der die Entscheidungen
der Regierungen mit beeinflußt. Das gleiche gilt auch für einige
Industriezweige. Der zu errichtende Präferenzausschuß kann daher
zwar bescheidene Verbesserungen anregen, ein Durchbruch in der Haltung der Industrieländer verlangt dagegen die politische Bereitschaft
dieser Staaten zu wirtschaftlichen Opfern, die im Augenblick nicht
erkennbar ist.

4. Zollpräferenzen der Ostblockländer

Unter den sozialistischen Staaten kündigten Ungarn für den 1. Januar 1972, die Tschechoslowakei für den 28. Februar 1972 und Bulgarien für den 1. April 1972 weitgehende Zollpräferenzen für die Halb- und Fertigwarenimporte aus den Entwicklungsländern an. Damit haben diese Länder die Empfehlungen der Welthandelskonferenz und die in einer gemeinsamen Erklärung der fünf sozialistischen Staaten[1] zur Durchführung von Zollvergünstigungen für die Entwicklungsländer im Rahmen ihres Systems verkündete Bereitschaft verwirklicht. Sonderbehandlungen erfahren die Entwicklungsländer schon seit einiger Zeit auch von Polen und der UdSSR, deren Sprecher die Vielzahl bilateraler Abkommen zur Handelsausweitung und Hilfe beim Aufbau neuer Exportindustrien betonte. Allein Rumänien, das selber als Entwicklungsland gelten kann, scheint für den Aufbau einer eigenen Industrie zum Abbau einseitiger Handelshemmnisse noch nicht in der Lage zu sein[2].

Bemerkenswert ist die tschechische Regelung einer auf zunächst zehn Jahre angesetzten Präferenzgewährung, die einen linearen Fortfall der Zollschranken, anfangs um 50 %, für landwirtschaftliche und industrielle Exportgüter aus Entwicklungsländern vorsieht. Darin eingeschlossen sind auch Rohstoffe[3]. Am Ende soll die völlige Zollfreiheit stehen. Um zunächst 30 % will auch die bulgarische Regierung allen interessierten Ländern Ermäßigungen einräumen, sofern ihr Pro-Kopf-Einkommen unter dem Wert für Bulgarien liegt. Eine gleichlautende Klausel hat auch Ungarn in sein Präferenzsystem mit einbezogen, ansonsten verminderte die Regierung ihr Zollsystem für 100 Produkte[4] um 50 bis 90 % für Entwicklungsländer aus Asien, Afrika oder Lateinamerika.

---

1) Bulgarien, Polen, Tschechoslowakei, UdSSR und Ungarn
2) Vgl. UNCTAD, Third Session, Draft Report of the Second Committee, Santiago, 8 May 1972, TD/III/C.2/L.11
3) Vgl. UNCTAD, Trade and Development Board, Generalized System of Preferences, Scheme of Czechoslovakia, 3 September 1972, TD/B/378/Add. 2
4) Vgl. UNCTAD, Trade and Development Board, Generalized System of Preferences, Scheme of Hungeria, 12 January 1972, TD/B/378/Add.3/Annex

Obwohl diese Zusicherungen als Entgegenkommen der sozialistischen
Staaten bei der Gewährung von Zollpräferenzen für Entwicklungsländer gewertet werden können, dürfen sie doch nicht überschätzt werden. Die gesamten Halb- und Fertigwarenausfuhren in die sozialistischen Staaten Osteuropas und Asiens betrugen 1969 nur 724 Mill. US $.
Zwar bedeutet das eine Vervierfachung dieser Ausfuhren gegenüber
1960 (178 Mill. US-$), doch ist das - gemessen am gesamten Fertigwarenexport der Entwicklungsländer - immer noch gering (1969 :
7,8 %). Allerdings stiegen die Exporte der Entwicklungsländer in die
Ostblockländer von 1960 - 1969 mit einer Durchschnittsrate von 16,9%
stärker als die Ausfuhren in die westlichen Industriestaaten (16,1%).

Tabelle 8: Export von Fertigprodukten der Entwicklungsländer in die
sozialistischen Länder Osteuropas und Asiens 1960,1965,1969
- in Mill. US-$ und in v.H. -

	1960 Mill.$	1960 v.H.	1965 Mill.$	1965 v.H.	1969 Mill.$	1969 v.H.	Durchschnittl. Zuwachsrate 1960-69 in v.H.
Alle Entwicklungsländer	178	100	532	100	724	100	16,9
darunter Jugoslawien	102	57	318	60	344	48	14,5
andere Entwicklungsländer	76	43	214	40	380	52	19,6

Quelle: UNCTAD, Third Session, Review of Trade in Manufactures of the
Developing Countries 1960-70, 10 December 1971, TD/111,p.30

Bemerkenswert ist, daß die sozialistischen Länder fast die Hälfte
ihrer Importe (344 Mill. $ 1969) von Fertigwaren aus Jugoslawien
bezogen. Die Importe aus Süd- und Ostasien (191 Mill. $) stehen mit
einem Anteil von 25 % an zweiter Stelle. Dagegen sind die Importe
aus den afrikanischen (149 Mill. $), lateinamerikanischen (24 Mill.$)
und den westasiatischen Ländern (18 Mill. $) trotz hoher Steigerungsraten in den letzten 10 Jahren von sehr geringer Bedeutung. Diese
Zahlen zeigen, daß die Gewährung von Zollpräferenzen kaum einen
gravierenden Einfluß auf die Exporte der Entwicklungsländer hat,
zumal es in diesen Ländern keinen freien Markt gibt, sondern der
Staat den Handel lenkt. Eine Ausweitung des Handels der Entwicklungsländer mit den sozialistischen Ländern kann sowohl bei Fertigwaren
als auch bei Rohstoffen nur dadurch erreicht werden, daß die sozialistischen Länder sich bereit finden, mehr Importe in ihre Planung
einzubeziehen und dazu langfristige Verträge mit den Entwicklungsländern abschließen.

Dieses Thema kam auch auf der 3. Welthandelskonferenz zur Sprache. Die sozialistischen Staaten haben ihren Willen bekundet, durch Abschluß von langfristigen Verträgen ihren Handel mit den Entwicklungsländern zu intensivieren. Die Konferenz sprach ferner die Empfehlung aus, daß die übrigen sozialistischen Länder (UdSSR und Polen), die ihre Bereitschaft zur Gewährung von Präferenzen für Halb- und Fertigwarenimporte der Entwicklungsländer in einer gemeinsamen Erklärung 1970 im Präferenzausschuß verkündet hatten, diese möglichst bald zu verwirklichen[1].

---

1) Vgl. UNCTAD, Third Session, Resolution 77(III) Preferences, a.a.O., p. 140 ff

V. NICHT-TARIFÄRE HANDELSHEMMNISSE UND RESTRIKTIVE GESCHÄFTSPRAKTIKEN

Außenhandelsrestriktionen im außer-tariflichen Bereich finden als bewährtes protektionistisches handelspolitisches Instrument der Regierungen westlicher Industrienationen in vielfältiger Form Anwendung. Betroffen sind hiervon insbesondere die Halb- und Fertigwarenprodukte aus den Ländern der Dritten Welt.

Darüber hinaus findet eine weitere Beeinträchtigung des Warenaustausches durch restriktive Geschäftspraktiken der Privatwirtschaft, und zwar insbesondere seitens der großen internationalen Konzerne, statt.

Welche Bedeutung den damit zusammenhängenden Fragen zukommt, wird deutlich in der Vielzahl der registrierten Hemmnisse. Das GATT hat bei einer diesbezüglichen Analyse bereits mehr als 800 derartige den Welthandel störende Faktoren ermittelt[1], die sich in folgende Hauptgruppen zusammenfassen lassen[2]:

1. Nicht-tarifäre Handelshemmnisse

Importkontingente

Das beliebteste handelsbeschränkende nicht-tarifliche Instrument ist die direkte, absolute Begrenzung der Importmenge oder des Importwertes. Derartige quantitative Restriktionen sind zwar seit dem letzten Weltkrieg immer mehr abgebaut worden, bestehen jedoch auch heute noch in beträchtlichem Maße besonders für landwirtschaftliche und leichtindustrielle Produkte aus Entwicklungsländern. Nach einer Schätzung der Pearson-Kommission sind allein von den Industrieprodukten der Entwicklungsländer etwa 30 % von Importmengen-Restriktionen betroffen.

Die quantitative Importbeschränkung tritt in den verschiedensten Arten in Erscheinung. Dabei lassen sich vier Grundtypen unterscheiden:

- Globale Quoten, die den Import spezieller Produkte aus einigen oder allen Ländern wert- oder mengenmäßig in bestimmter Höhe für eine festgelegte Zeitspanne beschränken;

---

1) Vgl. o.V., Bonn diskutiert Handelshemmnisse, in Handelsblatt Nr. 112 vom 14.6.72
2) Vgl. u.a. R.E. Baldwin, Nontariff Distortions of International Trade, Washington 1970, p.10ff; Committee for Economic Development Nontariff Distortions, New York 1969, p. 15ff

- Bilaterale Quoten, die entweder als Mittel zur Begünstigung oder zur Diskriminierung einzelner Handelspartner dienen;

- Importlizenzen, die vergeben werden nach staatlichem Ermessen mit dem Zweck, die Ausnutzung der globalen Quote für bestimmte Länder zu verhindern oder anstelle von Quoten den Import zu beschränken;

- Staatliche Import-Monopole für bestimmte Warengruppen, die ähnlich wie bei der staatlichen Vergabe von Importlizenzen unbemerkt die Einfuhrströme lenken können.

Exportsubventionen

Eine andere wichtige Form der Handelsbeschränkung ist die Exportsubventionierung. Sie wird entweder allgemein für alle Ausfuhrgüter aus zahlungsbilanz- und beschäftigungspolitischen Überlegungen heraus gewährt oder nur für bestimmte Produktarten, insbesondere zum Schutz und zur Förderung der betreffenden Industriezweige.

Die Subventionierungspraktiken sind von Land zu Land verschieden. Bevorzugt wird eindeutig die Möglichkeit der Kreditsubvention, sei es durch das Einräumen spezieller Finanzierungserleichterungen oder durch die Schaffung günstiger Versicherungs- und Bürgschaftsbedingungen für Kredite privater Institutionen im Rahmen des Exportgeschäftes.

Öffentliche Beschaffungspolitik

Heimischen Produzenten werden sehr häufig bei staatlichen Einkäufen Präferenzen gegenüber ausländischen Anbietern eingeräumt. Angesichts des stetig wachsenden Anteils der Staatsausgaben am Sozialprodukt ist diese handelsbeschränkende Komponente nicht zu unterschätzen. Sie dürfte jedoch für die Entwicklungsländer insofern nur von untergeordneter Bedeutung sein, als die Staatsausgaben der Industrienationen sich vor allem auf den investiven Bereich konzentrieren, auf dem die Entwicklungsländer in der Regel selbst als Nachfrager auftreten und somit als Anbieter aufgrund ihrer einseitigen Exportstruktur kaum Absatzchancen besitzen.

Grenzausgleichsabgaben

In vielen Ländern werden die Importe neben der üblichen Einfuhrzollbelastung mit zusätzlichen Grenzausgleichsabgaben belegt. Diese betragen z.B. in der BRD normalerweise 11 %. Es ist zu unterscheiden zwischen einer allgemeinen Prozentsatzsteuer auf alle oder fast alle

Güter und Dienstleistungen in etwa gleicher Höhe wie sie in den
meisten europäischen Ländern in Form der Einfuhrumsatzsteuer exi-
stiert und einer besonderen Steuer auf wenige Artikel in unterschiedlicher Höhe, wie sie z.B. auf die Einfuhr von Alkohol- und
Erdölerzeugnissen erhoben wird. Durch diese Abgaben wird die Wettbewerbsfähigkeit der ohnehin starkem Konkurrenzdruck ausgesetzten
Produkte aus Entwicklungsländern auf den Märkten der Industrieländer wesentlich beeinträchtigt.

Inländische Subventionspolitik

Die in jüngster Zeit vielerorts zu beobachtende Zunahme staatlicher
Subventionierungsprogramme zur Stützung bestimmter heimischer Industriezweige gewinnt als handelshemmendes Element immer mehr an
Bedeutung. Als kurzfristige Maßnahme ist diese Art der staatlichen
Hilfe zur Überwindung der Übergangsschwierigkeiten von Branchen,
die dem erhöhten Wettbewerbsdruck aufgrund der zunehmenden inter-
nationlen Verflechtungen und der Beseitigung direkter Handelshemmnisse für ausländische Konkurrenzprodukte zunächst nicht gewachsen
sind, akzeptabel. Langfristig zur Kompensation internationaler han-
delsliberalisierender Maßnahmen und zur Verbesserung der Zahlungsbilanzsituation konzipiert, stellt die staatliche Subventionspolitik jedoch einen schwer zu bekämpfenden handelsdiskriminierenden
Tatbestand dar.

Technische und administrative Handelshemmnisse

Die Liste der technischen und administrativen, den internationalen
Handel behindernden Bestimmungen einzelner Länder ist lang und un-
übersichtlich. Innerhalb dieser Kategorie sind zwei Maßnahmengrup-
pen hervorzuheben:

- Zollbewertungssysteme
  Die Industrienationen verfolgen bisher weder bei der Güterklassifi-
  zierung noch bei der Festsetzung der Bemessungsgrundlage ein ein-
  heitliches System. Die Anwendung verschiedener Bewertungsmethoden
  auf spezielle Produkte hat zu erheblichen Verzerrungen in der internationalen Zolltarifpolitik geführt.

- Antidumping-Bestimmungen
  Gegen die Dumping-Politik einiger Länder, d.h. den Export bestimmter Produkte zu niedrigeren als im Inland zu erzielenden Preisen,
  haben sich die betroffenen Staaten durch Antidumping-Erlasse und

die Erhebung von Ausgleichszöllen geschützt. Diese individuellen Maßnahmen auf nationaler Ebene haben jedoch einen nicht mehr zu vertretenden Umfang erreicht, gehen häufig weit über kompensierende Abwehrreaktionen hinaus und können damit den internationalen Handel empfindlich behindern.

Die auf sonstige technische und administrative Hindernisse zurückzuführende Störung des internationalen Handels betreffen vor allem Sicherheitsbestimmungsn bei Maschinen, Fahrzeugen und Ausrüstungsgegenständen sowie Gesundheitsvorschriften bei landwirtschaftlichen und pharmazeutischen Erzeugnissen.

Das Ausmaß der hier aufgezeigten Arten nicht-tarifärer Handelshemmnisse für Produkte aus Entwicklungsländern läßt sich insgesamt nur schwer abschätzen. Diesbezügliche Analysen sind deshalb auch ausschließlich exemplarischer Art, d.h. beschränkt auf ausgewählte Produkte und Diskriminierungsformen.

Tabelle 9 : Häufigkeit von nicht-tarifären Importrestriktionen ausgewählter Industrieländer auf bestimmte Produkte der Entwicklungsländer im Jahre 1968

Importländer	Anzahl der durch Restriktionen betroffenen Produkte	Restriktionshäufigkeit
Frankreich	88	140
Bundesrepublik Deutschland	40	54
Italien	35	38
Beneluxländer	25	27
Dänemark	26	29
Finnland	26	33
Österreich	22	37
Norwegen	20	26
Vereinigtes Königreich	17	19
Schweden	17	17
Schweiz	13	24
Japan	34	34
Irland	21	21
USA	15	17
Kanada	11	11
Australien	4	4
Insgesamt	130	531

Quelle: UNCTAD, Third Session, Programme for the Liberalization of Quantitative Restrictions and Other Non-Tariff Barriers in Developed Countries on Products of Export Interest to Developing Countries, TD/120/Supp. 1, p. 14

Nach der neuesten UNCTAD-Untersuchung auf diesem Gebiet waren im Jahre 1968 von den gesamten Halb- und Fertigwarenimporten der Industrieländer aus Entwicklungsländern im Werte von 10,4 Mrd. US-Dollar etwa 2,3 Mrd. US-Dollar (20 %) von quantitativen und ähnlichen Restriktionen betroffen. Bei der Detailanalyse am Beispiel von 130 Exporterzeugnissen der Entwicklungsländer im Werte von 1,7 Mrd. DM konnten einer Gruppe von 18 Industrienationen 531 Diskriminierungsfälle nicht-tarifärer Art, insbesondere bei Agrar-, Textil- und Erdölerzeugnissen, nachgewiesen werden. Die Bundesrepublik lag dabei in der Restriktionshäufigkeitsliste mit 54 Fällen bei 40 der untersuchten Produkte nach Frankreich und vor Italien an zweiter Stelle[1].

2. Restriktive Geschäftspraktiken der Privatwirtschaft

Die Exportchancen der Entwicklungsländer werden neben den nicht-tarifären Handelshemmnissen auch durch verschiedenartige Absprachen privater Unternehmen in Industrieländern z.T. empfindlich geschmälert. Zu nennen sind insbesondere[2]:

Importkartelle

Importkartelle werden zwischen konkurrierenden Firmen eines oder mehrerer Länder zwecks Begrenzung der mengenmäßigen Einfuhr spezieller Güter, Beschränkung der Bezugsquellen und/oder Fixierung der Preise und sonstiger Kaufbedingungen für diese Produkte gebildet. Diese Kartellart ist jedoch nicht sehr verbreitet, da sie in den meisten Ländern entweder nicht erlaubt ist oder der staatlichen Mißbrauchskontrolle unterliegt.

Rabattkartelle

Rabattkartelle können in der Weise zur Behinderung der Einfuhr bestimmter Güter genutzt werden, als sie die Möglichkeit bieten, durch entsprechende Strukturierung der Preisnachlaßgewährung, z.B. in Form des Mengen- oder Treuerabattes, die Verbraucher vom Kauf über kartellexterne Quellen abzuhalten. Sie sind nicht so selten wie die Im-

---

1) Vgl. UNCTAD, Third Session, Programme for the Liberalization of Quantitative Restrictions and Other Non-Tariff Barriers in Developed Countries, TD/120/Supp. 1, p. 4 ff
2) Vgl. UNCTAD, Third Session, Restrictive Business Practices, TD/122/Supp. 1, p. 5 ff

portkartelle und treffen somit auch bestimmte Produkte der Entwicklungsländer mehr oder weniger stark.

Produktnormierung

Eine andere Methode, Importe zu behindern, ist die Aufstellung von Normen für den Verkauf bestimmter Güter in Industrieländern. Können die Produzenten aus den Entwicklungsländern diese Anforderungen aus technischen oder Kostengründen nicht erfüllen, so ist ihnen nicht selten der Marktzutritt verwehrt.

Exportkartelle

Das bekannteste, privatwirtschaftliche Handelshemmnis bildet zweifellos das Exportkartell. Es berührt die Ausfuhr von Unternehmen aus Entwicklungsländern dann nachteilig, wenn dadurch die für ihre Exportproduktion benötigten Importe mengenmäßig begrenzt oder deren Preise angehoben, ihre Güter auf fremden Märkten forciertem Wettbewerbsdruck durch das Kartell ausgesetzt oder sie gezwungen werden, sich als Mitglieder den Kartellbedingungen zu unterwerfen. Wegen der geringen staatlichen Kontrolle gegenüber dieser nicht den inländischen Markt betreffenden wettbewerbsverzerrenden Kartellform ist gerade sie am weitesten verbreitet[1].

Zu den genannten Arten kommen restriktive Geschäftsmethoden von Unternehmen, die auf Grund vertraglicher Vereinbarungen oder ihrer Zugehörigkeit zu multinationalen Gesellschaften zur Anwendung bestimmter Praktiken in Entwicklungsländern verpflichtet sind. Diese Handelshemmnisse haben in jüngster Zeit, nicht zuletzt aufgrund des anhaltenden Trends zur Bildung internationaler Konzerne, immer mehr zugenommen. Besonders durch Unternehmensfusion über den nationalen Rahmen hinaus werden die Möglichkeiten der Privatwirtschaft, konkurrierenden Produkten aus Entwicklungsländern den Zugang zum Weltmarkt zu erschweren, zweifellos größer. Da sich derartige Diskriminierungspraktiken bisher kaum hinreichend erfassen ließen und auch in Zukunft nur schwer zu kontrollieren sein werden, erwachsen hier zusätzlich ernsthafte Gefahren für die Funktionsfähigkeit des internationalen Wettbewerbs, insbesondere zu Lasten der Entwicklungsländer.

---

1) Vgl. UNCTAD, Third Session, Trade and Development Board, Committee on Manufactures, Restrictive Business Practices, TD/B/C.2/104, p. 77 ff

3. Möglichkeiten eines allgemeinen Abbaus im Rahmen des GATT

Die 79 in der Kennedy-Runde zusammenarbeitenden Staaten befassen sich generell mit Fragen zur Beseitigung handelsstörender Faktoren, nicht nur tarifärer, sondern auch außer-tarifärer Art. In Bezug auf die Entwicklungsländer werden sie in Teil IV des Allgemeinen Zoll- und Handelsabkommens dazu angehalten, diesen günstigere Bedingungen für ihren Rohstoffabsatz einzuräumen sowie eine Vergrößerung ihrer Warenmärkte für Halb- und Fertigerzeugnisse zu ermöglichen, sei es durch Erleichterung der Importe aus Entwicklungsländern in Form spezieller Hilfsmaßnahmen oder Bevorzugung ihrer Produkte (Abbau von Einfuhrbeschränkungen, Erweiterung des GATT usw.).

Es ist zweifellos ein Verdienst des GATT, daß zahlreiche den Welthandel beeinträchtigende Bestimmungen, die aus Autarkiebestrebungen der Kriegs- und Nachkriegszeit resultierten, aufgegeben worden sind. Die innerhalb des Zoll- und Handelsabkommens beschlossenen Liberalisierungsmaßnahmen haben jedoch bisher mehr den Interessen der Industrieländer als denjenigen der Entwicklungsländer gedient. Es fragt sich, ob das GATT überhaupt das geeignete Organ für die Durchsetzung gezielter Maßnahmen zur Beseitigung der den Export der Entwicklungsländer hemmenden nicht-tarifären Faktoren, also für die Wahrnehmung einer entwicklungspolitischen Aufgabe ist. In der Vergangenheit hat sich gezeigt, daß die Verabschiedung allgemein gehaltener Richtlinien, zu deren Einhaltung sich die Vertragspartner verpflichten, den speziellen Bedürfnissen der Entwicklungsländer in diesen Fragen keineswegs genügten.

Um die Wirksamkeit der GATT-Bemühungen zur Beseitigung nicht-tarifärer Handelshemmnisse insbesondere gegenüber Entwicklungsländern zu erhöhen, sollten die allgemein gehaltenen Artikel durch präzise, an konkreten Beispielen der Praxis orientierte und interpretierende Bemerkungen sowie Durchführungsanweisungen ergänzt werden. Auch wäre dafür Sorge zu tragen, daß die verabschiedeten Bestimmungen beachtet und respektiert werden. Das erfordert verstärkte Anstrengungen hinsichtlich der Sammlung und Systematisierung diesbezüglicher Informationen sowie die Schaffung einer für alle Zweifelsfälle zuständigen unabhängigen, mit richterlichen Entscheidungsbefugnissen ausgestatteten Untersuchungskommission. Falls die beteiligten Länder dem aus Souveränitätsgründen nicht zuzustimmen bereit sind, sollten zumindest unabhängige Expertenausschüsse unverbindliche Urteile über die Vereinbarkeit bestimmter Maßnahmen mit den geltenden Bestimmungen abgeben[1].

Die Entwicklungsländer versprechen sich allerdings auch von einer effizienteren Arbeitsweise des GATT keine durchgreifende Verbesserung ihrer Handelsposition am Weltmarkt. Sie halten das GATT nicht für die geeignete Institution zur Wahrnehmung und Durchsetzung ihrer Interessen in Fragen nicht-tarifärer Handelshemmnisse, da einmal nicht alle betroffenen Länder als Mitglieder fungieren und ausserdem die GATT-Meistbegünstigungsklausel eine Sonderstellung unterentwickelter Länder nicht zuläßt.

Das Problem der restriktiven Geschäftspraktiken als ein den Export der Entwicklungsländer behinderndes Element wurde im Rahmen des GATT bisher weitgehend vernachlässigt. Angesichts der zunehmenden Bedeutung dieser Fragen wurden in jüngster Zeit diesbezügliche Studien von verschiedenen entwickelten und unterentwickelten Staaten sowie der UNCTAD in Angriff genommen, die zum größten Teil noch nicht abgeschlossen sind. Die Frage der Zuständigkeit für die koordinierte Behandlung dieses Themenkreises auf internationaler Ebene wurde erstmals in Santiago gestellt.

4. Forderung nach einem einseitigen Abbau von Handelshemmnissen zugunsten der Entwicklungsländer

Auf der 3. Welthandelskonferenz stand die Erörterung der Maßnahmen zur Beseitigung nicht-tarifärer Handelshemmnisse und diskriminierender Geschäftspraktiken an vordringlicher Stelle. Die Entwicklungsländer stellten erneut die bereits in Lima vorgetragene Forderung an die Industrienationen, die ihre Exporte behindernden nicht-tarifären Handelshemmnisse bevorzugt und ohne Gegenleistungen abzubauen, ohne das Ergebnis allgemeiner multilateraler Vereinbarungen abzuwarten. Sie verlangten konkrete Maßnahmen, vor allem in folgenden Punkten[2]:

- Abschaffung diskriminierender Regelungen im Rahmen von Importrestriktionen wie bei der Länderklassifizierung;

---

1) Vgl. Robert E. Baldwin, a.a.O., p. 26
2) Vgl. UNCTAD, Third Session, Draft Report of the Second Committee, Liberalization of Non-Tariff Barriers, Santiago, TD/III/C.2/L.11/Add. 2, p. 8 f

- Sofortige Abschaffung quantitativer Restriktionen für alle Produkte einschließlich der im allgemeinen Präferenzsystem erfaßten Erzeugnisse;

- Liberalisierung des Lizenzsystems oder Abschaffung jeglicher Lizensierung;

- Quotenvergrößerung entsprechend der Zunahme des Handels in Industrieländern verbunden mit Erleichterungen für neue Marktteilnehmer;

- Reduzierung oder Eleminierung variabler Abgaben;

- Abschaffung bestehender Exporthemmnisse;

- Liberalisierung von Gesundheits- und Normbestimmungen und sonstiger technischer und administrativer den Handel hemmender Regelungen.

Die Entwicklungsländer forderten außerdem die Einrichtung eines speziellen Ausschusses, der diese Fragen beschleunigt behandelt und adäquate Maßnahmen zur Durchsetzung ihrer Wünsche erarbeitet. Die Industrieländer lehnten dies mit der Bemerkung ab, daß der Fertigwarenausschuß der UNCTAD dafür das geeignete Organ sei. Sie bekundeten lediglich ihre Bereitschaft - und das war keineswegs neu -, den Forderungen der Entwicklungsländer in sachlicher Hinsicht so weit wie möglich nachzukommen[1].

Ein weiterer Themenbereich bildete im zweiten Ausschuß der Welthandelskonferenz von Santiago die Problematik der restriktiven Geschäftspraktiken. Die Entwicklungsländer verlangten eine Weiterführung der bereits in Angriff genommenen Studien unter besonderer Berücksichtigung diskriminierender Geschäftspraktiken durch Kartelle, internationale Unternehmen und in Entwicklungsländern ansässige Firmen, resultierend aus vertraglichen Absprachen, Patent- und Warenschutzbestimmungen der Geschäftspartner in den Industrieländern. Die Beseitigung dieser Handelshemmnisse vornehmlich multinationaler Unternehmen müsse innerhalb der zukünftigen gesamten handelsliberalisierenden Politik einen angemessenen Platz einnehmen. Dies erfordere im Rahmen der UNCTAD die Etablierung eines Sachverständigenausschusses zur Klärung dieser Fragen[2].

---

1) UNCTAD, Third Session, Resolution 76(III), Liberalization of Non-Tariff Barriers, 29 June 1972, TD(III)/Misc. 3, p. 137 ff

2) Vgl. UNCTAD, Third Session, Draft Report of the Second Committee Restrictive Business Practices, Santiago, 10.May 1972, TD/III/C.2/L.11/Add. 1

Die Industrieländer begegneten dem Versuch der "Gruppe der 77", ihre Position durch Schaffung eines ihre Interessen vertretenden Organs innerhalb der UNCTAD zu stärken, indem sie die Erörterung dieser Frage einem späteren Zeitpunkt vorbehalten wissen wollten. Man solle zunächst die Ergebnisse der laufenden Forschungsarbeiten über restriktive Geschäftspraktiken abwarten und sich dann Gedanken über weitere notwendig werdende Schritte machen.[1]

Reale Fortschritte konnten somit in Santiago nicht erzielt werden. Hinsichtlich der nicht-tarifären Handelshemmnisse erscheint es aber nicht ausgeschlossen, daß im Rahmen der kommenden GATT-Verhandlungen Erleichterungen für Entwicklungsländer-Exporte angebahnt werden. Hingegen dürften nur geringe Aussichten bestehen, in naher Zukunft restriktive Geschäftspraktiken abzubauen, da dies wegen der starken Gruppeninteressen sowie der angesprochenen ordnungspolitischen Fragen nur sehr schwer durchsetzbar sein dürfte.

---

1) Vgl. UNCTAD, Third Session, Resolution 73(III), Restrictive Business Practices, 29 June 1972, TD(III)/Misc. 3, p. 128 ff

VI. EXPORTFÖRDERUNG UND STRUKTURANPASSUNG IN DEN INDUSTRIELÄNDERN

1. Kommerzielle Exportförderungsmaßnahmen

Der Abbau von tarifären und nicht-tarifären Handelshemmnissen ist zwar ein entscheidender Schritt zur Ausweitung der Exporte von Halb- und Fertigwaren aus den Entwicklungsländern, doch genügt dies nicht allein, einen befriedigenden Absatz in den Industriestaaten zu sichern. Aufgrund der in der westlichen Welt bestehenden Marktstruktur spielen beim Verkauf der Produkte eine Reihe anderer absatzpolitischer Maßnahmen ebenfalls eine Rolle. Die Absatzsicherung in den Industrieländern mit Hilfe kommerzieller Maßnahmen braucht auch eine Ergänzung durch exportfördernde Maßnahmen in den Entwicklungsländern selbst.

Dazu hat das ITC (International Trade Center) eine Studie vorgelegt, welche die wichtigsten Ansatzpunkte für ein entsprechendes Hilfsprogramm nennt. Diese sind:[1]

Verbesserung der institutionellen Infrastruktur für die Exportförderung in den Entwicklungsländern. Danach gilt es, eine Exportstrategie für das nationale Wirtschaftspotential sowohl des öffentlichen als auch des privaten Sektors zu entwickeln. Als Koordinationsorgane könnten Informationsstellen oder Außenhandelssekretariate geeignet sein, die die Aktivitäten im In- und Ausland intensivieren.

Errichtung von Förderungs- und Marketinginstitutionen. Damit sind weitere Fragen zur Durchführung eines Exportförderungsprogrammes angesprochen wie etwa die Errichtung öffentlicher Handels- und Marketing-Organisationen für einzelne Warengruppen, die ihre Arbeit in Richtung auf Qualitätskontrolle, Standardisierung und einen effektiven Vertrieb aufzunehmen hätten. Zur Errichtung von fördernden Institutionen gehören ferner auch Finanzierungs- und Kreditversicherungen.

Untersuchung der Absatzmöglichkeiten, Entwicklung und Einführung von

---

[1] Vgl. zum folgenden UNCTAD, Third Session, Export Promotion, 10 March 1972, TD/123, p. 9 ff.

Exportprodukten durch Marktforschung. Da es bei der sich rasch
ändernden Nachfrage nicht mehr genügen kann, eine langfristige
Schätzung des Marktpotentials vorzunehmen, müssen den Produzenten in den Entwicklungsländern kurzfristig Informationen zur
Verfügung stehen, die es ihnen erlauben, neue Markttendenzen zu
berücksichtigen. Wertvolle Arbeit hat auf diesem Sektor bisher
schon das ITC geleistet:

- Exportmarketing und Werbestrategien. Diese Anregungen zielen darauf ab, daß die potentiellen Exporteure nach Voruntersuchungen durch nationale Stellen selbst Marktbeobachtungen anstellen, Vereinbarungen mit Importeuren aushandeln und Handelsabsprachen treffen. Erste Tests mit dem Produkt auf dem betreffenden Markt, begleitet von Werbekampagnen, sollten ebenfalls häufiger Anwendung finden.

- Supranationale Exportgüterförderung. Auch dieser Ansatz, nämlich durch internationale Sekretariate Marktinformationen für einzelne Produkte zu sammeln und zur Verfügung zu stellen, muß als ein wichtiger Schritt zur Exportförderung angesehen werden. Eine Weiterentwicklung wäre die Einrichtung von Seminaren, bei denen die Exporteure aus den Entwicklungsländern die technischen und absatzmäßigen Praktiken der Haupteinfuhrländer kennenlernen könnten.

- Allgemeine exportfördernde Maßnahmen. Hierunter fallen vor allem finanzielle und fiskalische Anreize bei der Erweiterung von Ausfuhren. Wichtig ist aber auch die Vereinfachung und Vereinheitlichung der bisher üblichen Exportdokumente, die bisher mit ihrer umfangreichen Aufzählung zu beachtender Steuern und Zölle manchen potentiellen Exporteur schon im vornherein abgeschreckt haben.

- Ausbildung in Exportförderung und -marketing. Was für die international zusammengestellten Seminare gilt, kann auch für eigenstaatliche Trainingszentren übernommen werden, in denen eine allgemeine oder spezifisch auf bestimmte exportfördernde Organisationen ausgerichtete Ausbildung stattfindet.

Die empfohlenen Maßnahmen stehen in enger Beziehung zu einander.
Daher sollten sie im Rahmen der technischen Hilfe gemeinsam angewandt werden. Besondere Beachtung verdienen in diesem Zusammenhang
die am wenigsten entwickelten Länder, in denen wegen ihrer begrenz-

ten administrativen Kapazität und Infrastruktur noch gänzlich
neue Hilfsformen für eine Exportausweitung gefunden werden müssen.

Auf der dritten Welthandelskonferenz wurden in der Frage der
Exportförderung, die der zweite Ausschuß behandelte, keine wesentlichen Meinungsunterschiede festgestellt. In einer einstimmig angenommenen Resolution empfahl die Konferenz, über den Abbau tarifärer und nicht-tarifärer Handelshemmnisse hinaus zusätzliche technische und finanzielle Hilfe zur Exportförderung für die Entwicklungsländer bereitzustellen. Dazu gehören:

- Studien und Forschungen einschließlich des kontinuierlichen Austausches kommerzieller Informationen über Exportchancen für die Waren aus Entwicklungsländern;

- Beratung bei der Produktgestaltung (Standardisierung, Verpackung, Design und Qualitätskontrollen);

- Organisation internationaler Handelsmessen zur Sicherung gestiegener Exportchancen für Waren aus Entwicklungsländern;

- Formulierung und Anwendung von Programmen zur Ausbildung von Experten und Führungskräften auf allen Gebieten der Handelsförderung.[1)]

Durch neu zu errichtende Importförderungsinstitutionen in den
Industrieländern und durch eine stärkere finanzielle Unterstützung
des International Trade Centre (ITC) seitens entwickelter Staaten
erwarten die Entwicklungsländer weitere Impulse. Ferner wird ihnen
eine stärkere Zusammenarbeit untereinander empfohlen, wobei regionale Handelsförderungszentren bei der Wahrnehmung von Handelsvorteilen durch regionale und überregionale Kooperationspläne behilflich sein sollen. Der Generalsekretär der UNCTAD und der Generaldirektor des GATT wurden ersucht, ihre Bemühungen fortzusetzen, den
ITC in die Lage zu versetzen, in Zusammenhang mit der FAO und UNIDO
wirksam koordinierte Hilfsprogramme zur Exportförderung durchzuführen. Den entwickelten Ländern wurde nahegelegt, die spezifischen
Marktsituationen der Entwicklungsländer zu berücksichtigen. Außerdem
werden die entwickelten Länder und die internationalen Finanzorga-

---

1) Vgl. UNCTAD, Third Session, Resolution 75 (III), Export Promotion, 29 June 1972, TD (III)/Misc. 3, p. 134 ff

nisationen einschließlich der regionalen Entwicklungsbanken ersucht, die besonderen Bedürfnisse der Entwicklungsländer bei der Verbesserung ihrer Exportfinanzierungsmöglichkeiten zu beachten und somit zur Verbesserung beizutragen.

Obwohl die Industrieländer gegenüber solchen Maßnahmen zur Exportförderung der Entwicklungsländer eine positive Einstellung zeigten, gingen die Empfehlungen über allgemeine Formulierungen nicht hinaus. Die kommerzielle Exportförderung wurde bisher weder von den Entwicklungsländern noch von den entwickelten Ländern genügend berücksichtigt. Begrenzte Einzelaktionen, wie z.B. die Messe "Partner des Fortschritts" in Berlin oder ein erstmals erstellter Leitfaden für Exporteure aus Entwicklungsländern[1] lassen, obwohl als solche sinnvoll, den Bezug zu einem konsistenten Exportförderungsprogramm vermissen.[2] Die Empfehlungen der Welthandelskonferenz könnten allerdings Impulse zur Durchführung konkreter Maßnahmen im Rahmen eines solchen Programmes geben.

Über diese Probleme hinausgehend wurde in Santiago auch die Frage von Ersatzteillieferungen aufgeworfen. Einige Entwicklungsländer sind in ernster Sorge darüber, daß ihre Industrie und damit ein Großteil ihrer Wirtschaft von ausländischen Zulieferungen abhängig ist. Aktualität gewann diese Frage durch die jüngsten Schwierigkeiten der chilenischen Wirtschaft, die einer Art Lieferstopp amerikanischer Firmen ausgesetzt ist. So wurde außerhalb der Tagesordnung eine Resolution über internationale Zulieferungsverträge (international-sub-contracting) eingebracht und einstimmig angenommen.[3] Die Entwicklungsländer streben hierin nach einer Verlagerung von Produktionen in Länder der Dritten Welt durch Verträge mit Unternehmen der Industrienationen. Sie erhoffen sich von den Zulieferungsverträgen Möglichkeiten zur Exporterweiterung und -diversifizierung, einen verstärkten Technologietransfer sowie die Schaffung von Arbeitsplätzen und die Stärkung des Unternehmerbewußtseins. In diesem Zu-

---

1) Chr. Wilhelms und K. Boeck, Market and Marketing in the Federal Republic of Germany - a Manual for Exports from Developing Countries, Hamburg 1971
2) Vgl. D. Kebschull: Ergebnisse der III. UN-Konferenz für Handel und Entwicklung, in: Materialien Nr. 35, hrsg. vom Bundesministerium für wirtschaftliche Zusammenarbeit, Bonn 1972
3) Vgl. UNCTAD, Third Session, Resolution 74 (III), International Sub-contracting, 29 June 1972, TD (III)/Misc. 3, p. 132-133

sammenhang wurde darauf hingewiesen, daß nur ein Teil der Entwicklungsländer von der bisherigen Ausweitung internationaler Zulieferungsabkommen profitieren konnte. Es wurde dem Wunsch Ausdruck verliehen, daß Firmen entwickelter Nationen, besonders solche mit Tochtergesellschaften in Entwicklungsländern und solche, die Vereinbarungen über eine Zusammenarbeit mit Firmen in Entwicklungsländern getroffen haben, größtmöglichen Gebrauch von internationalen Zulieferungsverträgen machen und dadurch zu einer Expansion des Handels mit Entwicklungsländern beizutragen.

Im Rahmen des internationalen "subcontracting programme" der UNIDO strebt die UNCTAD besonders auf dem Gebiet von Handel und Entwicklung enge Koordination an. Darüber hinaus wurden die betreffenden internationalen und regionalen finanziellen Institutionen sowie die entwickelten Länder gebeten, Überlegungen zur Bereitstellung von technischer und finanzieller Hilfe zur Modernisierung von Ausrüstungen, Ausbildungsfaszilitäten und zur Ausdehnung bisheriger Dienste anzustellen.

2. Strukturanpassung in den Industrieländern

Eine über rein handelspolitische Maßnahmen hinausgehende Forderung der Entwicklungsländer ist die Durchführung strukturändernder Maßnahmen in den Industrieländern. So werden im Aktionsprogramm von Lima die entwickelten Länder aufgefordert, geeignete strukturelle Anpassungsmaßnahmen durchzuführen und Programme auszuarbeiten, die eine Ausweitung der Importe von Entwicklungsländern ermöglichen. Dadurch sollen auch die für die Industrie und die Beschäftigung durch die Importsteigerung entstehenden Probleme von vornherein aufgefangen werden.[1)]

Diese Forderung der Entwicklungsländer wurde von den westlichen Industrieländern - entsprechend ihrer Ansicht, daß Strukturanpassungen sich im Rahmen der freien Marktwirtschaft durch den Marktmechanismus selbsttätig vollziehen - als unannehmbar abgelehnt. Abgesehen von dieser Argumentation spielen die innenpolitischen Auswirkungen der geforderten Maßnahmen eine bedeutende Rolle. Ein langfristiges Anpassungsprogramm würde eine Abkehr von der staatlichen Schutz-

---

1) Vgl. UNCTAD, Third Session, The Declaration and Principles of the Action Programme of Lima, 12. November 1971, TD/143

und Subventionspolitik für manche Industriebereiche bedeuten, so
daß zumindest kurzfristig wirtschaftliche und soziale Probleme
entstehen.

In einer Anfang 1971 veröffentlichten Studie des UNCTAD-Sekretariats[1] wurde die oben genannte Forderung der Entwicklungsländer am
Beispiel der Länder USA, Großbritannien und BRD untersucht. Auf
der Grundlage des statistischen Materials zur prozentualen Importsteigerung verarbeiteter Produkte aus Entwicklungsländern von
1965-1969 wurden Prognosen zur zukünftigen Erhöhung der Importe
im Zeitraum von 1969-1973 vorgenommen.

Bei den Ergebnissen der Analyse ist zu unterscheiden zwischen
den Auswirkungen erhöhter Importe auf die Gesamtwirtschaft einerseits und auf einzelne Wirtschaftssektoren der jeweiligen Länder andererseits. Gesamtwirtschaftlich ergeben sich so für die USA (1967)
und die BRD (1969) Auswirkungen auf die Beschäftigung von 0,5 % und
für Großbritannien von 0,7 %. Damit war der negative Beschäftigungseffekt - bis auf einige Industriebereiche Großbritanniens[2] und der
BRD[3] - wesentlich geringer als die durch erhöhte Arbeitsproduktivität verursachten Effekte.

Die Untersuchung kam zu dem Ergebnis, daß eine akute Gefahr für die
Beschäftigung der untersuchten Industrieländer durch gesteigerte
Importe nicht besteht. In der Studie wird auf das Fehlen konkreter
Programme zur Handelsliberalisierung mit Entwicklungsländern hingewiesen. Ferner wird erwähnt, daß die einzelnen Länder Anpassungshilfen meist im Rahmen nationaler Hilfsprogramme, oft in Verbindung
mit regionalen Entwicklungsprogrammen gewähren. Beispiele solcher
Maßnahmen sind Kapitalbewilligungen, niedrig verzinste Darlehen,
Steuernachlässe, "marketing and management advice and provisions of
development rites and related infrastructure" für die Industrie.
Unterstützungen der Arbeitnehmer bestehen besonders in zusätzlichen
oder erhöhten Arbeitslosenversicherungszahlungen, Schaffung und
Unterhaltung von Berufsumschulungsdiensten sowie in der finanziellen
Hilfe bei Umsiedlungen (Rückzahlung u.ä.).

---

1) Vgl. zum folgenden, UNCTAD, Third Session, Adjustment Assistance Measures, 14. January 1972, TD/121/Suppl. 1
2) Bekleidungs- und Fußwaren-, Leder- und Lederwaren-, grundlegende metallverarbeitende und Gemischtwarenindustrie
3) Leder- und Lederwarenindustrie

Die durch Staatsschulden, Steuernachlässe und niedrig verzinste
Staatsanleihen entstehenden Kosten haben im allgemeinen Steuererhöhungen zur Folge. Diese Nachteile werden einschließlich der negativen Effekte für die Zahlungsbilanz durch eine Handelsliberalisierung jedoch durch die entstehenden Vorteile "mehr als aufgehoben".
"The benefits arise principally from the more efficient allocation
of world resources which follows upon trade liberalization".[1]

Die steigenden Exportmöglichkeiten der Entwicklungsländer würden im
Zuge der Handelsliberalisierung zu ihrer finanziellen Stärkung und
somit zu größeren Investitionsmöglichkeiten und weiterer Industrialisierung führen. Eine effektivere Arbeitsteilung zwischen Industrie-
und Entwicklungsländern, höhere Produktivität, Preisstabilität und
Erhöhung der Profite in den besonders konkurrenzfähigen und exportorientierten Industrien wären einige positive Merkmale dieser Handelspolitik.

Die wichtigsten Forderungen, die je nach den wirtschaftlichen Verhältnissen einzelner entwickelter Länder unterschiedliche Maßnahmen
implizieren, sind die nach einer weltoffenen Handelspolitik ohne
Importbeschränkungen und nach einer vorausschauenden Beschäftigungs-
und Produktionspolitik zur Beseitigung der Ursachen von Ressourcenverschwendung. Dabei sollten insbesondere die großen potentiellen
Angebotsmöglichkeiten der Entwicklungsländer berücksichtigt werden.

Besondere Beachtung muß der Quantität und Qualität der Anpassungshilfeprogramme für die am stärksten vom Import betroffenen Sektoren
gelten. Da die Arbeitsintensität dieser Industriezweige im allgemeinen hoch sein dürfte, müssen entsprechende Hilfsprogramme die Arbeitsmobilität erleichtern. Da jedoch (außer den USA und Kanada)
keines der untersuchten Länder speziell Programme zur strukturellen
Anpassung entwickelt hat, sondern sich diese im Rahmen anderer Maßnahmen vollziehen, ist es aus den zugängigen Quellen nicht ersichtlich, inwieweit existierende Anpassungshilfeprogramme tatsächlich
Importsteigerungen aus Entwicklungsländern nach sich zogen.

Die in der Studie angeführten Maßnahmen einiger Länder entsprechen
jedoch nicht den von den Entwicklungsländern im eigentlichen Sinne

---

[1] UNCTAD, Third Session, Adjustment Assistance Measures, a.a.O.,
p. 18

geforderten Strukturanpassungsprogrammen; denn solche Schritte sind nicht bewußt zur Importsteigerung, sondern primär zur Erfüllung anderer wirtschaftspolitischer Zielsetzungen unternommen worden.

Eine vorausschauende Anpassung der Strukturen der Industrieländer, die aufgrund steigender Importe aus den Entwicklungsländern notwendig werden, wurde auf der 3. Welthandelskonferenz von den entwickelten Staaten abgelehnt. In einer abschließenden Resolution zu den Hilfsmaßnahmen[1] wurde den Industrieländern deshalb lediglich eine allgemeine Empfehlung über Strukturanpassungsstrategien nahegelegt. Unter Hinweis auf das in der Studie ausgeführte Argument, daß die entstehenden Kosten durch die Vorteile aufgehoben werden würden, ersuchte man die entwickelten Länder, geeignete Maßnahmen für eine bessere Allokation ihrer Ressourcen sowie für eine Liberalisierung ihres Handels zur Expansion der Importe von Fertig- und Halbfertigwaren aus Entwicklungsländern zu ergreifen.

---

[1] Vgl. UNCTAD, Third Session, Resolution 72 (III), Adjustment Assistance Measures, TD(III)/Misc. 3, p. 126 f

VII. MASSNAHMEN ZUR DIVERSIFIZIERUNG

1. Strukturschwächen der Entwicklungsländer

Die begrenzten Fortschritte, die bisher bei internationalen Rohstoffabkommen, bei der Eindämmung der Substitutionskonkurrenz, beim Abbau von Handelsschranken und der Einräumung von Präferenzen erzielt werden konnten, deuten auf die Notwendigkeit hin, die Produktions- und Exportstruktur der Entwicklungsländer einem grundlegenden Wandel zu unterwerfen. Dies gilt umso mehr, als zukünftige Erfolge, etwa bei der Beseitigung von Marktzugangsbeschränkungen, tarifärer oder nicht-tarifärer Art die angebots- und nachfragebedingten Wachstumshemmnisse dieser Länder kaum alleine werden beseitigen können.

Die Dringlichkeit strukturverändernder Maßnahmen kommt deutlich in einer Analyse der Produktions- und Exportsituation der Entwicklungsländer zum Ausdruck[1]. Trotz ausgeprägter Heterogenität der individuellen Verhältnisse lassen sich einige wesentliche, den meisten Entwicklungsländern gemeinsame Merkmale herausstellen.

Auffallend ist die Entstehung des Sozialprodukts aus einer relativ geringen Anzahl wirtschaftlicher Aktivitäten im allgemeinen, die starke Importabhängigkeit und die unzureichende Leistungsfähigkeit des Außenwirtschaftssektors im besonderen. Die Produktions- und Exportstruktur der meisten Entwicklungsländer ist u.a. gekennzeichnet durch

- Einseitigkeit ihrer Produktions- und Exportaktivitäten nach Art und Zahl der Erzeugnisse wie nach der Anzahl der Absatzmärkte,

- überwiegend arbeitsintensive, primäre und traditionelle Produktionen und Exporte sowie

- Abhängigkeit von der Absatzentwicklung einzelner dominierender Sektoren oder Produkte gekennzeichnet durch Erlösfluktuationen, Stagnation oder relativ abnehmende Wachstumsdynamik infolge Überproduktions- oder Substitutionserscheinungen auf den Weltmärkten.

---

[1] Vgl. zum folgenden, C. Wilhelms, D.W. Vogelsang: Diversifizierung, a.a.O., S. 14 ff

Besser noch als eine allgemeine Charakterisierung der Strukturverhältnisse verdeutlicht eine quantitative, durch empirische Fakten ergänzte Analyse die Dringlichkeit von Diversifizierungsmaßnahmen[1], die sich - wie die folgenden Tabellen zeigen - vor allem aus der Abhängigkeit vieler Entwicklungsländer vom Export sog. "Problemgüter" ergibt[2].

Diese typischen vor allem agrarischen Ausfuhrprodukte sind einer mehr oder weniger signifikanten Substitutionskonkurrenz durch Synthetika sowie einer Überschußproduktion ausgesetzt, die vor allem als Ergebnis einer protektionistischen Handelspolitik der Industrieländer, aber auch spezieller Angebots- und Nachfragekonstellationen anzusehen ist. Einige dieser Produkte - wie Kautschuk, Reis, Kakao, Zucker und Kaffee - unterliegen darüber hinaus mehr oder weniger starker preislicher Instabilität[3].

Die durchschnittliche jährliche Zuwachsrate der Exportwerte überstieg in den sechziger Jahren bei keinem der ausgewählten "Problemgüter" die 3,5 %-Grenze. In den meisten Fällen fielen hingegen die Exportwerte trotz zunehmender Absatzmengen vor allem auf Grund z.T. starker Preisrückgänge (z.B. Tee, Kautschuk).

---

1) Unter Diversifizierung ist der Abbau der oben beschriebenen Strukturschwächen durch eine qualitative und quantitative Veränderung der Produktions- und Exportverhältnisse zu verstehen. Vgl. auch VII.2.
2) Vgl. zum folgenden: UNCTAD, Third Session, Commodity Problems and Policies, Diversification, Problems of Commodity Diversification in Developing Countries, 9 February 1972, TD/119
3) Vgl. XII.1.

Tabelle 10: Veränderung der Exporte ausgewählter Problemgüter[a] aus Entwicklungsländern von 1959/61 bis 1967/69
— in Mill.US-$ und v.H. —

Produkte	durchschnittl. jährliche Veränderungsrate der Exporte von 1959/61 bis 1967/69 in v.H.			Exportwerte 1967/69 in Mill. US-$
	Volumen	Stückwert	Wert	
A. Produkte mit tatsächlichem oder potentiellem Überschuß auf dem Weltmarkt				
Kaffee	2,7	-0,2	2,5	2292
Zucker	0,5	3,0	3,5	1523
Tee	2,0	-3,2	-1,3	520
Reis	-3,6	5,6	1,9	491
B. Produkte, die starker Konkurrenz synthetischer Erzeugnisse ausgesetzt sind				
Baumwolle	4,2	-1,2	3,0	1412
Kautschuk	3,0	-7,1[b]	-4,3	981
Lauvin-Öl	-0,6	-0,1[b]	-0,9	418
Jute	1,8	-0,5	1,3	205
Wolle	-0,4	-2,0	-2,4	205
Häute und Felle	—	—	-5,2	176
Sisal	—	-4,3	-4,3	71
Essenz-Öle	—	—	-4,6[c,d]	32[c,e]
Vanille	7,4	-3,2	-4,0[f]	12

a) Waren, die einem signifikanten Wettbewerb synthetischer Produkte und/oder einer andauernden Überschußproduktion ausgesetzt sind.
b) nur Kokosöl
c) wichtigste exportierende Entwicklungsländer
d) von 1959/61 bis 1966/68
e) 1966/68
f) von 1961/63 bis 1967/69

Quellen: FAO, Commodity Review and Trade Yearbook; nationale Handelsstatistiken.
Zitiert nach: UNCTAD, Third Session, Commodity Problems and Policies, Problems of Commodity Diversification in Developing Countries, 9. February 1972, p. 3, TD/119

Tabelle 11: Exporte ausgewählter Agrarprodukte aus Entwicklungsländern 1959-61 bis 1967-69 und Projektion für 1970-80

	Durchschnitt 1967-69	Veränderung 1959-61 bis 1967-69		projektierte Mengenveränderungen 1970 bis 1980	
		Wert	Menge	Import Bedarfsbasis	Export Verfügungsbasis
	(in Mill.$)	(in Prozent pro Jahr)			
Grundnahrungsmittel					
Zucker	1523	3,5	0,5	1,5	1,5
Öle u. Fette a)	1047	-0,5	1,6	5,7	6,2
Ölkuchen u. Kleie	681	8,3	5,5	2,4	3,6
Reis	491	1,9	-3,6	2,4	6,2
Grobes Getreide	481	9,4	9,1	0,1	5,9
Rind-u.Kalbfleisch	370	9,7	5,2	10,4	6,8
Zitrusfrüchte	250	11,2	5,1	3,7	4,4
Weizen	186	2,6	1,4	11,3	14,4
Gesamt	5029	3,9	2,3 d)	4,3 d)	4,8 d)
Tropische Nahrungsmittel u. Getränke					
Kaffee	2292	2,6	2,7	2,2	2,2
Kakao	668	3,2	2,1	2,6	2,6
Tee	520	-1,3	2,0	2,0	3,8
Bananen	474	4,0	3,4	3,1	4,2
Gesamt	3954	2,2	2,6 d)	2,4 d)	2,7 d)
Rohstoffe					
Baumwolle	1142	3,0	4,2	-1,4	0,0
Kautschuk	981	-4,2	3,0	4,2	4,2
Hartfasern	861	-5,4	-1,9	-4,1	-4,1
Tabak e)	207	2,5	5,4	2,5	2,5
Jute	205	1,3	1,8	-2,2	0,7
Wolle	205	-2,4	-0,5	-3,3	-2,6
Gesamt	3601	-0,5	3,2 d)	0,8 d)	1,5 d)
Insgesamt	12584	2,0	2,6 d)	2,9 d)	3,4 d)

a) inclusive Ölgehalt der Ölkerne
b) inclusive Ölkuchengehalt der Ölkerne
c) inclusive lebendes Vieh in Fleischäquivalenten
d) Mengenveränderung bei konstanten Preisen 1970
e) ohne Südrhodesien
Quellen: FAO, Agricultural Commodity Projections, 1970-80; Schätzungen des UNCTAD-Sekretariats, zitiert nach: UNCTAD, Third Session, Commodity Problems and Policies, Trends in Commodity, Trade in the 1960s and Prospects for the 1970s, 7 March 1972, p. 32, TD/113/Supp. 2

Daß sich diese ungünstige Exportsituation nicht auf die vergangenen Jahre beschränkt, sondern auch in naher Zukunft kaum eine Verbesserung erfahren und sich bei einigen "Problemgütern" sogar verschlechtern wird, zeigen die FAO-Projektionen für die siebziger Jahre. Die unbefriedigenden Exportaussichten zwingen vor allem jene Entwicklungsländer zu einer Anpassung ihrer Produktions- und Exportstruktur, deren Abhängigkeit von diesen Erzeugnissen besonders ausgeprägt ist und deren Exporterlöse angesichts der ungünstigen Absatzchancen nicht den für die wirtschaftliche Entwicklung notwendigen und erhofften Devisenzustrom bringen werden.

Die nachfolgende Tabelle gibt einen Überblick über einige jener Länder, deren Ausfuhrerlöse zu mehr als 50 % aus dem Export der hier ausgewählten "Problemgüter" stammen.[1]

Tabelle 12: Abhängigkeit ausgewählter Entwicklungsländer vom Export sog. Problemgüter[a]

Länder	Problemgüter[b] Anteil am Gesamtexport 1967-69 in v.H.	andere Güter tatsächliche durchschnittliche Veränderungsraten des Wertes von 1959/61 bis 1967/69 - in jährlichen v.H. -	Gesamtexport	Bruttoinlandsprodukt 1969[c] in Mrd.$
Mauritius	89	2,1	4,2	2,3	0,18
Ceylon	82	-1,9	2,9	-1,2	1,98
Kuba	79	-0,7	12,3	1,2	2,31
Kolumbien	71	2,0	3,8	2,5	6,18
Äthiopien	69	5,2	4,4	4,9	1,61
Madagaskar	62	4,9	4,8	4,8	0,75
Domin.Rep.	61	2,4	0,2	1,5	1,27
Ägypten	60	1,0	9,1	3,6	6,10
Sudan	60	3,7	1,7	2,9	1,73
Rep.Khmer	59	1,1	7,5	3,3	0,74
Burma	57	-10,4	-0,7	-7,4	1,99
Haiti	50	0,0	4,2	1,9	0,41
Brasilien	50	2,0	9,1	5,0	31,16

a) Waren, die einem signifikanten Wettbewerb synthetischer Produkte und/oder einer andauernden Überschußproduktion ausgesetzt sind.
b) Exporte der in Tabelle 10 aufgeführten Produkte.
c) Bruttoinlandsprodukt zu Faktorkosten in US-$.

Quellen: FAO, Commodity Review and Trade Yearbook; nationale Handelsstatistiken.
Zitiert nach: UNCTAD, Third Session, Commodity Problems and Policies, Problems of Commodity Diversification in Developing Countries, 9 February 1972, p. 5, TD/119

---

[1] Die Liste der in der folgenden Tabelle aufgeführten Entwicklungsländer mit stark ausgeprägter Konzentration ihrer Exporte auf wenige Produkte ist keineswegs vollständig. Vgl. dazu: C.Wilhelms, D.W. Vogelsang, Diversifizierung, a.a.O., S. 191 f.

Besonders auffällig ist der hohe Anteil der "Problemgüter" an den gesamten Exporterlösen in Mauritius, Ceylon, Kuba und Kolumbien. Außerordentlich schwierig erscheint die Lage in den Ländern, deren Gesamtexporte und Ausfuhren von "Problemgütern" im betrachteten Zeitraum negativ verliefen (Ceylon und Burma). Zwar wuchsen die Exporte der "Nicht-Problemgüter" in einigen Fällen stärker als die gesamten Exporte des jeweiligen Landes (z.B. Kuba, Ägypten und Brasilien) und milderten damit das Problem der Abhängigkeit, jedoch ist nicht zu übersehen, daß Entwicklungsländer wie Äthiopien, Madagaskar, die Dominikanische Republik und der Sudan unter einem zunehmenden Diversifizierungszwang stehen, da sich ihre Exportstruktur trotz positiver Ausfuhrentwicklung durch eine zunehmende Konzentration auf "Problemgüter" verschlechtert.

Weitet man die Analyse über die Gruppe dieser Produkte hin aus und berücksichtigt lediglich die Konzentration der Exporte auf nur ein Produkt, so zeigen sich noch stärkere Abhängigkeiten von z.T. besorgniserregendem Ausmaß. Die obige Tabelle enthält ausgewählte Entwicklungsländer, deren Exporte zu mehr als 2/3 aus nur einem Erzeugnis bestehen[1].

Aus den z.T. außerordentlich hohen Konzentrationsgraden kann bei dem erweiterten Katalog der berücksichtigten Produkte und Länder nicht in jedem Fall auf eine akute Gefährdung der wirtschaftlichen Entwicklung durch eine undifferenzierte Exportstruktur geschlossen werden[2]. Liegen ungünstige Verbrauchsprognosen für das jeweilige Hauptexportprodukt vor, so ergibt sich die Notwendigkeit zur Diversifizierung von selbst; ist mit besseren Absatzchancen zu rechnen, erscheint die Konzentration der Exportstruktur weniger problematisch. Allerdings können instabile Marktverhältnisse trotz günstiger Exportaussichten ein so großes Risiko darstellen, daß auch in diesen Fällen Diversifizierungsmaßnahmen notwendig werden.

---

1) Erdöl wurde wegen seiner besonderen Problematik ausgeklammert
2) Vgl. zum folgenden, UNCTAD, Commodity Problems and Policies, Diversification, a.a.O., TD/119, p.7

Neben dem Konzentrationsgrad, den Absatz- und Verbrauchsprognosen sowie der Marktstabilität spielt insbesondere auch der Wachstumsbeitrag des oder der Hauptexportprodukte für die Notwendigkeit einer Änderung der Produktions- und Exportstruktur eine wesentliche Rolle. Ist der Anteil der Produktion des einzigen oder der wenigen Exportprodukte am gesamten Bruttoinlandsprodukt hoch (z.B. in Sambia, Surinam und Liberia), so muß dies als Indiz für eine strukturbedingte Unterentwicklung angesehen werden und Diversifizierungsmaßnahmen veranlassen. Aber auch ein geringer Anteil am Bruttoinlandsprodukt kann in einigen Fällen nicht über die Notwendigkeit zum Strukturwandel hinwegtäuschen. In Ländern mit agrarischer Subsistenzwirtschaft (Tschad, Ghana, Senegal) wird diese eher durch die geringe Bedeutung der industriellen Produktion unterstrichen.

Tabelle 13: Ausgewählte Entwicklungsländer mit ausgeprägter Abhängigkeit von nur einem Exportprodukt a) im Jahr 1969

- in Mrd.US-$ und v.H. -

Land	Haupt-export-produkt	Exportwerte der Haupt-ausfuhrprodukte		durch. Verän-derungs-rate 1959/61 -1967/69	BIP b)		Industrie-produk-tion in v.H. des BIP c)
		in v.H. der ge-samten Exporte 1969	in v.H. des BIP		gesamt in Mrd.$	pro Kopf in $	
Sambia	Kupfer d)	95	62	11,9	1,67	400	8
Mauritius	Zucker	94	33	2,1	0,18	225	13
Mauretanien	Eisenerz	87	39	e)	0,17	150	
Surinam	Aluminium f)	87	49	15,4	0,24	615	13 g)
Tschad	Rohbaumw.	82	11	7,8	0,24	70	
Gambia	Erdnüsse h)	81	33	7,9	0,04	110	
Chile	Kupfer d)	78 i)	15	11,0	6,16	645	28
Kuba	Zucker	76 i)	22	-0,7	2,31	280	
Liberia	Eisenerz	72	45	18,9	0,29	250	5
Ghana	Kakao j)	72	0	0,9	2,24	255	
Sierra Leone	Diamanten	69	17	5,7	0,43	170	5
Zaire	Kupfer c)	67	28	10,6	1,67	100	16
Senegal	Erdnüsse h)	66	10	-0,7	0,70	185	

a) ausgenommen Erdöl
b) BIP zu Faktorkosten in US-$
c) im letzten Jahr, für das Daten verfügbar sind (Jahre reichen von 1965-69)
d) Erz, roh und verhüttet
e) Exporte begannen 1963
f) Bauxit, Tonerde und Aluminium
g) einschließlich Bauinvestitionen
h) einschließlich Öl und Ölkuchen
i) 1968
j) einschließlich Kakaoprodukte

Quelle: FAO, Trade Yearbook; IMF, International Financial Statistics; UN, Yearbook of International Trade, Statistics and Yearbook of National Accounts. Zitiert nach: UNCTAD, Third Session, Commodity Problems and Policies, Problems of Commodity Diversification in Developing Countries, 9 February 1972, p. 6, TD/119

2. Die Bedeutung der Diversifizierung für den Entwicklungsprozeß

Für die mit den hier diskutierten Kriterien indentifizierbaren Entwicklungsländer bedeutet ihre ungenügend diversifizierte Produktions- und Exportsituation Strukturrigidität, wirtschaftliche Instabilität oder sogar Stagnation. Das Wachstum dieser Länder leidet unter mangelnder Dynamik, unter mehr oder weniger häufigen Fluktuationen und Krisen. "Infolge ihrer strukturbedingten Importabhängigkeit in der Versorgung mit entwicklungsnotwendigen Gütern sind die Entwicklungsländer auf eine den Anforderungen des Industrialisierungs- und Entwicklungsprozesses genügende Importkapazität angewiesen".[1] Fluktuierende und/oder relativ abnehmende Deviseneinnahmen aus den Exporterlösen bedeuten aber entwicklungshemmende Importrestriktionen mit allen Konsequenzen für die wirtschaftlichen und sozialen Verhältnisse[2]. Daher lassen sich die Strukturprobleme der Entwicklungsländer langfristig und nachhaltig nur durch Diversifizierung lösen. Darunter ist eine strukturelle Veränderung der Produktions- und Exportverhältnisse in quantitativer und qualitativer Hinsicht zu verstehen, in der Absicht, eine höhere Vielfalt und Vielfältigkeit der wirtschaftlichen Aktivitäten zu erreichen[3]. Eine Diversifizierung wird als horizontal bezeichnet, wenn ein aus Primärprodukten bestehendes Produktions- und Exportprogramm durch weitere landwirtschaftliche und/oder bergbauliche Erzeugnisse ergänzt wird, als vertikal, wenn neue Produkte in unterschiedlicher Konsumreife durch vor- oder nachgelagerte Produktionszweige erzeugt werden, oder als punktuell-lateral, wenn ohne Anknüpfung an bestehende Strukturen Produkte unterschiedlicher Erzeugungsstufen hergestellt werden. Darüber hinaus unterscheidet man eine Produktions- sowie eine Exportdiversifizierung, wobei letztere die Produkt- und Marktdiversifizierung umfaßt.

Diversifizierung ist eine Maßnahme, die auf eine Beschleunigung der wirtschaftlichen Entwicklung und die Verbesserung des Lebensstandards gerichtet ist. Sie gibt Impulse für das wirtschaftliche

---

1) Vgl. C. Wilhelms, D.W. Vogelsang, Diversifizierung, a.a.O., S. 17
2) Vgl. ebenda
3) Vgl. ebenda S. 1

Wachstum und dessen Stabilität[1], indem sie durch eine verbesserte
Beschäftigung die wirtschaftlichen Ressourcen stärker als bisher
auslastet und zu ihrer produktiveren Verwendung beiträgt durch
den Einsatz von Kapital, Boden und Arbeit in Bereichen, in denen
für die erzeugten Güter günstigere Absatzchancen bestehen. Diversifizierung leitet einen strukturellen Wandel ein, der neben den
primärwirtschaftlichen Aktivitäten (Landwirtschaft, Bergbau) und dem
Dienstleistungssektor (Tourismus, Transport, Handel usw.) vor
allem den industriellen Bereich fördert, in dem eine Vielzahl
sogenannter Anlagerungseffekte (forward and backward linkages)[2]
das Wirtschaftswachstum beschleunigen können.

Infolge sich verstärkender wirtschaftlicher Tätigkeit kann eine
Vielzahl von Arbeitsplätzen geschaffen und die inländische Versorgung vor allem mit Nahrungsmitteln gesichert werden, womit das
Ernährungsproblem in vielen Ländern in seiner Bedeutung zurückgedrängt wird[3].

Neben den binnenwirtschaftlichen Effekten sind von Diversifizierungsmaßnahmen günstige Einflüsse auch auf die außenwirtschaftliche Position der Entwicklungsländer zu erwarten. Strukturverbesserungen in der Exportwirtschaft führen zu einer Verminderung
der Abhängigkeit von einigen wenigen Ausfuhrerzeugnissen und Absatzmärkten sowie zu einer verbesserten Anpassungsfähigkeit an
Veränderungen auf den Weltmärkten. Damit einher geht eine Dynamisierung des Exportvolumens und der Deviseneinnahmen, welche die
Importkapazität anhebt und die Zahlungsbilanzsituation langfristig
verbessert. Das Ausmaß der außenwirtschaftlichen Effekte ist neben dem Umfang der Diversifizierung u.a. auch bestimmt durch die
Art der Maßnahmen. Eine horizontale Diversifizierung wird z.B.

---

1) Vgl. zum folgenden: UNCTAD, Trade and Development Board, Eleventh Session, Report of the Advisory Committee to the Board and to the Committee on Commodities on its Sixth Session, 1 June 1971, TD/B/348, TD/B/C.1/113, TD/ACBCC/6, p.3 ff, im folgenden zitiert als: UNCTAD, Report of the Advisory Committee

2) Jede nicht primärwirtschaftliche Aktivität wird Versuche veranlassen, die zu dieser Aktivität erforderlichen Vorprodukte (inputs) durch einheimische Produktion bereit zu stellen. (backward linkage). Jede Aktivität, die ihrer Natur nach nicht ausschließlich eine Endnachfrage befriedigt, wird Versuche induzieren, ihre Produktion als Vorprodukte bei neuen Aktivitäten zu verwenden (forward linkage). Vgl. A.O. Hirschmann, Die Strategie der wirtschaftlichen Entwicklung, Stuttgart 1967, S. 94

3) Vgl. UNCTAD, Report of the Advisory Committee, a.a.O., p.3f; vgl. zum folgenden, C. Wilhelms, D.W. Vogelsang, Diversifizierung, a.a.O., S. 21

nicht notwendigerweise zu einer Stabilisierung der Exporterlöse führen, jedoch besteht die Aussicht, daß sich die Schwankungen der Erlöse aus einzelnen Exporten gegenseitig kompensieren, wenn die Anzahl der Ausfuhrerzeugnisse wesentlich vergrößert wird[1]. Einen größeren Schutz vor den negativen Auswirkungen von Weltmarktschwankungen bietet allerdings der Export neuer Produkte, der durch vertikale Diversifizierung ermöglicht wird. Für verarbeitete Erzeugnisse werden bekanntlich stabilere Preise gezahlt, die zudem auf einem z.T. wesentlich höheren Niveau als dem für Rohstoffe liegen[2].

3. Voraussetzungen für die Wirksamkeit von Diversifizierungsmaßnahmen

Da die Verhältnisse in den einzelnen Entwicklungsländern trotz gemeinsamer Strukturmerkmale sehr stark voneinander abweichen können, setzt eine erfolgreiche Diversifizierungsstrategie eine genaue Kenntnis der individuellen Gegebenheiten voraus. Die dazu notwendige Analyse beeinhaltet die Erfassung der Verhältnisse im jeweiligen Land und - bei Exportdiversifizierung - auch die Erforschung der Absatzmärkte.

Dabei ist es unbedingt erforderlich, auch die Ursachen der Strukturschwächen aufzudecken, die erste Ansatzpunkte für einen erfolgversprechenden Wandel bieten können. Zu diesen Ursachen zählen u.a. politisch bedingte Exportmarktorientierung, ausländischer Besitz und feudale Agrarstrukturen. Eine Neuordnung der Bodenbesitzverhältnisse (Landreform) gehört zu den wichtigsten Vorleistungen, die der Staat im Zusammenhang mit seiner Diversifizierungsstrategie zu erbringen hat. Es ist für viele Entwicklungsländer charakteristisch, daß Feudalstrukturen von einem Mißverhältnis zwischen landwirtschaftlicher Exportproduktion und der Erzeugung für den inländischen Verbrauch begleitet sind. Eine Landreform kann daher zu einer besseren Nahrungsmittelversorgung, zu höherem Einkommen und stärkerem Wachstum führen[3].

Zu den Voraussetzungen der diversifizierenden Entwicklung gehört darüber hinaus aber vor allem die Verfügbarkeit über Produktionsfaktoren, unter denen das Kapital eine besondere Stellung einnimmt, da

---

1) Vgl. UNCTAD, Report of the Advisory Committee, a.a.O., p. 4
2) Vgl. ebenda
3) Vgl. ebenda p. 12

es nur zu häufig den limitierenden Faktor darstellt. Ungenügende Spartätigkeit als Ergebnis niedriger Einkommen und ein wenig leistungsfähiger, inflexibler Kapitalmarkt machen internaitonale Finanzierungshilfe nicht selten notwendig. Demgegenüber stehen Arbeitskräfte in den meisten Entwicklungsländern reichlich zur Verfügung. Sie sind aber im allgemeinen wenig qualifiziert, so daß auch an sich geeignete arbeitsintensive Diversifizierungsstrategien auf Vorleistungen und/oder parallele Maßnahmen im Bildungs- und Ausbildungssektor angewiesen sind. Abhängig ist der Diversifizierungserfolg aber auch vom Stand des technischen Wissens und der Möglichkeit, know-how aus entwickelten Staaten zu transferieren[1]. Von herausragender Bedeutung ist ferner die Bereitstellung einer ausreichenden und leistungsfähigen Infrastruktur. Transport und Verkehr, soziale Einrichtungen und Kommunikationswesen stellen notwendige Komplementär-Investitionen dar, die jedoch in vielen Ländern der Dritten Welt noch nicht im erforderlichen Umfang zur Verfügung stehen. Zu den staatlichen Vorleistungen gehört auch die Neuordnung der Bodenbesitzverhältnisse.

Für die Aufnahme neuer Produktionen spielt auch die Rohstoffbasis eine wichtige Rolle. Ob der Diversifizierungserfolg aber tatsächlich von der Verfügbarkeit über Rohmaterialien im eigenen Land abhängig ist, ist umstritten[2]. Zwar kann ein kostengünstiges Transportsystem einen Rohstoffmangel u.U. ausgleichen, doch werden Vorkommen im eigenen Land den Diversifizierungsprozeß schon wegen der Zahlungsbilanzneutralität im allgemeinen begünstigen.

Der Erfolg eines Diversifizierungsprogramms hängt nicht allein von der Gegebenheit der hier kurz umrissenen internen Voraussetzungen ab, sondern wird auch wesentlich mitbestimmt durch die Bereitschaft der Industriestaaten, ihre Märkte für die in den Entwicklungsländern hergestellten Produkte, vor allem für den Import von Halb- und Fertigwaren, zu öffnen. Zwar wird mit zunehmender Industrialisierung auch der Handel der Entwicklungsländer untereinander wachsen, jedoch bleiben die Märkte in den industrialisierten Staaten auf absehbare Zeit Hauptabsatzgebiet. Die Diversifizierungsbemühungen der Entwicklungsländer stehen jedoch solange auf unsicherem Grund, als die

---

1) Vgl. UNCTAD, Report of the Advisory Committee, a.a.O., p. 6 f.
2) Vgl. C. Wilhelms, D.W.Vogelsang, Diversifizierung, a.a.O., S. 27

Industrieländer den Marktzugang durch Handelsschranken und Protektionspolitik erschweren oder unmöglich machen. Nur bei einer synchronen "Diversifizierung" auch in den Industrieländern, d.h. bei einer strukturellen Anpassung ihrer Wirtschaft an die veränderten internationalen Wettbewerbsverhältnisse, können Diversifizierungsmaßnahmen in den Entwicklungsländern die erwünschte Wirkung haben.

Da Diversifizierungsmaßnahmen von einer Vielzahl von Entscheidungsträgern beschlossen werden müssen, ergibt sich die Notwendigkeit, auf nationaler wie auf internationaler Ebene eine Koordination vorzunehmen. Dies bedingt eine Orientierung der Investitionsentscheidung einzelner Wirtschaftssubjekte an einem speziell für das jeweilige Entwicklungsland ausgearbeiteten Diversifizierungsplan sowie dessen Abstimmung mit entsprechenden Programmen anderer Länder. Besonders der internationalen Harmonisierung gilt in diesem Zusammenhang große Beachtung[1].

Sie hat zum Ziel, eine Vermehrung der Anzahl sog. "Problemgüter" zu vermeiden, die durch nicht abgestimmte, nationale Diversifizierungsmaßnahmen verursacht werden kann. Die bisher fehlende Abstimmung der Produktdiversifizierung in einzelnen Entwicklungsländern hat nicht unbeträchtlich zu einer Verschärfung der Marktverhältnisse z.B. für Tee, Baumwolle und Zucker beigetragen. Ein Teil der entstandenen Probleme könnte möglicherweise im Rahmen bestehender oder anzubahnender internationaler Warenvereinbarungen auf formeller oder informeller Basis gelöst werden. Internationale Warenabkommen könnten dabei sinnvoll durch die Einbeziehung auch von Halb- und Fertigfabrikaten erweitert werden, sowie den Austausch wissenschaftlicher und technischer Informationen vorsehen.

Für Produkte, deren Märkte auf Grund der weiter oben diskutierten Schwierigkeiten[2] nicht durch internationale Abkommen geregelt werden können, erscheint jedoch zumindest die Sammlung und Verbreitung von Informationen über laufende Diversifizierungsprogramme notwendig. Dazu schlug das Gutachtergremium des Trade and Development Board der UNCTAD in seinem Bericht die Einrichtung einer Datenbank vor, die sämtliche Informationen über Ressourcen, Produktionsmethoden,

---

1) Vgl. zum folgenden: UNCTAD, Report of the Advisory Committee, a.a.O., p. 16 ff
2) Vgl. III.2.

-bedingungen und -kosten, vor allem aber über Verbrauchsschätzungen erfassen soll. Notwendig ist darüber hinaus auch die Intensivierung der Forschung und die darauf aufbauende Entwicklung neuer Verarbeitungsformen und Anwendungsgebiete für Naturprodukte. Schließlich ist eine Koordination der Arbeit jener internationalen Institutionen notwendig, die sich bereits mit den internationalen Aspekten nationaler Diversifizierungsprogramme beschäftigen und ihre technische und finanzielle Hilfe anbieten. Zu ihnen gehören u.a. die Weltbank, die regionalen Entwicklungsbanken, die FAO, ILO und UNIDO[1].

4. Perspektiven für die Diversifizierung

Die internationalen wie die nationalen Anstrengungen, die Produktions- und Exportstruktur der Entwicklungsländer zu diversifizieren, stehen bisher kaum in einem befriedigenden Verhältnis zur Dringlichkeit des Problems. Akzeptiert man die Exporte von Halb- und Fertigfabrikaten als groben Indikator für Diversifizierungsbemühungen, dann muß zwar festgestellt werden, daß ihr Anteil an den Gesamtexporten der Entwicklungsländer von 1960 bis 1969 von 13,9 % auf 23,7 % angestiegen ist und damit ein höheres Wachstum als die Ausfuhren der Industrieländer in dieser Warengruppe erzielten (15,5 %), jedoch kann andererseits nicht übersehen werden, daß sich der Anteil der aus Entwicklungsländern exportierten Halb- und Fertigfabrikate am gesamten Welthandel mit diesen Erzeugnissen mit 6,6 % (1969) immer noch sehr bescheiden ausnimmt und in fast zehn Jahren nur um gut ein Prozent gegenüber 1960 gestiegen ist. Die bescheidenen Erfolge können auch nicht verdecken, daß die ihnen vorangegangenen Maßnahmen zu selten in konkrete Diversifizierungsprogramme eingebettet waren. Teils fehlen Entwicklungs- und Diversifizierungspläne überhaupt, teils sind sie mit Mängeln behaftet, die ihre Ursachen in unzureichend geschultem Personal sowie in einer wenig verläßlichen statistischen Informationsbasis haben. Vor allem fehlt es häufig an den notwendigen Mitteln zur Finanzierung konkreter Projekte, die besonders in Ländern mit hoher Exportkonzentration und Abhängigkeit von "Problemgütern" über den Außenhandel nicht beschafft werden können.

---

[1] Vgl. zur Arbeit dieser Institutionen, UNCTAD, Third Session, Commodity Problems and Policies, Diversification, International Action relating to Commodity Diversification, 4 February 1972, TD/109

Diese Finanzierungslücke bleibt z.Zt. in vielen Fällen offen, da
die Frage internationaler Kreditfascilitäten speziell für die Realisierung von Diversifizierungsprogrammen (Diversifizierungsfonds)
bisher nicht befriedigend gelöst werden konnte. Darüber hinaus muß
auf internationaler Ebene nach wie vor ein Mangel an Koordination
und Harmonisierung konstatiert werden.

Aber auch Entwicklungsländer, die in ihren Diversifizierungsanstrengungen trotz der beschriebenen Schwierigkeiten größere Erfolge hatten,
stoßen besonders mit ihren neu produzierten Halb- und Fertigerzeugnissen nach wie vor auf Marktzugangsbeschränkungen und andere Absatzhemmnisse wie Substitutionswettbewerb und Überschußproduktion.

An dieser für den Wandel der Produktions- und Exportstruktur der
Entwicklungsländer so wenig befriedigenden Lage hat auch die 3. Welthandelskonferenz kaum etwas geändert. Die Bedeutung der Diversifizierung für das wirtschaftliche Wachstum der Entwicklungsländer
wurde zwar von allen Konferenzteilnehmern hervorgehoben, ja die
Entwicklungsländer unterstrichen sogar ihre primäre Verantwortung
für die Durchführung entsprechender Maßnahmen, doch es kam nicht
zu einer wesentlichen Annäherung, vor allem nicht hinsichtlich der
Forderungen an die Industrieländer, die Diversifizierungsbemühungen
der Entwicklungsländer durch umfassende Zugeständnisse ihrerseits
zu unterstützen.

Es ist äußerst bemerkenswert, daß in Santiago trotz der großen Bedeutung der Diversifizierungsprobleme kein substantieller Fortschritt
erzielt werden konnte, da das Plenum den einzigen Resolutionsentwurf[1] zurückwies. Wenn auch die ablehnende Haltung der Industrieländer gegenüber Marktzugangserleichterungen, struktureller Anpassung
und der Erweiterung ihrer Präferenzabkommen auf Halb- und Fertigwaren vorausgesehen werden konnte und auch der Vorschlag des Resolutionsentwurfs zur Unterstützung von Diversifizierungsfonds,
die in Entwicklungsländern bereits bestehen oder angelegt werden
sollen, hinsichtlich seiner Durchsetzbarkeit skeptisch beurteilt
werden mußte, so enttäuschte doch sehr, daß damit auch die übrigen

---

1) UNCTAD, Third Session, Commodity Problems and Policies, Diversification, Draft Resolution, Santiago, 26 April 1972, TD/III/C.1/L.4 und TD/III/C.1/L.4/Rev. 1

Empfehlungen nicht formell verabschiedet wurden. Die Ursache dafür lag in der Weigerung der Entwicklungsländer, die dargestellten substantiellen Forderungen von denen zu trennen, die einen relativ unverfänglichen Charakter hatten. Unter letzteren befand sich die Aufforderung an den UNCTAD-Generalsekretär, er möge in Zusammenarbeit mit internationalen Finanzierungsinstitutionen eine Studie über die Schaffung eines mit zusätzlichen Mitteln auszustattenden Fonds anfertigen, mit dem nationale Programme für die Exportdiversifizierung unterstützt werden sollen. Zustimmungsfähig wäre für die Industrieländer ferner auch der Auftrag an den UNDP gewesen, aus eigenen Mitteln eine erste Analyse der Infrastruktur in Entwicklungsländern zu erstellen, um damit das für eine erfolgreiche Diversifizierung notwendige Minimum an Maßnahmen zu bestimmen. Schließlich sollten die Weltbank und die übrigen internationalen und regionalen Finanzierungsinstitutionen angeregt werden, bei ihrer Kreditpolitik solche Pläne mit Vorrang zu behandeln, die zu einer Verbesserung der Wettbewerbsposition von Naturprodukten beitragen, die Qualität und die Ernteerträge erhöhen und die für die Diversifizierung relevanten Ergebnisse der modernen Wissenschaft und Technologie berücksichtigen.

Lediglich in einer anderen, nicht speziell zur Diversifizierung verabschiedeten Resolution[1] empfahl die Konferenz der Weltbank, bei der Finanzierung von Diversifizierungsprogrammen eng mit dem IMF zusammenzuarbeiten. Es erging ferner die Aufforderung an die IBRD, sie möge Diversifizierungsfonds der Entwicklungsländer finanziell unterstützen.

Angesichts dieses marginalen Konferenzergebnisses kann daher festgestellt werden, daß Diversifizierungsprogramme der Entwicklungsländer nach wie vor keine Ergänzung in Anpassungsmaßnahmen der Industrieländer finden, daß die Frage zusätzlicher Finanzierungsquellen weiter offen bleibt und rasche Fortschritte bei einer internationalen Harmonisierung der Diversifizierungspläne in unmittelbarer Zukunft kaum erwartet werden können. Ein großer Teil der mit der Diversifizierung der Produktions- und Exportstruktur verbundenen Probleme - besonders internationaler Art - bedarf daher entweder noch der analytischen Erfassung oder der finanziellen und organisatorischen Absicherung, vor allem aber der politischen Durchsetzung.

---

1) Vgl. UNCTAD, Third Session, Resolution 54 (III), The Stabilization of Commodity Prices and, in particular, the Role of the International Bank for Reconstruction and Development, 29 June 1972 TD/III/Misc. 3, p. 55 f

VIII. ENTWICKLUNGSHILFE

1. Entwicklungshilfezusagen und -leistungen

Mit der Proklamation der 60-er Jahre zur ersten Entwicklungsdekade der Vereinten Nationen war die Forderung an alle wirtschaftlich fortgeschrittenen Länder verbunden, ein Prozent ihres aggregierten Bruttoinlandprodukts für Entwicklungshilfe zur Verfügung zu stellen. Auf der 1. und 2. Welthandelskonferenz nahm die Diskussion über Umfang und Bedingungen von Entwicklungshilfeleistungen einen großen Raum ein. Nach den dort gefaßten Resolutionen soll die Nettohilfeleistung ein Prozent des Volkseinkommens bzw. des Bruttosozialprodukts umfassen.

Die Strategie der zweiten Entwicklungsdekade, von der UN-Vollversammlung für die 70-er Jahre verabschiedet, enthielt die Aufforderung an die Industrieländer, bis 1972, spätestens aber bis 1975 das Ein-Prozent-Ziel zu realisieren. Darüber hinaus sollten die öffentlichen Entwicklungshilfeleistungen bis zur Mitte des Jahrzehnts auf 0,7 % des Bruttosozialprodukts erhöht werden.

<u>Die OECD-Statistiken</u>

Nach den OECD-Statistiken haben die 16 im DAC (Development Assistance Committee) zusammengeschlossenen OECD-Mitgliedsländer 1971 für 18,1 Mrd. $ Entwicklungshilfe an afrikanische, asiatische, amerikanische und südeuropäische Entwicklungsländer geleistet. Dieser Betrag lag um 14 % höher als die Leistungen dieser Länder im Jahre 1970 und war damit doppelt so hoch wie vor zehn Jahren (1961 9,2 Mrd.$). In Prozent des Bruttosozialprodukts ausgedrückt, war die gesamte Entwicklungshilfe zwar mit 0,82 % im Jahre 1971 geringfügig höher als im Jahre 1970 (0,80 %), sie lag jedoch unter dem entsprechenden Anteil von 1961 0,95 % (1960 0,89 %).

Unter den Industrieländern standen die USA 1971 mit 7.045 Mill.$ an erster, Japan mit 2.141 Mill.$ an zweiter und die Bundesrepublik mit 1.915 Mill.$ an dritter Stelle der Entwicklungshilfe gewährenden Länder. Allerdings hat der Beitrag der USA in den letzten Jahren an Bedeutung verloren. Stellten die Vereinigten Staaten 1961 49,2 % der Leistungen der Geberländer, so bestritten sie 1971 nur noch 38,9 % der Beiträge. Japan und die Bundesrepublik haben 1971 11,8 bzw. 10,5 % der DAC-Leistungen erbracht.

Tabelle 14: Gesamte Nettoleistungen der DAC-Länder 1960-1971
– in Mill. US-$, in v.H. und in Prozent des Bruttosozialprodukts[1] –

	1960			1965			1970[2]			1971[2]		
	Mill. $	Anteil v.H.	Anteil am BSP (v.H.)	Mill. $	Anteil v.H.	Anteil am BSP (v.H.)	Mill. $	Anteil v.H.	Anteil am BSP (v.H.)	Mill. $	Anteil v.H.	Anteil am BSP (v.H.)
Australien	59	0,7	0,38	145	1,4	0,64	381	2,4	1,11	389	2,1	1,00
Belgien	182	2,2	1,59	221	2,1	1,29	309	1,9	1,23	300	1,7	1,03
BRD	628	7,7	0,87	735	7,1	0,64	1487	9,4	0,80	1915	10,5	0,88
Dänemark	38	0,5	0,64	15	0,1	0,15	86	0,6	0,55	138	0,8	0,80
Frankreich	1325	16,3	2,15	1299	12,6	1,30	1869	11,8	1,27	1656	9,2	1,02
Großbritannien	881	10,9	1,22	1032	10,0	1,03	1279	8,1	1,06	1570	8,7	1,14
Italien	298	3,7	0,85	266	2,6	0,45	682	4,3	0,73	862	4,8	0,85
Japan	246	3,0	0,57	486	4,7	0,55	1824	11,5	0,93	2141	11,8	0,96
Kanada	145	1,8	0,37	169	1,7	0,33	626	3,9	0,76	760	4,2	0,82
Niederlande	239	2,9	2,11	239	2,3	1,24	457	2,9	1,46	590	3,3	1,63
Norwegen	10	0,2	0,23	38	0,4	0,55	67	0,4	0,59	65	0,4	0,51
Österreich	6	0,1	0,09	47	0,5	0,51	96	0,6	0,67	93	0,5	0,56
Portugal	37	0,5	1,46	30	0,3	0,81	69	0,4	1,07	109	0,6	1,56
Schweden	47	0,6	0,36	73	0,7	0,35	229	1,4	0,70	243	1,3	0,69
Schweiz	157	1,9	1,83	192	1,9	1,38	137	0,9	0,67	220	1,2	0,93
USA	3818	47,0	0,75	5333	51,7	0,77	6254	39,5	0,64	7045	38,9	0,67
Insgesamt	8116	100	0,89	10320	100	0,77	15851	100	0,80	18096	100	0,82

1) zu Marktpreisen
2) einschließlich der Zuschüsse privater Hilfsorganisationen

Quellen: berechnet nach OECD, Entwicklungshilfe, Jahresprüfung 1971, Paris 1971, S. 319, 329
OECD, Press Release, Paris, 5th July, 1972, S. 19 f

Tabelle 15: Öffentliche Entwicklungshilfe (Nettobetrag) der DAC-Länder 1960-1971[1]
- in Mill. US-$, in v.H. und in Prozent des Bruttosozialprodukts[1] -

	1960			1965			1970			1971		
	Mill. $	Anteil v.H.	Anteil am BSP v.H.	Mill. $	Anteil v.H.	Anteil am BSP v.H.	Mill. $	Anteil v.H.	Anteil am BSP v.H.	Mill. $	Anteil v.H.	Anteil am BSP v.H.
Australien	59	1,3	0,38	119	2,0	0,52	202	2,9	0,56	202	2,6	0,52
Belgien	101	2,2	0,88	102	1,7	0,59	120	1,8	0,48	143	1,9	0,49
BRD	223	4,8	0,31	456	7,7	0,40	599	8,7	0,32	734	9,6	0,34
Dänemark	5	0,1	0,09	13	0,2	0,13	59	0,9	0,38	74	1,0	0,43
Frankreich	823	17,6	1,38	752	12,7	0,75	1006	14,6	0,68	1107	14,4	0,68
Großbritannien	407	8,7	0,56	472	8,0	0,47	447	6,5	0,37	561	7,3	0,41
Italien	77	1,7	0,22	60	1,0	0,10	147	2,1	0,16	173	2,3	0,17
Japan	105	2,2	0,24	244	4,1	0,28	458	6,7	0,23	511	6,7	0,23
Kanada	75	1,6	0,19	96	1,7	0,19	346	5,0	0,42	342	4,4	0,37
Niederlande	35	0,8	0,31	70	1,2	0,36	196	2,9	0,63	216	2,8	0,60
Norwegen	5	0,1	0,11	11	0,2	0,16	37	0,5	0,32	42	0,5	0,33
Österreich	*	*	*	31	0,5	0,34	19	0,3	0,13	10	0,1	0,06
Portugal	37	0,8	1,45	22	0,4	0,59	39	0,6	0,61	52	0,7	0,75
Schweden	7	0,1	0,05	38	0,6	0,19	117	1,7	0,36	159	2,0	0,45
Schweiz	4	0,1	0,04	12	0,2	0,08	30	0,4	0,15	28	0,4	0,12
USA	2702	57,9	0,53	3418	57,8	0,49	3050	44,4	0,31	3324	43,3	0,32
Insgesamt	4665	100	0,52	5916	100	0,44	6873	100	0,34	7679	100	0,35

1) zu Marktpreisen
* Unvollständige Zahl

Quellen: berechnet nach OECD, Entwicklungshilfe, Jahresprüfung 1971, Paris 1971, S. 320, 330;
OECD, Press Release, Paris, 5th July, 1972, S. 17 f

Der prozentuale Anteil der Hilfeleistungen am Bruttosozialprodukt war bei den einzelnen DAC-Mitgliedsländern unterschiedlich. 1971 hatten die Länder Niederlande mit 1,63 %, Portugal mit 1,56 %, Großbritannien mit 1,14 %, Belgien mit 1,03 % und Frankreich mit 1,02 % über 1 % ihres Bruttosozialprodukts dafür bereitgestellt. Die Zahlungen der übrigen Länder lagen unter der 1-%-Klausel. Vor allem die USA müßten noch 3,5 Mrd. $ zusätzlich aufbringen, um dieses Ziel zu erreichen.

Legt man die Definition der UNCTAD zugrunde, nach der die Zahlungen an sogenannte südeuropäische Länder nicht zu den Gesamtleistungen gezählt werden, so lägen 1971 noch weniger Länder über den angestrebten 1 %. Unter der Annahme, daß die Beiträge der DAC-Staaten an südeuropäische Länder 1971 gegenüber 1970 relativ unverändert blieben, würden nur die Niederlande, Portugal und möglicherweise Großbritannien über diesem Prozentsatz liegen.

Die Struktur der Entwicklungshilfe hat sich in den letzten Jahren wesentlich verschoben. Während 1961 noch 56 % der gesamten Leistungen öffentlichen Mitteln entstammten, schrumpfte dieser Prozentsatz 1971 auf 42 %. Gleichzeitig nahm ihr Anteil am Bruttosozialprodukt ständig ab und betrug 1971 nur noch 0,35 % (1961 0,53 %). Der Anteil der gesamten öffentlichen Leistungen, der aus der eigentlichen öffentlichen Entwicklungshilfe und sonstigen öffentlichen Kapitalzuflüssen besteht, am Bruttosozialprodukt lag allerdings 1971 bei 0,41 %.

Unter den DAC-Ländern brachten die USA mit 3324 Mill.$ 43,3 %, Frankreich mit 1107 Mill.$ 14,4 % und die BRD mit 734 Mill.$ 9,6 % der gesamten öffentlichen Entwicklungshilfe der DAC-Staaten auf. Außer Portugal, dessen Entwicklungshilfeleistung jedoch umstritten ist, konnte 1971 kein Land das Ziel, 0,7 % des Bruttosozialprodukts für öffentliche Entwicklungshilfe bereitzustellen, erreichen. Allein Frankreich lag mit einem Anteil von 0,68 % in der Nähe der Ziel-Grenze. Mit Ausnahme der Niederlande (0,60 %) und Australiens (0,52 %) lagen die Beiträge der übrigen Länder unter 0,50 % und waren damit weit entfernt von der 0,7 % Marke.

Tabelle 16: Struktur der finanziellen Nettoleistungen der DAC-Länder 1961-1971
- in Mill. US-$ -

	1961	1962	1963	1964	1965	1966	1967	1968	1969	1970	1971
I. Öffentliche Entwicklungshilfe	5 197	5 442	5 770	5 957	5 916	6 003	6 552	6 316	6 610	6 873	7 680
1. Bilaterale Zuschüsse und zuschußartige Leistungen davon: Technische Hilfe	3 991 (778)	4 020 747	3 940 871	3 806 954	3 714 1 063	3 701 1 233	3 578 1 314	3 344 1 467	3 250 1 527	3 355 1 532	3 680 1 690
2. Bilaterale Kredite zu vergünstigten Bedingungen	685	911	1 463	1 745	1 854	1 963	2 238	2 289	2 312	2 394	2 740
3. Beiträge an multilaterale Stellen	521	511	367	405	348	326	736	683	1 047	1 124	1 260
II. Sonstige öffentliche Leistungen	946	542	245	-41	283	426	508	732	582	1 144	1 290
1. Auf bilateraler Grundlage	716	527	248	-33	278	375	488	742	597	871	1 020
2. An multilaterale Stellen	230	15	-3	-7	5	53	20	-10	-15	273	270
III. Private Leistungen	3 106	2 453	2 557	3 729	4 121	3 959	4 361	6 377	6 587	6 980	8 240
1. Direktinvestitionen	1 829	1 495	1 603	1 572	2 468	2 179	2 105	3 043	2 910	3 554	4 080
2. Bilat. Wertpapierinvestitionen	614	147	327	837	655	480	800	971	1 211	777	790
3. Multi.Wertpapiererwerb 3)	90	239	-33	461	247	175	469	707	419	474	680
4. Exportkredite (4)	573	572	660	859	751	1 124	1 007	1 596	2 047	2 175	2 690
IV. Zuschüsse privater Hilfsorganisationen	..	..	..	..	..	..	..	..	..	854	890
Gesamte Nettoleistungen	9 249	8 437	8 572	9 645	10 320	10 390	11 441	13 425	13 779	15 851(2)	18 100 (2)

1) Bruttoauszahlungen abzüglich empfangener Tilgungszahlungen auf frühere Kredite

2) Einschließlich Zuschüsse privater Hilfsorganisationen

3) Diese aus privaten Quellen stammenden Mittel sind vermischt mit den Mitteln unter Posten I.3 und II.2 und sonstigen nicht aus DAC-Ländern stammenden Mitteln, die im Rahmen von Programmen bereitgestellt wurden, bei denen ähnliche Kriterien wie für die bilateralen öffentlichen Entwicklungshilfeprogramme zur Anwendung gelangten.

4) Einige Länder erreichen diese Leistungen als Veränderung der ausstehenden verbürgten Beträge andere als Veränderung der auf ausgezahlte Kredite ausstehenden Beträge. Fällige Zinsen sind in den als ausstehend angegebenen Beträgen enthalten, so daß die Nettoleistungen gewöhnlich zu hoch angesetzt werden, wenn der Bruttobetrag der neuen Bürgschaften zunimmt, und umgekehrt.

Quelle: OECD-Press Release, Paris, 5th July, 1972, S. 7

Schaubild 2: Finanzielle Gesamtleistungen aller DAC-Mitglieder an Entwicklungsländer und multilaterale Stellen 1961-71

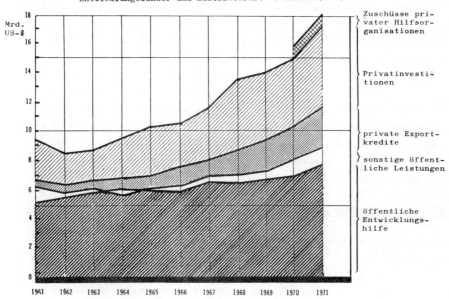

Schaubild 3: Struktur der öffentlichen Entwicklungshilfe 1961-71

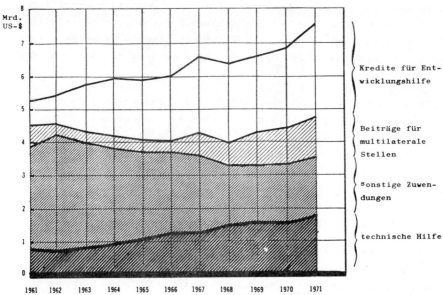

Quelle: OECD-Press Release, Paris, 5th July, 1972, S. 7 f.

Dagegen stiegen die privaten Leistungen überproportional an und machten 1971 50 % der gesamten DAC-Entwicklungshilfe aus (1961 34 %). Die Direktinvestitionen stellten etwa die Hälfte der gesamten privaten Leistungen dar und blieben in ihrem Anteil an der gesamten Entwicklungshilfe in etwa konstant (1961 20 %; 1972 23 %). Eine beträchtliche Erhöhung verzeichneten jedoch die Exportkredite, deren Anteil von 6 % 1961 auf 15 % 1971 zunahm. Auch die Wertpapierinvestitionen auf multilateraler Ebene verzeichneten in den letzten Jahren eine außerordentliche Steigerung und erhöhten unstetig ihren kaum bedeutenden Anteil von 1 % 1961 auf 4 % 1971. Die bilateralen Wertpapierinvestitionen, die ebenfalls starken Schwankungen unterlegen waren, nahmen nur unwesentlich und unterproportional zu. Ihr Anteil sank von 7 % 1961 auf 4 % 1971 ab.

Der effektive Kapitalzufluß in die Entwicklungsländer

Die Statistiken über Entwicklungshilfeausgaben der westlichen Industriestaaten, die vom Entwicklungshilfeausschuß der OECD (DAC) auf der Grundlage der Angaben der einzelnen Mitgliedstaaten veröffentlicht werden, bilden wie Gunnar Myrdal formuliert, die Hauptinformationsquelle über die Hilfeleistungen. "Sie werden unkritisch übernommen von Nationalökonomen und anderen Fachwissenschaftlern, die sich mit Entwicklungshilfeproblemen befassen...; schließlich von den Sekretariaten der anderen zwischenstaatlichen Organisationen und von besonderen Expertengruppen, die von Zeit zu Zeit gebildet werden"[1].

Von dem gesamten Nettokapitalzufluß in die Entwicklungsländer wird ein Teil als "öffentliche Nettoleistungen" ausgewiesen. Die Bezeichnung "Netto" wird hier angewandt, da von den gesamten öffentlichen Leistungen die Amortisationszahlungen abgezogen werden. Die Zinszahlungen der Entwicklungsländer auf öffentliche Kredite werden jedoch nicht berücksichtigt. 1970 mußten die Entwicklungsländer einen Zinsbetrag von 1.442 Mill. $ für öffentliche Kredite zahlen. Das entsprach 28 % der sog. Nettoleistungen in diesem Jahr.

Der andere Teil des Nettokapitalzuflusses besteht aus sog. privaten Leistungen, die aus ausländischen Investitionen in den Entwicklungsländern. aus Wertpapierinvestitionen auf bilateraler oder multila-

---

[1] G. Myrdal, Politisches Manifest, a.a.O., S. 304

Tabelle 17: Entwicklungsländer, die von den DAC-Ländern und multilateralen Stellen mehr als 40 Mill. US-$ öffentliche Entwicklungshilfe empfingen, 1969-1970

	Öffentliche Entwicklungshilfe				Einwohner	pro Kopf	
	Mill. US-$		v H		Million	US-$	
	1969	1970	1969	1970	1969	1969	1970
Indien	674.43	809.25	12.64	11.08	526.043	1.66	1.54
Pakistan	357.08	464.97	5.72	6.32	126.740	2.82	3.66
Indonesien	326.22	461.45	4.72	6.32	116.600	2.80	3.96
Südvietnam	463.60	434.07	6.70	5.94	17.867	25.95	24.29
Südkorea	340.69	293.73	5.88	4.02	31.139	10.94	9.11
Brasilien	237.04	276.65	4.43	3.80	92.282	2.57	3.01
Türkei	225.94	211.48	3.26	2.96	34.463	6.55	6.28
Kolumbien	147.94	211.08	2.14	2.89	20.463	7.23	10.32
Mexiko	103.37	173.64	1.49	2.38	48.933	2.07	3.55
Papua und Neuguinea	113.00	143.26	1.72	2.03	2.363	50.36	62.74
Tunesien	121.11	122.36	1.75	1.67	4.919	9.18	8.68
Algerien	122.53	115.89	1.77	1.59	13.349	1.61	1.68
Nigeria	104.00	108.29	1.50	1.48	64.560	9.60	10.17
Chile	91.87	97.26	1.33	1.33	9.566	2.84	2.76
Thailand	99.60	97.02	1.44	1.33	35.128	213.23	217.20
Réunion	92.97	94.70	1.34	1.30	0.436	5.69	5.91
Marokko	85.65	88.90	1.24	1.22	15.050	4.44	4.57
Zaire	79.44	81.84	1.15	1.12	17.900	23.08	23.82
Laos	66.77	68.90	0.97	0.94	2.893	188.39	204.76
Martinique	63.30	68.80	0.92	0.94	0.336	5.75	6.13
Kenia	62.86	66.77	0.91	0.91	10.890	6.73	10.65
Kamerun	38.60	64.11	0.56	0.88	5.736	19.10	20.96
Israel	53.89	59.14	0.78	0.81	2.822	3.11	4.34
Peru	41.03	57.20	0.59	0.78	13.172	8.36	6.81
Ghana	69.75	56.81	1.01	0.78	8.341	10.14	11.48
Elfenbeinküste	50.10	56.71	0.72	0.78	4.942	169.72	168.58
Guadeloupe	54.99	54.62	0.80	0.75	0.324	2.66	1.52
Philippinen	95.36	54.41	1.38	0.74	35.900	10.94	13.61
Dominikanische Republik	43.21	53.79	0.62	0.74	3.951	3.21	4.12
Tansania	40.34	51.77	0.58	0.71	12.557	6.87	7.38
Madagassische Republik	45.75	49.14	0.66	0.67	12.244	3.93	3.95
Ceylon	48.18	48.31	0.70	0.66	12.244	21.40	20.66
Jordanien	47.97	46.33	0.69	0.63	2.242	470.51	491.11
Pazifik-Inseln Treuhandgebiete	46.11	48.13	0.67	0.66	0.098	12.46	23.86
Singapur	25.13	47.77	0.36	0.65	2.017	2.61	1.99
Argentinien	62.58	42.86	0.90	0.59	23.983	0.21	1.32
VAR	6.75	42.77	0.10	0.59	32.501	14.84	11.28
Senegal	56.25	41.90	0.81	0.57	3.790	1.85	1.69
Äthiopien	45.75		0.66		24.769		
Diese Länder insgesamt	5056.73	5415.16	73.10	74.12	1387.952	3.64	3.90
übrige Entwicklungsländer	1859.96	1890.37	26.90	25.88	400.026	4.65	4.73
Öffentliche Entwicklungshilfe insg	6916.69	7305.53	100.00	100.00	1787.978	3.87	4.09

teraler Ebene sowie aus Exportkrediten bestehen. Abgesehen davon, daß die aus privatwirtschaftlichen Motiven in den Entwicklungsländern getätigten Investitionen kaum mit dem Begriff Entwicklungshilfe bezeichnet werden können. zieht man bei der statistischen Erfassung nur einseitige Kapitalströme in Betracht. Es werden der Zufluß von Kapital für Investitionen in den Entwicklungsländern einschließlich der reinvestierten Gewinne in diesen Ländern als Leistungen der privaten Wirtschaft angesehen. Der Rückfluß von Gewinnen aus Direktinvestitionen in den Entwicklungsländern wird jedoch in der statistischen Erfassung nicht berücksichtigt. Nach einer Untersuchung der UNCTAD betrug der Kapitalrückfluß aus Gewinnen der ausländischen Investitionen in den afrikanischen, amerikanischen, asiatischen und südeuropäischen Entwicklungsländern 5280 Mill.$. Das war 2 1/2 mal höher als die im Jahre 1969 in diesen Ländern getätigten Auslandsinvestitionen.

Bei der Diskussion um den Nettokapitalzufluß in die Entwicklungsländer mußte man aus Gründen der Genauigkeit auch die Kapitalflucht aus den Entwicklungsländern mit in die Berechnung einbeziehen. Rechnet man die Direkt- und die Wertpapierinvestitionen in den Entwicklungsländern der Entwicklungshilfe hinzu, so müßte auch das von den Entwicklungsländern in die Industriestaaten geflossene Kapital als solche angesehen werden. Bisher allerdings wurden noch keine Statistiken über diese nicht zu unterschätzende Kapitalfluktuationen aufgestellt.
Auch die Einstufung der Exportkredite, genauer gesagt, der Zufluß von privaten Leistungen, als Entwicklungshilfe, ist fragwürdig, da diese Kredite oft im Rahmen der Exportförderung in die Industrieländer gewährt werden. Da solche, auschließlich aus geschäftlichen Interessen gewährten Kredite Entwicklungshilfeleistungen darstellen, müssen die geschäftlichen Vereinbarungen mit den Ostblockländern ebenso als Entwicklungshilfe bezeichnet werden, da sie gleichfalls staatlich garantiert sind.

Bemerkenswert an den DAC-Statistiken ist, daß die Leistungen der DAC-Staaten an die südeuropäischen Länder (Spanien, Griechenland und die Türkei) als Entwicklungshilfe bezeichnet werden wie auch die Aufwendungen Portugals zur Erhaltung seiner Kolonialgebiete in Afrika, obwohl Portugal seinerseits die gleichen ökonomischen Merkmale wie die anderen südeuropäischen Entwicklungsländer aufweist. Ein geringes Bruttosozialprodukt einerseits und relativ hohe Verpflichtungen tragen dazu bei, daß dieser Staat als Entwicklungshilfe leistendes Land unter den DAC-Staaten einen Platz in der Spitzengruppe einnimmt.

Tabelle 17 zeigt die wichtigsten Entwicklungshilfe empfangenden Länder im Jahre 1969 und 1970. Daraus geht hervor, daß 1970 fast 23 % der gesamten öffentlichen Entwicklungshilfe in drei volkreiche Länder Asiens (Indien, Pakistan und Indonesien) geflossen waren. Die Länder Südkorea und Südvietnam, die besonders von den USA unterstützt werden, erhielten fast 10 % der gesamten öffentlichen Leistungen der DAC-Länder.

Auf der Welthandelskonferenz in Santiago haben die Entwicklungsländer eine Reihe von Forderungen zur Erfüllung der in der Strategie der zweiten Entwicklungsdekade festgelegten Ziele und zur Abgrenzung der Entwicklungshilfe gestellt. Bei ihrer Durchsetzung waren sie jedoch nicht erfolgreich, weder in Bezug auf eine feste zeitliche Zusage der Industrieländer zur Erfüllung der 1 %- bzw. 0,7 %-Regelungen, noch hinsichtlich der Verwendung der Nettotransfermethode, nach der die Zinszahlungen von der Entwicklungshilfe abgezogen und dieser auch gegebenenfalls Direktinvestitionen nicht zugerechnet werden.

In einer verabschiedeten Resolution[1]) brachte die Konferenz schließlich ihre Besorgnis über die relative Abnahme der gesamten und der öffentlichen Entwicklungshilfe (gemessen am Bruttosozialprodukt) zum Ausdruck. Die Konferenz wies auf die Bedeutung der öffentlichen Entwicklungshilfe hin, welche sich an entwicklungspolitischen Gesichtspunkten orientiert, während private Investitionen und Exportkredite unter dem Aspekt der Gewinnerzielung und Exportförderung gewährt werden. Ferner erwähnte die Konferenz die wachsenden Schuldendienstleistungen der Entwicklungsländer sowie die aufgrund von Zahlungsbilanzschwierigkeiten zeitweilige Restriktionspolitik der Industrieländer. Unter diesen Gesichtspunkten empfahl die Konferenz, mit Rücksicht auf die besondere Lage der Kapital importierenden Länder jedem Industrieland, Entwicklungsländern jährlich einen finanziellen Betrag von mindestens 1 % des Bruttosozialprodukts zu Marktpreisen auszuzahlen. Die Industrieländer, die dieses Ziel bis 1972 nicht erreichen können, werden aufgefordert, dies bis spätestens 1975 zu tun; denjenigen, die dieses Ziel schon erreicht haben, wird empfohlen, diesen Prozentsatz beizubehalten und gegebenenfalls zu erhöhen. Es wird erwartet, daß jedes wirtschaftlich entwickelte Land seine offizielle Entwicklungshilfe progressiv ausdehnt, um bis Mitte der Dekade ein Minimum von 0,7 % Nettoauszahlung seines Bruttosozialprodukts vornehmen zu können. Dazu müssen die Leistungen jedoch so weit wie möglich von internen und internationalen wirtschaftlichen Fluktuationen, wie z.B. Zahlungsbilanzschwierigkeiten, isoliert werden, wobei den Geberländern zur Sicherung ihrer fortlaufenden Zahlungen Maßnahmen wie das "multi-year programming" empfohlen werden.

Zur Vorbereitung einer Diskussion des Halbzeit-Berichts der Internationalen Entwicklungsstrategie wird der Welthandelsrat ersucht, Konzepte gegenwärtiger Hilfe- und Zuflußziele zu überprüfen.

---

1) Vgl. UNCTAD, Third Session, Resolution 61 (III), Financial Resources for Development: Total Inflow of Public and Private Resources, TD (III) / Misc. 3, p.7o f; 8o Mitglieder stimmten der Resolution zu, 12 enthielten sich der Stimme.

2. Konditionen der öffentlichen Entwicklungshilfe

Neben der Erhöhung des Umfangs der Entwicklungshilfe ist ihre qualitative Verbesserung von größter Wichtigkeit. Angestrebt werden gerechte Kreditkonditionen und eine Aufhebung der gebundenen Zahlungen. Hinsichtlich der Bedingungen der öffentlichen Kredite wurden in der letzten Zeit einige Fortschritte erzielt. Kredite aller DAC-Länder hatten im Jahre 1971 im Durchschnitt einen Zinssatz von 2,7 % p.a. und eine Laufzeit von 28,6 Jahren mit 6,4 tilgungsfreien Jahren. Unter den einzelnen Geberländern bestanden in den Bedingungen allerdings große Unterschiede. Manche Länder wie Schweden, Kanada, Norwegen, Dänemark und die Bundesrepublik Deutschland bieten wesentlich bessere Kreditbedingungen, als Länder wie z.B. Japan, Australien und Italien.

Neben den Kreditbedingungen spielt jedoch auch die Höhe des Anteils der Zuschüsse (Grants) an der gesamten Hilfe eine wichtige Rolle. Von den DAC-Mitgliedstaaten wurde im Februar 1969 eine ergänzende Empfehlung über die finanziellen Bedingungen der öffentlichen Entwicklungshilfe - ausgedrückt in Prozent des Bruttosozialprodukts - nicht nennenswert unter dem DAC-Durchschnitt liegen. Es wurden drei Alternativen für die Erfüllung der Bedingungen dieser Empfehlung aufgestellt:[1]

- "Ein Land erfüllt die Bedingungen, wenn seine Zuschüsse mindestens 70 % der von ihm zugesagten Entwicklungshilfe ausmachen".

- Ein Land erfüllt die Bedingungen auch, "wenn mindestens 85 % der gesamten öffentlichen Entwicklungshilfe so gewährt werden, daß jede Transaktion ein rechnerisches Zuschußelement von mindestens 61 % enthält".

- "Ein Land erfüllt die "Norm" ebenfalls, wenn 85 % seiner zugesagten Entwicklungshilfe ein durchschnittliches rechnerisches Zuschußelement von mindestens 85 % enthalten".

---

[1] OECD, Entwicklungshilfe, Jahresprüfung 1971, Paris 1971, S. 124 f

Tabelle 18: Finanzielle Bedingungen der öffentlichen Entwicklungshilfe 1970/71

	Durchschnittliche Kreditbedingungen						Alternativen für die Erfüllung der Bedingungen					
	Laufzeit Jahre		Zinssatz in v.H. p.a.		Tilgungsfrei Jahre		Zuschüsse[1] (Mindestnorm 70 v.H.)		Mindestsatz des rechnerischen Zuschusselements[2] (Mindestnorm 85 v.H.)		Durchschnittliches Zu-[3] schußelement (Mindestnorm 85 v.H.)	
	1970	1971	1970	1971	1970	1971	1970	1971	1970	1971	1970	1971
Australien	14,0	-	6,4	-	4,0	-	91	1oo	91	1oo	1oo	1oo
Belgien	29,6	3o,o	2,3	2,2	9,2	9,5	92	92	98	99	1oo	1oo
BRD	27,6	29,6	2,9	2,o	8,4	6,6	54	54	84	91	86	89
Dänemark	25,o	25,o	o,o	o,o	7,o	7,o	92	7o	1oo	1oo	1oo	96
Frankreich	16,7	*	3,8	*	1,5	*	72	*	73	*	92	*
Großbritannien	28,6	(24,o)	1,7	(1,1)	(6,2)	(5,9)	5o	48	9o	9o	9o	89
Italien	13,1	13,1	4,9	3,1	5,2	2,5	54	26	54	43	76	55
Japan	21,4	22,1	3,7	3,5	6,7	6,7	39	33	56	53	74	72
Kanada	48,5	4o,o	o,2	1,1	9,8	9,o	65	64	98	87	98	98
Niederlande	29,o	3o,o	2,9	3,o	7,8	7,o	64	69	89	86	91	93
Norwegen	23,o	25,o	2,4	2,o	9,o	5,o	99	99	1oo	99	1oo	1oo
Österreich	15,o	1o,8	4,5	3,6	4,6	2,5	52	53	52	53	75	76
Portugal	29,o	*	4,o	*	8,o	*	27	*	41	*	67	*
Schweden	35,4	49,o	1,5	o,8	1o,o	1o,o	82	91	1oo	1oo	99	1oo
Schweiz	36,o	*	2,o	*	8,o	*	82	*	93	*	1oo	*
USA	37,4	(34,8)	2,6	(2,9)	8,7	(7,6)	64	59	92	88	92	89
Gesamt DAC	3o,2	(28,6)	2,8	(2,7)	7,3	(6,4)	63	(59)	85	(83)	9o	(88)

1) Zuschüsse in v.H. der öffentlichen Entwicklungshilfe
2) Zuschüsse und Kredite mit einem rechnerischen Zuschusselement von mindestens 61 v.H. als prozentualer Anteil an der öffentlichen Entwicklungshilfe
3) Rechnerisches Zuschusselement von 85 v.H. der zu den günstigsten Bedingungen gewährten öffentlichen Entwicklungshilfe

* Zahlen liegen noch nicht vor.

Quelle: OECD, Press Release, Paris, 5th July 1972, S.26 f

Diese Normen wurden 1970 und 1971 nur von den Ländern Italien, Japan, Österreich und Portugal nicht erfüllt. Bei ihrer Beurteilung entsteht der Eindruck, daß nur deshalb eine Anzahl von Alternativen aufgestellt wurden, um möglichst vielen Ländern die Erfüllung dieser Bedingungen zu ermöglichen. Unverständlich ist, daß sogar die Entwicklungsländer diese Empfehlung für so akzeptabel halten, daß sie auf der Konferenz auf Erfüllung dieser Empfehlung drängten.

Multilaterale Entwicklungshilfe

Mit der Forderung nach einer qualitativen Verbesserung der Entwicklungshilfe und ihrer Effektivität taucht auch die Forderung nach ihrer Multilateralisierung auf. Es muß darauf hingewiesen werden, daß die durch multilaterale Organisationen gewährte finanzielle Hilfe an Entwicklungsländer gegenüber bilateral vereinbarter Entwicklungshilfe bestimmte Vorteile aufweist. Diese liegen vor allem in ihrer Lieferungebundenheit, in den günstigeren Konditionen z.B. der IDA sowie in der politischen Neutralität dieser Hilfe.

Die Tätigkeit der multilateralen Organisationen nahm infolgedessen fortwährend an Bedeutung zu. Betrugen die gesamten Hilfeleistungen auf multilateraler Ebene 1960 0,3 Mrd. $, so lag dieser Betrag 1970 bei 1,5 Mrd. $. Das ist eine Verfünffachung dieser Hilfeart, während die gesamten finanziellen Leistungen sich lediglich verdoppelten. Während die bilaterale öffentliche Entwicklungshilfe der DAC-Länder von 4,1 Mrd.$ 1960 auf 5,7 Mrd.$ 1970 (6,4 Mrd.$ 1971) um nur 37 % erhöhte, stieg der Beitrag dieser Länder an multilaterale Institutionen von 0,5 Mrd.$ auf 1,1 Mrd.$ um 110 %.

Der wichtigste multilaterale Kreditgeber für die Entwicklungsländer war die Weltbankgruppe[1] mit einem Kreditvolumen von 2,6 Mrd. $ im Jahre 1970/71. Für das Geschäftsjahr 1971/72 wird ein Betrag von 2,8 Mrd. $ erwartet. Die wichtigsten anderen Kreditgeber waren die IDB (Inter-American Development Bank) mit 650 Mill.$, das UNDP (UN-Development Program) mit 280 Mill.$, die Asian Development Bank mit 250 Mill.$, der EDF (European Development Fund) mit 220 Mill.$ und die African Development Bank mit rund 25 Mill.$[2].

---

1) International Bank for Reconstruktion and Development (IBRD), International Development Association (IDA), International Finance Corporation (IFC)

2) Vgl. A.M. Kamarck, Die Allokation der Hilfe durch die Weltbankgruppe, in: Finanzierung und Entwicklung, 9. Jg., Heft 3 1972

Von besonderem Interesse für die Entwicklungsländer sind die Kredite der IDA, die zu 84 % aus "Grant Equivalents" d.h. mit sehr niedrigen Zinssätzen und langen Laufzeiten und tilgungsfreien Jahren ausgestattet sind. Es wurden allerdings im Rechnungsjahr 1970/71 von den 2,6 Mrd.$ Darlehen der Weltbankgruppe nur 584 Mill.$ von der IDA gewährt. Dagegen vergab die IBRD und die IFC im gleichen Jahr 1,896 Mrd.$ bzw. 101 Mill.$ an sog. harten Krediten (mit 7 1/4% Verzinsung).

Auf der Welthandelskonferenz stellten die Entwicklungsländer eine Reihe von Forderungen zur Verbesserung der Entwicklungshilfekonditionen sowohl auf bilateraler als auch auf multilateraler Ebene. Die UNCTAD wies in einer Resolution[1] darauf hin, daß immer noch ein beträchtlicher Teil der Anleihen gebunden ist und die Notwendigkeit besteht, größere finanzielle Mittel über den von Entwicklungsländern bevorzugten Weg multilateraler Finanzinstitutionen zu leiten.

Sie hielt es für dringend notwendig, weitere Maßnahmen zur Erleichterung der Bedingungen zu ergreifen, um die wachsende Schuldendienstbelastung der Entwicklungsländer zu mindern. In Übereinstimmung mit den Empfehlungen des Entwicklungshilfeausschusses der OECD sollten die Mitgliedsländer eine Verbesserung der Konditionen öffentlicher Hilfe weiterhin anstreben, wobei die folgenden Aspekte mit in die Betrachtung einbezogen werden müßten:

- Im Durchschnitt sollten die Zinssätze der öffentlichen Entwicklungsanleihen nicht 2 % pro Jahr übersteigen.

- Die Laufzeiten sollten mindestens 25 bis 40 Jahre, freie Tilgungsfristen nicht weniger als 7 bis 10 Jahre betragen.

- Der bewilligte Anteil eines jeden Entwicklungslandes an der Gesamthilfe sollte progressiv erhöht werden und Länder, die weniger als die 1970 vom DAC festgesetzten durchschnittlichen 63 % ihres Gesamthilfevolumens in Form von Staatsbeihilfen ausgaben, sollten dies bis spätestens 1975 tun.

---

1) Vgl. UNCTAD, Third Session, Resolution 60 (III) Terms and Conditions of Official Development Assistance, Santiago 29 June 1972, TD(III)/Misc. 3, p. 66 ff

Darüber hinaus wurden besondere Bemühungen hinsichtlich einer Gewährung von speziellen Zugeständnissen für die am wenigsten entwickelten Länder empfohlen, die auch von den Ländern mit zentraler Planwirtschaft unternommen werden sollten. Besonderer Wert wurde auf ein internationales Abkommen der Industrieländer über eine generelle Beseitigung der Bindung von Entwicklungshilfe zum frühest möglichen Zeitpunkt gelegt. Als Zwischenlösung wurde den Industrieländern eine weitere Reduzierung ihrer gebundenen finanziellen Hilfe empfohlen. Ebenso sollten Maßnahmen gegen die Verletzung dieser Übereinkunft durch indirekte oder informelle Klauseln ergriffen werden.

Multilaterale Finanzinstitutionen wurden aufgefordert, die Frage der Errichtung multilateraler Zinsausgleichsfonds als ein Mittel zur Lockerung der Kreditbedingungen dieser Institutionen zu überprüfen. Unter Hinweis auf die bisher vor allem durch größere Flexibilität erfolgreiche Arbeit multilateraler Finanzinstitutionen unterbreitete die Konferenz einige Verbesserungsvorschläge:

- Förderung der Beschaffung von Ressourcen in den Empfängerstaaten und Gewährleistung ihrer effektiven Nutzung.
- Besondere Beachtung von Projekten mit starken sozio-ökonomischen Auswirkungen, auch bei niedrigen Gewinnen.
- Ausdehnung ihrer Leistungen auf verschiedene, bisher nicht erfaßte Gebiete des öffentlichen Bereichs ohne dabei den privaten oder öffentlichen Sektor zu diskriminieren.
- Überweisung einer größeren Zahl von Fonds über nationale Entwicklungsbanken oder/und ähnliche Institutionen.
- Bereitstellung von Hilfeleistungen (sowohl in Form von Kapital- als auch technischer Hilfe), die besonders geeignet sind zur Überwindung langfristiger Entwicklungshemmnisse.

Die Weltbank wird angewiesen, ihre Aktivitäten weiter auszudehnen, wobei insbesondere die IDA eine Aufstockung ihres Ressourcenvolumens vornehmen sollte. Weiterhin wurden die Industrienationen aufgefordert, ihre finanziellen Beiträge zum Entwicklungsprogramm der UNO zu erhöhen, damit die in der zweiten Entwicklungsdekade anvisierten Ziele erreicht werden können. Ferner sprach sich die Konferenz dafür aus:

- weitere Ressourcenallokationskriterien zu überprüfen und gegebenenfalls die indikativen Planungsdaten der am wenigsten entwickelten sowie neuer unabhängiger Staaten ohne entsprechenden Verwaltungsapparat zu korrigieren,
- bei Verwaltung und Umverteilung von UNDP-Fonds die Flexibilität des neuen Länder-Planungsverfahrens unter Beachtung der Resolution 1615 (LI) des "Economic and Social Council" zu nutzen,
- die Vorbereitung annehmbarer Projekte sicherzustellen und
- die Programme der UNDP zu überprüfen, um die Absorptionskapazität insbesondere der am wenigsten entwickelten Länder zu steigern und einen erhöhten Ressourcenzufluß in diese Länder zu ermöglichen.

3. Direktinvestitionen in den Entwicklungsländern

Die privaten Auslandsinvestitionen stellen den wichtigsten, aber auch den umstrittensten Teil der Entwicklungshilfe dar. Einerseits werden die Tätigkeiten der ausländischen Unternehmer in den Entwicklungsländern als wichtige Impulse für das Wirtschaftswachstum, andererseits jedoch als eine neue Form der Ausbeutung ("Neokolonialismus") angesehen.

Um den Tatsachen gerecht zu werden, muß man bei einer Beurteilung der Direktinvestitionen ihre Vor- und Nachteile für die Entwicklungsländer untersuchen. Die wesentlichen Vorteile der Direktinvestitionen sollen im folgenden aufgezeigt werden.

Das ausländische Privatkapital in den Entwicklungsländern kann den einheimischen Kapitalbedarf decken und damit die geringen Ersparnisse kompensieren. Darüber hinaus ist die unternehmerische Initiative des ausländischen Investors wichtig, da in vielen Entwicklungsländern die Risikofreudigkeit einheimischer Unternehmer fehlt.

Es findet eine Übertragung von technischem und betriebswirtschaftlichem Wissen in die Entwicklungsländer statt. Das know-how ist die wichtigste Voraussetzung für eine Steigerung der Produktivität dieser Länder.

Die ausländischen Privatinvestitionen schaffen in der Regel neue Arbeitsplätze und leisten einen Beitrag zur Diversifizierung der Produktions- und Exportstruktur in den Entwicklungsländern.

Diesen Vorteilen stehen jedoch eine Reihe von politischen und ökonomischen Nachteilen gegenüber.

- Die Direktinvestitionen werden aus privatwirtschaftlichen Motiven (Gewinnmaximierung) durchgeführt und berücksichtigen daher die entwicklungspolitischen Notwendigkeiten des Entwicklungslandes u.U. nicht. Sie können somit oftmals Fehlentwicklungen einleiten, indem Waren produziert werden, die der Priorität der Bedürfnisse nicht entsprechen.

- Die Tätigkeit der ausländischen Unternehmen in den Entwicklungsländern kann sich direkt oder indirekt nachteilig auf die einheimische Wirtschaft auswirken. Dies geschieht durch die Abwerbung qualifizierter Kräfte (brain drain) vor allem durch eine bessere Entlohnung im Ausland. Zum anderen werden die ausländischen Unternehmen wegen ihres internationalen "Goodwill" unter Umständen von Banken sowie anderen Finanzierungsinstituten zu Lasten der einheimischen Unternehmen bevorzugt behandelt.

- Ein immer deutlicher werdender Nachteil der Direktinvestitionen liegt in der Tatsache, daß sie nicht mehr - wie noch immer behauptet wird - die Zahlungsbilanz der Entwicklungsländer aktivieren, sondern vielmehr defizitär wirken. Aus einer UNCTAD-Untersuchung wurde insbesondere deutlich, daß die Gewinnrückflüsse aus den Direktinvestitionen im Durchschnitt 1965 bis 1969 fast dreimal grösser waren als die getätigten neuen Investitionen.

- Von nicht geringer Bedeutung ist aufgrund wirtschaftlicher Macht der Einfluß ausländischer Unternehmen auf das politische und ökonomische Geschehen in den Entwicklungsländern. Die finanzkräftigen multinationalen Unternehmen haben in ihrem Verhalten bis jetzt genügend Beispiele hierfür geliefert.

Unter den Entwicklungsexperten ist unumstritten, daß die Direktinvestitionen den wirtschaftlichen Fortschritt vorantreiben können. Sie erhöhen das Bruttosozialprodukt, fördern die Industrialisierung und begünstigen durch die Übertragung des technischen und organisatorischen know-hows die Modernisierung und allgemeine Produktivitätserhöhung des Landes. Die Entwicklungsländer erkennen diesen positiven Beitrag der Direktinvestitionen auch an. Sie möchten jedoch die ausländischen Investitionen im Rahmen ihrer Entwicklungsstrategie und

-planung integriert wissen. Denn nur durch die Einbeziehung der ausländischen Investitionen können die möglicherweise eintretenden Nachteile vermieden und ein besserer Nutzen für das Land erzielt werden.

Gemeinschaftsunternehmen von einheimischen und ausländischen Investoren (Joint Ventures) könnten eine Möglichkeit bieten, die Interessen des ausländischen Investors und des Entwicklungslandes in Gleichklang zu bringen. Durch partnerschaftliche Zusammenarbeit lassen sich unter Umständen die politischen und wirtschaftlichen Nachteile der Direktinvestitionen vermeiden. Vor allem aber würden die Argumente der Überfremdung und die damit verbundene politische und ökonomische Abhängigkeit des Landes hierdurch an Bedeutung verlieren. Auch wird die Gefahr, daß die ausländischen Unternehmen ihre Gewinne, statt zu reinvestieren, vollständig in das Ausland transferieren, beseitigt. Außerdem sichern Joint Ventures eine aktive Mitbeteiligung des einheimischen Arbeitskräftepotentials sowohl im technischen Bereich als auch in der Betriebsführung.

Bestand der Direktinvestitionen

Nach einer Schätzung der OECD betrugen die Gesamtinvestitionen der DAC-Länder in den Entwicklungsländern Ende 1967 43,3 Mrd. $. Fast 1/3 dieser Investitionen wurde im Erdölsektor, in dem eine hohe Rendite erwirtschaftet wird, getätigt. So lagen die Gewinnrückflüsse aus den Investitionen in den Erdöl exportierenden Ländern von 1965 bis 1969 im Durchschnitt sechsmal höher als die neu getätigten Investitionen in diesem Zeitraum.

Tabelle 19: Schätzungen der Investitionen der DAC-Staaten in den Entwicklungsländern Ende 1967 - in Mill. US-$ -

	Erdöl	Bergbau	Verarbeitende Industrie	übrige Wirtschaft	Insgesamt
Europa	0,3	0,1	1,2	0,4	2,0
Afrika	2,6	1,3	1,2	1,4	6,5
Lateinamerika und karibischer Raum	4,5	2,0	6,5	4,9	17,9
Naher Osten	2,8	-	0,2	0,1	3,1
Asien und Ozeanien	1,1	0,3	1,5	2,0	4,9
Insgesamt:	11,3	3,6	10,6	8,8	34,3

Quelle: OECD, Entwicklungshilfe, Jahresprüfung 1971, Paris 1971, S. 176

Tabelle 20: Gewinnrückfluß aus Direktinvestitionen 1965-69
- in Mill. US-$ und in v.H. der neuen Investitonen -

	Mill. $					v.H. der Neuen Investitionen				
	1965	1966	1967	1968	1969	1965	1966	1967	1968	1969
Erdölexportierende Länder	2326	2641	2670	3213	3350	442	760	928	958	679
Nicht erdölexportierende Länder	1163	1454	1616	1792	2030	101	122	149	148	128
Insgesamt	3489	4095	4286	5006	5380	208	266	312	324	259

Quelle: UNCTAD, Third Session, The Outflow of financial Resources from Developing Countries, 20 December 1971, TD/118/Supp. 5, p. 7 ff

Die Hälfte der gesamten Direktinvestitionen der DAC-Länder floß nach Lateinamerika und in den karibischen Raum. Auf Afrika entfielen 19 %, auf Asien und Ozeanien 14 %, auf den Nahen Osten 9 % (fast ausschließlich im Erdölsektor) und schließlich auf Südeuropa 6 %.

Aufschlußreiche Informationen über die Direktinvestitionen in den Entwicklungsländern liefern die neuen, nach Ländern und Branchen aufgeteilten Zahlen über die deutschen Auslandsinvestitionen. Danach haben die deutschen Unternehmen bis Ende 1971 6,7 Mrd. DM in den afrikanischen, amerikanischen, asiatischen und europäischen Entwicklungsländern investiert. Das entspricht 28 % der gesamten deutschen Direktinvestitionen. Zieht man Südeuropa nicht mit in die Betrachtung ein, so sinkt der Anteil des in den Entwicklungsländern investierten Kapitals auf 22 %.

Die regionale Verteilung zeigt die Konzentration der deutschen Direktinvestitionen auf einzelne Länder. So wurden z.B. 37 % der Investitionen in drei lateinamerikanischen Staaten getätigt. Für die Investitionen in Spanien und auf den kanarischen Inseln, die 21 % der gesamten deutschen Direktinvestitionen in den Entwicklungsländern ausmachen, stehen andere Motive im Vordergrund. Diese Länder gelten als Urlaubsdomizile, weshalb ein Großteil des Kapitals unter Inanspruchnahme der Vorteile des Entwicklungshilfe-Steuergesetzes (EHStG) in Ferienhäuser investiert wurde. Der geringe entwicklungspolitische Effekt der deutschen Direktinvestitionen in den Entwicklungsländern kommt insbesondere darin zum Ausdruck, daß die

Länder, die die Direktinvestitionen am dringendsten benötigen, am wenigsten davon profitierten. So legten deutsche Unternehmer in Indien mit seinen fast 600 Mill. Einwohnern weniger als 3 % des privaten, in Entwicklungsländern investierten Kapitals an.

Tabelle 21:
Deutsche Direktinvestitionen in Industrie- und Entwicklungsländern
- Bestand 31.12.1971 - in Mill. DM und v.H.

Ländergruppe	Mill.DM	v.H.	ausgewählte Entwicklungsländer		v.H.
Industrieländer in:	17.102,2	71,9	Brasilien	1.649,4	24,7
			Spanien	1.107,3	16,6
Europa	12.437,6	52,3	Argentinien	484,0	7,2
Afrika	241,7	1,0	Libyen	445,2	6,7
Amerika	4.047,7	17,0	Curacao	400,0	6,0
Asien	130,2	0,6	Mexiko	352,7	5,3
Australien und Ozeanien	245,0	1,0	Kanarische Insel	273,7	4,1
			Indien	181,3	2,7
Entwicklungsländer in:	6.678,2	28,1	Panama	176,9	2,6
			Liberia	155,2	2,3
Afrika	1.231,6	5,2	Griechenland	143,1	2,1
Amerika	3.501,9	14,7	Türkei	119,9	1,8
Asien	561,4	2,4	Iran	105,0	1,6
Europa	1.382,9	5,8	Kolumbien	102,5	1,5
			Chile	96,3	1,4
			übrige	885,7	13,4
Welt:	23.780,4	100	Entwicklungsländer	6.678,2	100

Quelle: Runderlaß Außenwirtschaft Nr. 17/72 (betreffend IV 1: Vermögensanlagen Gebietsansässiger in fremden Wirtschaftsgebieten vom 17.März 1972) in: Bundesanzeiger, Nr. 65 vom 6.4.1972

4. Entwicklungshilfe der sozialistischen Länder

Obwohl die Entwicklungshilfe der sozialistischen Länder im Vergleich zu der der westlichen Industrieländer relativ gering ist, besitzt sie eine weitaus größere Publizität in den Entwicklungsländern. Dies liegt insbesondere daran, daß die Entwicklungshilfe verträge der sozialistischen Länder auf der Basis eines realen d.h. gütermäßigen Austauschs geschlossen werden und meistens mit geringen Zinssätzen oder ohne Verzinsung gegeben werden. Solche Vereinbarungen können nicht nur zum allgemeinen Wirtschaftsaufbau der Entwicklungsländer beitragen, sondern gleichzeitig auch die Exporte fördern.

Dennoch dürfen die Auswirkungen der Entwicklungshilfeleistungen der sozialistischen Länder vor allem wegen ihres relativ geringen Umfangs nicht überschätzt werden. Den UNCTAD-Statistiken zufolge betrugen die Hilfezusagen dieser Länder in den sechziger Jahren 8,6 Mrd. $ und sie erreichten damit (trotz möglicher Nichterfüllung aller Zusagen) nicht einmal 10 % der öffentlichen Entwicklungshilfe der westlichen Industrieländer. Das wichtigste sozialistische Geberland war die UdSSR, die 45 % der gesamten Hilfe in diesem Zeitraum bestritten hat.

Tabelle 22: Entwicklungshilfezusagen der sozialistischen Länder 1961 - 70, - in Mill.$ und in v.H. -

	1968 Mill.$	1969 Mill.$	1970 Mill.$	1961 - 70 Mill.$	v.H.
Osteuropa einschl. UdSSR	706	776	999	7.145	84
Bulgarien	45	20	82	200	2
DDR	8	134	125	750	9
Polen	20	30	25	410	5
Rumänien	25	132	10	350	4
Tschechoslowakei	200	37	45	840	10
UdSSR	368	402	633	4.185	49
Ungarn	40	21	79	410	5
China Volksrepublik	42	-	695	1.380	16
Insgesamt	748	776	1.694	8.525	100

Quelle: UNCTAD, Trade and Development Board, The Flow of Financial Resources, 1 September 1971, TD/B/C.3/97, p. 14

In den letzten Jahren erregte jedoch die Aktivität Chinas auf dem
Entwicklungshilfesektor in der Öffentlichkeit große Aufmerksamkeit.
Obwohl die Angaben über die Entwicklungshilfe Chinas je nach Quelle
unterschiedlich ausfallen, läßt sich übereinstimmend feststellen,
daß dieses Land 1970 mit über 700 Mill.$ sogar mehr als die UdSSR
an Leistungen erbracht hat[1]. Zwischen 1956 bis 1971 hat die Volksrepublik China Kredite im Wert von 2,033 Mrd.$ an zahlreiche Länder Asiens, Afrikas, des Nahen und Mittleren Ostens vergeben.
1,781 Mrd.$ d.h. 88 % der Kredite waren zinslos, 162 Mill.$ (8 %)
bestanden aus Schenkungen und nur 70 Mill.$ (4 %) wurden mit einem
Zinssatz von 2,5 % belastet. Allerdings war fast die Hälfte der Kredite bis Mitte Juni 1971 noch nicht ausgeschöpft.

Die Entwicklungshilfe Chinas konzentriert sich auf bestimmte Länder.
So entfallen in Asien auf Pakistan und Indonesien fast 30 % der gesamten Zusagen und in Afrika auf die Länder Tansania und Sambia 25 %.

Die sozialistischen Staaten haben wiederholt ihre Bereitschaft erklärt, den Entwicklungsländern Hilfe zu gewähren, obwohl sie nach
ihrer Ansicht dazu im Gegensatz zu den ehemaligen Kolonialstaaten
nicht verpflichtet wären. Sie wurden jedoch bisher nicht auf Leistungen in bestimmtem Umfang und genauen Bedingungen festgelegt.
Die Konferenz von Santiago empfahl ihnen bei der Vergabe ihrer Hilfe zumindest die am wenigsten entwickelten Länder bevorzugt zu behandeln.

---

1) Vgl. hierzu und zum folgenden: V. Bethke, Focal Points of Chinese Economic Aid, in: Intereconomics H. 6, Juni 1972, S. 185 ff

IX. VERSCHULDUNGSSITUATION

Die Auslandsverschuldung der Entwicklungsländer hat besorgniserregende Ausmaße angenommen. In einigen Ländern wachsen die Schuldendienstverpflichtungen bereits schneller als ihre Deviseneinnahmen. Nach Auffassung der Weltbank sind die beiden Hauptursachen dafür mangelnde Produktivität des vom Kreditnehmerland eingesetzten Kapitals und ungenügende bzw. nicht genutzte Möglichkeiten, die Kapitalerträge in Devisen "umzuwandeln". Die Verschuldungsprobleme seien in den meisten Fällen Resultat der inländischen Wirtschaftspolitik und weniger eine Folge unangemessener Kreditbedingungen. Insofern liege die Verantwortung zur Vermeidung von Schuldenkrisen vornehmlich bei den betroffenen Ländern selbst[1]. Mit dieser Meinung hat die Weltbank zweifellos die Haltung der Industrieländer bei Erörterung der Fragen zur Lösung der Verschuldungsprobleme in Santiago wesentlich beeinflußt.

1. Umfang und Struktur der Verschuldung der Entwicklungsländer

Die Analyse der Schuldensituation wird durch Mängel bei der statistischen Erfassung wesentlich erschwert. Dennoch sind Tendenzaussagen möglich, die hinsichtlich Volumen und Struktur der Auslandsverschuldung von Entwicklungsländern bedeutende regionale Unterschiede aufzeigen. So hat die Weltbank festgestellt, daß Ende 1969 die rd. 59 Mrd. Dollar der gesamten öffentlichen Auslandsschulden von 80 Ländern der Dritten Welt zur Hälfte auf das Konto von nur 8 Ländern geht, und der Restbetrag sich wiederum etwa zu 50 % auf weitere 8 Länder verteilt[2]. Durchschnittlich stieg die öffentliche Schuldenlast im Zeitraum von 1965 bis 1969 um jährlich 14,5 %. Dabei lagen die Länder Asiens etwas und des Nahen Ostens wesentlich über dem Durchschnittswert der jährlichen Zuwachsraten, im Gegensatz zu den afrikanischen, europäischen und lateinamerikanischen Staaten, die diesen nicht erreichten, wie aus folgender Tabelle ersichtlich ist.

---

1) Vgl. Weltbank, Internationale Entwicklungsorganisation, Jahresbericht 1971, S. 59 ff.
2) Vgl. ebenda, S. 57.

Tabelle 23: Regionale Auslandsverschuldung der Entwicklungsländer
von 1965 bis 1969   - in Mill. US-$ und v.H. -

Region	1965	1966	1967	1968	1969	Durchschnittliche jährliche Zuwachsrate
Afrika	6297	7322	8231	8803	9183	11,5
Asien	12919	15005	16740	19146	21418	16,4
Naher Osten[1]	2307	3005	3742	4355	4883	27,9
Europa[2]	4103	4346	5082	5595	6228	12,9
Lateinamerika	11905	13049	14646	16359	17618	12,0
Gesamt[3]	37532	42727	48441	54258	59331	14,5

1) Naher Osten: Irak, Iran, Israel, Jordanien, Syrien
2) Europa: Griechenland, Jugoslawien, Malta, Spanien, Türkei, Zypern
3) Abweichungen durch Auf- und Abrunden

Quelle: Weltbank, Internationale Entwicklungsorganisation, Jahresbericht 1971, S. 71; Eigene Berechnung

Stellt man die Auslandsverschuldung dem Schuldendienst gegenüber, so zeigt sich, daß die Zins- und Tilgungszahlungen von 1965 bis 1969 insgesamt mit einer geringeren jährlichen Durchschnittsrate zunahmen (11,4 %) als die Kreditinanspruchnahme (14,5 %). Diese Erscheinung kann nur z.T. mit verbesserten Konditionen erklärt werden, hat jedoch ihre eigentliche Ursache im Unvermögen vieler Entwicklungsländer, den mit der allgemeinen Verschuldungszunahme anwachsenden Schuldendienstverpflichtungen nachzukommen.

Tabelle 24: Schuldendienstzahlungen der Entwicklungsländer nach Regionen von 1965 bis 1969   - in Mill. US-$ und v.H. -

Region	1965	1966	1967	1968	1969	Durchschnittliche jährliche Zuwachsrate
Afrika	467	480	476	601	725	13,8
Asien	540	653	771	826	1054	23,8
Naher Osten	247	278	241	364	475	23,1
Europa	439	442	440	497	532	5,3
Lateinamerika	1721	1934	2050	2239	2182	6,7
Gesamt[1]	3415	3787	3978	4527	4968	11,4

1) Abweichungen durch Auf- und Abrunden

Quelle: Weltbank, Internationale Entwicklungsorganisationen, Jahresbericht 1971, S. 76; Eigene Berechnungen

In vielen Ländern Lateinamerikas und Europas lag der Schuldendienstquotient, das Verhältnis von Schuldendienst zu Deviseneinnahmen, besonders hoch, in Afrika und Asien dagegen nur in Einzelfällen.

Tabelle 25: Entwicklungsländer mit einem Schuldendienstquotient von über 10 % im Jahre 1969

Länder	Schuldendienstquotient	Länder	Schuldendienstquotient
Afrika		Europa	
Äthiopien	10,6	Jugoslawien	14,6
Mali	23,2	Türkei	16,7
Tunesien	20,4	Lateinamerika	
Asien		Argentinien	23,9
Afghanistan	20,0	Brasilien	17,9
Indien	22,0	Chile	15,9
Korea	12,4	Costa Rica	10,5
Pakistan	21,7	Ecuador	10,4
Naher Osten		Kolumbien	11,2
Iran	13,8	Mexiko	22,4
Israel	16,5	Peru	13,8
		Uruguay	18,8

Quelle: Weltbank, Internationale Entwicklungsorganisationen, Jahresbericht 1971, S. 72 f

Hinsichtlich der Gläubigerstruktur erwies sich, daß im Jahre 1969 von der gesamten öffentlichen Auslandsschuld der Entwicklungsländer nur 27,3 % aus privaten Quellen stammte, vornehmlich in Form von Lieferantenkrediten (13,4 %), und die verbleibenden 72,7 % sich zu 53,6 % auf bilaterale und zu 19,1 % auf multilaterale staatliche Geber verteilten. Wesentliche Abweichungen von diesen Durchschnittsraten zeigten sich bei den Ländern des Nahen Ostens, die in besonders hohem Maße (50,0 %) gegenüber privaten Gläubigern verschuldet waren; hingegen beliefen sich die privaten Kredite an Länder Asiens lediglich auf 16,3 %.

Tabelle 26: Regionale Auslandsverschuldung von 80 Entwicklungsländern nach Art des Gläubigers im Jahre 1969 - in Mill. US-$ und v.H. -

Region	Öffentlich				Privat					
	bilateral		multilateral		Lieferanten		Privatbanken		Sonstige	
	Mill.$	v.H.	Mill.$	v.H.	Mill.$	v.H.	Mill.$	v.H.	Mill.$	v.H.
Afrika	5492	59,8	1642	17,9	1083	11,8	285	3,1	680	7,4
Asien	13999	65,4	3923	18,3	2765	12,9	389	1,8	343	1,6
Naher Osten	2035	41,7	404	8,3	731	15,0	739	15,1	974	19,9
Europa	3550	57,0	1150	18,5	496	8,0	667	10,7	364	5,8
Lateinamerika	6722	38,2	4226	24,0	2850	16,2	1537	8,7	2282	13,0
Gesamt[1]	31800	53,6	11344	19,1	7926	13,4	3617	6,1	4644	7,8

1) Abweichungen durch Auf- und Abrunden

Quelle: Weltbank, Internationale Entwicklungsorganisationen, Jahresbericht 1971, S.71; Eigene Berechnungen

Nach Berechnungen der Weltbank werden die Entwicklungsländer infolge der 1969 ausstehenden Schulden von insgesamt 59,3 Mrd. US-$ ohne Berücksichtigung weiterer Neuverschuldungen im Zeitraum 1970 bis 1980 Schuldendienstzahlungen in Höhe von 51,1 Mrd. US-$ zu leisten haben; das sind 86 % der ausstehenden Schuld. Aufgrund der unterschiedlichen Kreditbedingungen beträgt die Rückzahlungsquote bei den staatlich gewährten Darlehen 78 % (33,7 Mrd. US-$ auf 43,1 Mrd. US-$ Schulden) und den Krediten seitens privater Geber 107 % (17,4 Mrd. US-$ auf 16,2 Mrd. US-$)[1]. Hinzu kommen die Verpflichtungen aus Neuverschuldungen. Angesichts dieser Zukunftsaussichten wird eine internationale Verständigung über eine die Entwicklungsländer von Schuldendienstzahlungen entlastende Politik immer dringlicher.

---

1) Vgl. International Bank for Reconstruction and Development, International Development Association, 15 June 1971, Report No. EC-167-70, p.85 f.

2. Maßnahmen zur Schuldenerleichterung

Die Entwicklungsländer beklagten sich in Santiago erneut über die ungünstigen Konditionen der absolut und relativ zu geringen öffentlichen Entwicklungshilfeleistungen. Dies sei ein wichtiger Grund für das stetige Anwachsen ihrer Schuldendienstzahlungen. Sie vertraten die Ansicht, daß insbesondere die Gewährung von Schuldenerleichterungen der angemessene Weg zur Milderung ihrer häufig durch derartige Belastungen verschärften oder gar erst erzeugten Zahlungsbilanzprobleme sei und forderten die zuständigen internationalen Finanzierungsinstitutionen und Gläubigerländer auf, im einzelnen folgende Maßnahmen zu ergreifen[1]:

- die Revidierung der Rückzahlungsmodalitäten ihrer Auslandsschulden in der Weise, daß ein störungsfreier Ablauf des Entwicklungsprozesses gemäß der Planung des Schuldnerlandes gewährleistet ist.

- die Bewilligung der gleichen Laufzeiten, Zinssätze und Freijahre, wie sie bei der Finanzierung von Entwicklungsprojekten eingeräumt werden und zwar für alle Schulden, die strukturelle Zahlungsbilanzgleichgewichte erzeugen.

- den Einbau von Schuldzahlungsaufschub - Klauseln in die Kreditvereinbarungen für den Fall schwerwiegender Zahlungsbilanzprobleme, die insbesondere aus unerwartetem Exportrückgang oder Importanstieg resultieren.

- die Bürgschaftsübernahme für Lieferantenkredite von Handelsgesellschaften aus entwickelten Ländern sowie die Gewährung günstiger Rückzahlungsbedingungen durch die jeweilige Regierung zur Milderung negativer Effekte auf ihre Zahlungsbilanzen.

- eine Garantie, daß die Konditionen der ihnen gewährten Exportkredite mit den Zielen ihrer Entwicklungsplanung vereinbar sind.

- die Einrichtung eines besonderen UNCTAD-Ausschusses für Umschuldungsfragen, der praktikable Lösungen erarbeiten und die Vermittlerfunktionen zwischen Geber- und Nehmerländern erfüllen soll.

---

[1] Vgl. UNCTAD, Third Session, Outflow of Financial Resources from Developing Countries Including Debt Servicing, Santiago, 28 April 1972, TD/III/C.3/L.7

Die Vertreter der Industrienationen standen diesen Forderungen in
der Regel ablehnend gegenüber. Sie begründeten ihre Haltung damit,
daß das Verschuldungsproblem nur für eine begrenzte Anzahl von Entwicklungsländern bisher von Bedeutung war, was sich auch in Zukunft
kaum ändern würde und daß eine Vielzahl unterschiedlicher Faktoren
für Schwierigkeiten bei der Rückzahlung von Schulden verantwortlich
sei. Deshalb sollte die Lösung dieser Probleme nicht durch allgemeine Schuldenerleichterungsmaßnahmen für alle Entwicklungsländer
angestrebt werden, sondern müsse in Form spezieller Absprachen mit
den jeweils betroffenen Staaten geregelt werden. Insofern bestünde
auch keine Notwendigkeit, eine ausschließlich für die Klärung dieser
Fragen zuständige Institution innerhalb der UNCTAD zu schaffen. Als
die Delegierten auf Initiative der 77er Gruppe das nicht neue Thema
der automatischen Umschuldungsverfahren[1] berührten, waren sich die
Industrieländer in der Ablehnung einer derartigen, für sie nicht
praktikablen Methode einig . Sie empfahlen den mit Verschuldungspro-
blemen kämpfenden Ländern, eine solidere Finanzpolitik zu betreiben.
Den Gläubigerländern rieten sie, zur Linderung der Rückzahlungsbe-
lastung durch günstigere Konditionen beizutragen.[2]

Damit wurden alle Lösungsvorschläge der Entwicklungsländer zur Verbesserung ihrer Verschuldungssituation ignoriert. Die anstelle von
Kompromißkonzepten in Form konkreter Maßnahmen zur Schuldenerleichterung von den Industrieländern abgegebenen Versprechungen können
wegen ihres unverbindlichen Charakters nur als eine Hinhaltetaktik
gedeutet werden.

---

1) Generelle Anwendung bestimmter Schuldenkonsolidierungsmaßnahmen
   bei Vorliegen vereinbarter Indikatoren
2) Vgl. UNCTAD, Third Session, The Increasing Burden of Debt-Servicing in Developing Countries, 29 June 1972, TD(III)/Misc. 3,
   p. 63 ff

X. PROBLEME DER GEGENWÄRTIGEN WÄHRUNGSORDNUNG

1. Die Stellung der Entwicklungsländer im internationalen Währungssystem

Die Entwicklungsländer genießen im Rahmen der bestehenden internationalen Währungsordnung keine Sonderstellung[1]. Dieses System hat bezüglich des Entwicklungsstandes der teilnehmenden Staaten zumindest neutralen Charakter, wenn nicht sogar die Behauptung jener Kritiker zutrifft, die im Beitrag des Bretton-Woods-System zum raschen, wirtschaftlichen Aufstieg der Industrieländer und im relativen Zurückbleiben der Dritten Welt nach dem 2. Weltkrieg ein Indiz dafür sehen, daß diese Währungsordnung ein primär den Interessen der Industriestaaten dienendes Instrument war und ist. Von seiner formellen Zielsetzung her kann dafür zunächst jedoch nicht der Beweis erbracht werden.

Nach Artikel 1 des Abkommens über den Internationalen Währungsfonds (IMF) lauten diese Ziele:

- internationale Zusammenarbeit auf dem Gebiet der Währungspolitik,
- Ausweitung und in sich ausgeglichenes Wachsen des Welthandels,
- Förderung und Aufrechterhaltung eines hohen Beschäftigungsgrades und Realeinkommens,
- Entwicklung der Produktionskraft,
- Stabilität der Währungen und geordnete Währungsbeziehungen,
- Einrichtung eines multilateralen Zahlungssystems und Beseitigung von Devisenbeschränkungen, die das Wachstum des Welthandels hemmen,
- Finanzierung von Zahlungsbilanzungleichgewichten sowie
- Minderung von deren Grad und Dauer[2].

Es besteht kaum Zweifel daran, daß derartige wirtschaftspolitische Ziele mit den Interessen auch der Entwicklungsländer übereinstimmen.

Anders könnte hingegen die materielle Ausgestaltung des Währungssystems beurteilt werden, die im folgenden kurz dargestellt werden soll. Zum Erreichen der oben genannten Ziele unterliegen alle Mitgliedsländer des Fonds der Konvertibilitätsverpflichtung und sind in ein System fester Wechselkurse integriert. In Zahlungsbilanzschwierig-

---

[1] Auch die kompensatorische und die buffer-stock-Finanzierung stehen, obwohl bisher nur von den Entwicklungsländern benutzt, allen Mitgliedern des IMF zur Verfügung.

[2] Vgl. International Monetary Fund, Articles of Agreement of the International Monetary Fund, Washington, o.J., S. 2

keiten geratene Staaten haben in der bestehenden Währungsordnung die
Möglichkeit, vorübergehend internationale Liquidität in Anspruch zu
nehmen, um weltwirtschaftlich schädliche Handels- und Zahlungsbilanzrestriktionen und übereilte, nur als ultima ratio anzusehende
Wechselkurskorrekturen zu vermeiden und damit Zeit für angemessene
geld-, einkommens- und/oder fiskalpolitische Anpassungsmaßnahmen
zu gewinnen[1].

Die Beherrschbarkeit kurzfristiger Zahlungsbilanzstörungen, ihre Vermeidung, zumindest aber ihre zeitliche und quantitative Begrenzung,
die im besonderen Interesse der wirtschaftlichen Entwicklungen der
noch nicht industrialisierten Staaten liegt, hängt also primär von
der Verfügbarkeit über internationale Liquidität ab. Die Komponenten
der internationalen Liquidität bilden die eigenen Reserven eines Landes, seine Kreditfaszilitäten sowie private internationale Liquidität[2].

Zu den eigenen Reserven gehören seit der Spaltung des Goldmarktes
im Jahre 1969 das sog. "Währungsgold", die Devisenguthaben, ferner
die Reserveposition und die Sonderziehungsrechte im Rahmen des IMF.
Kreditfaszilitäten stellen die Fondsziehungen dar, die über die Reserveposition (also Gold- und Supergoldtranche sowie die "Allgemeinen Kreditvereinbarungen") hinausgehen, daneben die Swapoperationen der Notenbanken und regionale Kreditfaszilitäten. In die dritte
Gruppe internationaler Liquidität gehören die privaten Devisenreserven der Handelsbanken und großer Unternehmen. Der Gesamtbestand
an offizieller Liquidität betrug Ende 1970 130,8 Mrd. US-$ (vgl. Tabelle 27). Bildete bis 1969 das Gold das Hauptelement dieser Finanzmasse, so übernahmen 1970 - bedingt durch das große amerikanische
Zahlungsbilanzdefizit - erstmals die Devisenguthaben diese Rolle.

Begrenzt man die Betrachtung auf die eigentlichen Währungsreserven[3],

---

1) Vgl. F.E. Aschinger, Das Währungssystem des Westens, Frankfurt 1971, S. 209
2) Vgl. zum folgenden ebenda, S. 86
3) Unter den Währungsreserven ist die unbedingte Liquidität zu verstehen, die ohne Auflage seitens des IMF zur Zahlungsbilanzfinanzierung herangezogen werden kann und zu der hier das Gold, Devisenguthaben, die Gold- und die Supergoldtranche (Reserveposition im IMF) sowie die Sonderziehungsrechte gerechnet werden. Neben den Währungsreserven steht weitere internationale Liquidität in Form disponibler Kreditfaszilitäten zur Verfügung, zu der vor allem die Kredittranchen im IMF zählen, die wegen der mit ihnen verbundenen wirtschaftspolitischen Auflagen auch als bedingte internationale Liquidität bezeichnet werden.

Tabelle 27: Komponenten und Gesamtbestand der internationalen Liquidität[1] 1951–1970 – in Mrd. US-$ und in v.H. –

Jahresende	Reserven					Kreditfaszilitäten			Gesamt-liquidität
	Gold	SZR	Reserve-position im IMF	Devisen	bereinigte Gesamt-reserven	Kredittranchen im IMF	sonstige[2]	gesamt	
1951	33,9	–	1,7	15,1	50,7	6,5	–	6,5	57,2
1955	35,4	–	1,9	18,4	55,7	7,9	–	7,9	63,6
1960	38,0	–	3,6	20,3	61,7	13,7	–	13,7	75,4
1965	41,9	–	5,4	24,2	71,4	12,5	3,8	16,3	87,7
1966	40,9	–	6,3	24,3	71,6	17,2	4,5	21,7	93,3
1967	39,5	–	5,7	26,5	71,8	18,2	5,3	23,5	95,3
1968	38,9	–	6,5	28,0	73,5	17,2	13,1	30,3	103,8
1969	39,1	–	6,7	29,1	75,0	17,0	14,3	31,3	106,3
1970	37,2	3,1	7,7	42,2[3]	91,3	25,3	14,2	39,5	130,8
Prozentuale Verteilung 1970	28,4	2,4	5,9	32,3	69,8	19,3	10,9	30,2	100,0

1) Ohne die amerikanischen Devisenbestände, jedoch sind die in den Jahren 1966 und 1967 in die veröffentlichten britischen Währungsreserven einbezogenen Erlöse aus der Veräußerung des amtlichen britischen Portefeuilles an Dollarpapieren während des gesamten hier erfaßten Zeitraums mit eingerechnet.

2) Unausgenützte Ziehungsmöglichkeiten im Rahmen von Swap- und ähnlichen Kreditvereinbarungen zwischen Zentralbanken und Schatzämtern.

3) Teilweise geschätzt.

Quelle: International Monetary Fund, Annual Report 1971 und eigene Berechnungen

Tabelle 28:

Die geographische Verteilung der Währungsreserven 1960 - 1970[1]
- in Mill. US-$ und v.H. -

Länder /-gruppen	1960	1964	1968	1970	Anteile 1960	Anteile 1970	Zusammensetzung der Reserven Ende März 1971 Mill. $ Gold	SZR	Reserve-position IMF	Devisen	v.H. Gold	SZR	Reserve-position IMF	Devisen
Industrieländer insgesamt	48.487	53.284	52.115	64.686	78,5	70,8	30.895	4.370	5.704	29.212	83,8	74,8	78,3	60,3
darunter														
USA	19.359	16.240	12.182	14.858	31,4	16,3	10.963	1.443	1.680	-	29,7	24,7	23,1	-
Großbritannien	5.094	3.691	2.422	2.827	8,3	3,1	1.123	482		1.711	3,0	8,3		3,5
europäische Industrieländer	20.094	28.444	31.559	38.483	32,5	42,1	17.479	1.869	2.639	20.048	47,4	32,0	36,2	41,4
höher entwickelte Gebiete	3.670	6.595	7.250	8.520	5,9	9,4	2.690	395	565	5.680	7,3	6,8	7,7	11,7
weniger entwickelte Gebiete	9.585	9.910	14.110	18.115	15,6	19,8	3.290	1.078	1.017	13.575	8,9	18,4	14,0	28,0
darunter														
westl.Hemisphäre	2.810	2.840	3.935	5.615	4,1	6,1	1.080	531	505	3.600	2,9	9,1	6,9	7,4
Mittlerer Osten	1.415	2.320	3.310	3.100	2,3	3,4	1.002	42	64	2.330	2,7	0,7	0,9	4,8
Asien	3.090	3.095	4.215	5.140	5,0	5,6	678	274	267	4.065	1,8	4,7	3,7	8,4
Afrika	2.170	1.590	2.480	4.135	3,5	4,5	400	232	181	3.580	1,1	4,0	2,5	7,4
ausgew. ölfördernde Länder[2]	1.414	2.178	3.090	4.190	2,3	4,6	949	103	174	3.206	2,6	1,8	2,4	6,6
Gesamtsumme	61.743	69.789	73.475	91.321	100	100	36.870	5.842	7.286	48.464	100	100	100	100

1) Außer den COMECON-Ländern, der Volksrepublik China etc.; ohne die Devisenbestände der USA, jedoch einschließlich des britischen Dollarportefeuilles. Möglicherweise ergeben sich einige Summen nicht aus den angegebenen Einzelbeträgen; dies ist auf Abrundungen sowie darauf zurückzuführen, daß die Summen für einige Ländergruppen unveröffentlichte Daten einschließen.

2) Irak, Iran, Kuwait, Libysche Arabische Republik, Saudi-Arabien, Trinidad und Tobago sowie Venezuela.

Quelle: International Monetary Fund, Annual Report 1971 und eigene Berechnungen

die 1970 91,321 Mrd. US-$ betrugen, so ist festzustellen, daß die
Industrieländer 70,8 % (rechnet man ihnen die höher entwickelten Gebiete zu sogar 80,2 %) der Weltwährungsreserven auf sich vereinigten.
Auf die Entwicklungsländer entfiel somit lediglich ein Fünftel, wobei zu berücksichtigen ist, daß 1970 23,1 % dieser Reserven allein
von acht ölfördernden Ländern gehalten wurden (vgl. Tabelle 28). Bemerkenswert ist ferner die geringe Ausstattung der Entwicklungsländer mit Gold, die 1970 lediglich 8,9 % ihres Gesamtbestandes ausmachte. Von 1960 bis 1970 vollzog sich eine für die Entwicklungsländer
positive Umschichtung der Währungsreserven. Bei einer Zunahme ihrer
Währungsreserven um 89 % erhöhte sich ihr Anteil an den Gesamtreserven von 15,6 % (1960) auf 19,8 % (1970)[1].

Einen ersten, wenn auch nicht hinreichenden Maßstab für die Beurteilung der Liquiditätsausstattung insbesondere der Entwicklungsländer
bietet ein Vergleich zwischen verfügbaren Reserven und Importen. Dabei zeigt sich, daß die Weltwährungsreserven, obschon sie von 1952

Tabelle 29: Das Verhältnis der Weltwährungsreserven zum Welthandel
1952 - 1969 in v.H.

Jahr	USA	Industriel. außer USA	andere entwickelte Länder	Entwicklungsländer	60 führende Länder
1952	209,3	35,5	43,0	60,3	70,5
1955	183,3	40,7	43,2	61,1	67,2
1960	124,8	42,0	36,0	39,0	53,7
1963	90,6	42,9	42,8	34,8	48,7
1965	66,6	39,3	35,8	34,5	42,3
1966	49,9	37,3	32,4	34,6	38,6
1967	40,2	35,6	31,3	35,3	36,6
1968	34,2	32,2	32,7	35,6	33,0
1969	36,8	27,9	33,4	32,0	29,2

Quelle: International Monetary Fund, Annual Report 1969, S. 22,
sowie International Financial Statistics, July 1970

[1] Vgl. zum folgenden F.E. Aschinger, Das Währungssystem des Westens,
a.a.O., S. 101

bis 1969 um 24 Mrd. US-$ zunahmen, mit dem Anstieg des Welthandels nicht Schritt halten konnten und einen fast ununterbrochenen relativen Rückgang verzeichneten. Betrug das Verhältnis 1952 noch 70,5 %, so sank es bis 1969 auf 29,2 %. In ähnlicher Weise entwickelte sich die Relation für die Entwicklungsländer, die von 60,3 % im Jahre 1952 auf 32,0 % fiel (vgl. Tabelle 29).

Einschränkend muß allerdings betont werden, daß das Verhältnis der Währungsreserven zu den Importen kein ausreichendes Kriterium für eine Einschätzung der Liquiditätsausstattung sein kann, da diese nicht der Abwicklung des Welthandels im allgemeinen, sondern der Finanzierung der in Folge unausgeglichener Handels-, Dienstleistungs- und Kapitalströme entstehenden Zahlungsbilanzspitzen dienen. Immerhin kann ein Zusammenhang zwischen beiden Größen nicht geleugnet werden.

Neben der Darstellung des Umfangs, der Entwicklung der Struktur und Verteilung internationaler Liquidität ist es zur Charakterisierung der Position der Entwicklungsländer zweckmäßig, ihre Rechte und Pflichten im Internationalen Währungsfonds genauer zu betrachten, die hinsichtlich der Verfügbarkeit über internationale Liquidität sowie ihrer Beeinflussung äußert relevant sind.

Ausgehend von einem für die zur Zahlungsbilanzfinanzierung notwendigen Gesamtbetrag bilden die Mitgliedsländer durch Einzahlung ihrer Länderquote einen Liquiditätspool (Fonds). Diese Einzahlung erfolgt zu 25 % in Gold, zu 75 % in Landeswährung und richtet sich nach der Größe einiger ökonomischer Determinanten (Volkseinkommen, Währungsreserve, Außenhandel und seine Schwankungen), die zunächst in einer festen Relation zueinander standen. Um individuelle Liquiditätsbedürfnisse einzelner Länder berücksichtigen zu können, wurde jedoch von dieser Formel wiederholt abgewichen. Auf die so zustandegekommene Gesamtquote des Fonds können die Mitgliedsländern sog. Ziehungen vornehmen, wenn dies zur Finanzierung eines nicht strukturbedingten, vielmehr vorübergehenden Zahlungsbilanzdefizits erforderlich ist. Die Ziehungen sind in zeitlicher und quantitativer Staffelung mit progressiv anwachsenden wirtschaftspolitischen Auflagen und höheren Konditionen verknüpft, können im allgemeinen nicht über 200 % der Länderquote hinausgehen und sind innerhalb von 3-5 Jahren rückzahlbar. Der in den Auflagen und der kurzen Laufzeit enthaltene Anpassungszwang unterstreicht den überbrückenden Charakter der Kredite, die nicht für langfristige, strukturverändernde Maßnahmen geeignet sind[1].

An der Gesamtquote des IMF sind die Entwicklungsländer z.Zt. mit 27,4 % beteiligt (vgl. Tabelle 30).

Tabelle 30: Quoten und Sonderziehungsrechte[1] im IMF, Stand 30.4.1972
- in Mill. SDRs und v.H. -

	Quote		Sonderziehungsrechte			
			Zuteilung		Bestand nach Ziehungen	
	absolut	v.H.	absolut	v.H.	absolut	v.H. der Zuteilung
Industrieländer	18.365,0	63,8	6.177,7	66,3	6.202,0	100
USA	6.700	23,3	2.294,0	24,6	1.803,1	79
Großbritannien	2.800	9,7	1.006,3	10,8	524,9	52
europäische Industrieländer	6.565	22,8	2.141,4	23,0	2.984,2	139
andere entwickelte Gebiete	2.545,0	8,8	789,1	8,5	642,3	81
weniger entwickelte Gebiete	7.898,6	27,4	2.348,0	25,2	1.560,6	67
Lateinamerika	2.578	8,9	879,1	9,4	643,4	73
Mittlerer Osten	972	3,4	239,4	2,6	132,4	55
übriges Asien	2.898,6	10,1	765,0	8,2	505,0	66
übriges Afrika	1.450	5,0	464,5	6,1	279,9	60
alle Mitgliedsländer	28.808,6	100	9.314,8	100	8.404,9	-

1) Ein Special Drawing Right - SDR ist definiert als Äquivalent von 0,888671 Gramm Feingold. Dies entspricht dem Wert eines US-$ mit seinem Paritätskurs vom Dezember 1946

Quelle: International Financial Statistics, June 1972, S. 7 ff und eigene Berechnungen

In der gleichen Größenordnung bewegen sich ihre vorgenommenen Bruttoziehungen, die am Ende des 1. Quartals 1972 einen Anteil von 26,5 % an den seit 1947 kumulierten Gesamtziehungen der Fondsmitglieder hatten (vgl. Tabelle 31). Auffällig ist die Beanspruchung des Fonds durch Großbritannien. Die kumulierten britischen Bruttoziehungen betrugen nahezu 30 % und überstiegen damit um 800 Mill. SDRs den Betrag aller Entwicklungsländer.

---

1) Dieser Hinweis zur Verwendbarkeit der IMF-Mittel ist besonders für die Entwicklungsländer von einiger Bedeutung.

Tabelle 31: Brutto-Ziehungen im Internationalen Währungsfonds von
1947 bis 30. April 1972
- in Mill. SDRs und v.H. -

	in Mill. US-$	in v.H.
Alle Mitgliedsstaaten	24.401,0	100
Industrieländer	6.096,0	65,9
darunter		
Großbritannien	7.284,0	29,9
Frankreich	2.249,6	9,2
USA	3.552,0	14,6
andere entwickelte Gebiete	1.883,6	7,6
Entwicklungsländer	6.471,4	26,5

Quelle: International Financial Statistics, June 1972, S. 10 f
und eigene Berechnungen

Die Quoten des IMF stellen keine statische Größe dar, sondern werden in der Regel alle fünf Jahre einer generellen Überprüfung unterzogen. Zu ihrer Erhöhung bedarf es einer Mehrheit von 85 % der IMF-Stimmen, die in Anlehnung[1] an die Quotenstruktur berechnet werden. Neben den allgemeinen Quotenanpassungen können jederzeit auch individuelle Quotenerhöhungen mit Billigung von 80 % der Gesamtstimmen vorgenommen werden[2]. Z.Zt. verfügen - gemäß ihrem Übergewicht bei den Quoten - die Industrieländer über die Abstimmungsmajorität. Entscheidungen über generelle Quotenänderungen können nicht gegen eine Sperrminorität von 15 % gefällt werden. Unter Zugrundelegung der Stimmrechtsverteilung des Jahres 1970 sind die Entwicklungsländer mit 33,28 % der Stimmen theoretisch in der Lage, Entscheidungen über Quotenveränderungen z.B. zu blockieren[3]. Daß die Stellung der Entwicklungsländer im Fonds aber tatsächlich relativ schwach ist, erklärt sich aus der politischen Hegemonie der potentesten Industrieländer, die sich im Zehnerklub zusammengeschlossen haben und dort wichtige Entscheidungen quasi präjudizieren. Auf diese Zusammenhänge wird noch einzugehen sein.

---

1) Die Stimmrechtsverteilung steht allerdings in keiner **direkten** Beziehung zur Quotenstruktur.
2) Vgl. F.E. Aschinger, Das Währungssystem des Westens, a.a.O., S.211
3) Der Stimmanteil der Entwicklungsländer berechnet sich aus der Stimmrechtsverteilung, die am 1. Juni 1970 bestand. Dabei wurden die europäischen Entwicklungsländer nicht berücksichtigt.

Zugunsten der Rohstoffländer, die unter Zahlungsbilanzschwierigkeiten infolge von Schwankungen ihrer Exporterlöse leiden, gestattet der IMF im Rahmen der kompensatorischen Finanzierung[1] über das Limit von 200 % der Quote hinausgehend weitere Ziehungen von maximal 50 % vorzunehmen. Auch für die Finanzierung von Stabilisierungsreserven (buffer stocks) räumt der IMF zusätzliche Kreditfaszilitäten ein, die ebenfalls auf 50 % begrenzt sind. Die zusätzlichen Ziehungen unter beiden Ausnahmeregelungen dürfen zusammen jedoch 75 % der Quote nicht überschreiten[2]. Die mit der kompensatorischen Finanzierung gewonnenen Erfahrungen haben zwar den Wunsch insbesondere der rohstoffabhängigen Entwicklungsländer verstärkt, weitere Mittel vor allem langfristigerer Art zur Verfügung gestellt zu bekommen, die Pläne zur sog. Ergänzungsfinanzierung stehen jedoch noch nicht vor ihrer unmittelbaren Verwirklichung[3].

Daher setzten die Entwicklungsländer große Hoffnungen in die Einführung des neuen Reservemediums der Sonderziehungsrechte (SDR-Special Drawing Rights), die 1970 erstmals verfügbar wurden. Sie implizieren im Gegensatz zu den normalen Ziehungen keinerlei Einzahlung von Gold oder Landeswährung durch das einzelne Fondsmitglied und entstehen durch den Beschluß der Teilnehmerstaaten des IMF, einen bestimmten globalen Betrag an SDRs zu schaffen[4]. Über diesen können die einzelnen Fondsmitglieder gemäß ihrer allgemeinen Quote verfügen, d.h. zur Deckung von Zahlungsbilanzdefiziten diese Forderung auf konvertible Währung bei einem anderen Teilnehmerland geltend machen. Die SDRs stellen unbedingte Liquidität dar, an die lediglich die "Erwartung" geknüpft ist, daß sie zur Zahlungsbilanzfinanzierung oder Reservehaltung verwendet werden.

Nach der zweiten Zuteilung von SDRs entfielen am 1. Januar 1972 mit 2,348 Mrd. SDRs 25,3 % auf die Entwicklungsländer, die bis zum Ende des 1. Quartals 1972 33 % ihrer Ziehungsrechte ausgenutzt hatten (vgl. Tabelle 30).

---

1) Vgl. XII.2
2) Vgl. auch F.E. Aschinger, Das Währungssystem des Westens, a.a.O., S. 216
3) Vgl. XII.3
4) Vgl. dazu F.E. Aschinger, Das Währungssystem des Westens, a.a.O., S. 249

2. Die Notwendigkeit einer stärkeren entwicklungspolitischen Orientierung des internationalen Währungssystems

Nicht erst das Schwergewicht, das die Entwicklungsländer auf der 3. Welthandelskonferenz auf internationale Währungsfragen legten, machte deutlich, daß ihre oben dargestellte Position im IMF einer Überprüfung dringend bedarf. Es wäre sicher verfehlt, alle Probleme der Unterentwicklung in einen monokausalen Zusammenhang mit einer zumindest als unbefriedigend zu bezeichenden Stellung im Währungssystem zu stellen. Jedoch kann kaum übersehen werden, daß die Liquiditätsausstattung für wichtige Entwicklungsfaktoren eine elementare Rolle spielen. Die Tatsache, daß das Wirtschaftswachstum der weniger entwickelten Länder zu einem großen Teil außenhandelsabhängig, jedoch die Expansion des Welthandels an den Entwicklungsländern vorbeigegangen ist, gibt Anlaß, die währungspolitische Situation dieser Länder sehr kritisch zu betrachten[1].

Das immer noch unbefriedigende Wachstum der Entwicklungsländer muß neben internen Ursachen nicht zuletzt auch mit äußeren Widerständen erklärt werden. Es ist kaum bestritten, daß für den notwendigen wirtschaftlichen und sozialen Fortschritt vor allem restriktionsfreie Voraussetzungen vorliegen müssen, von denen z.Zt. nicht ausgegangen werden kann. Die wachsende Furcht der entwickelten Länder vor Illiquidität hat ein für die Entwicklungsländer ungünstiges Klima geschaffen. Die Bemühungen der Industriestaaten, Zahlungsbilanzdefizite zu vermeiden, hat den Abbau von Handelshemmnissen und den Verzicht auf Produktionspolitik bislang weitgehend verhindert. Zahlungsbilanzorientiert ist auch der Umfang ihrer Entwicklungshilfe, die auf einem Niveau gehalten wird, bei dem Defizite noch vermieden oder gering gehalten werden können und der Nachfragedruck auf die Produktionskapazitäten beschäftigungspolitisch zu verkraften, vor allem aber geldwertneutral und inflationsfrei ist. Mit demselben Motiv wird schließlich auch der private internationale Kapitalverkehr mehr oder weniger reglementiert und die gewährte Entwicklungshilfe mit Lieferbindungsklauseln versehen. Daher ist es nicht verwunderlich, daß die Entwicklungsländer bisher nicht in der Lage waren, ihre Reserven dem Wachstum ihrer Zahlungsverpflichtungen anzupassen und daher ihre kurzfristigen Verbindlichkeiten ständig erhöhten sowie den Zahlungsverkehr restriktiv gestalteten.

---

1) Vgl. zum folgenden auch: UNCTAD, International Monetary Issues and the Developing Countries, Report of the Group of Experts, New York 1965, TD/B/32, TD/B/C.3/6

Jede Korrektur oder Reform des Währungssystems müßte daher aus entwicklungspolitischer Sicht zu einer Eliminierung der zahlungsbilanzorientierten Zurückhaltung bei der Entwicklungshilfe, einer Lockerung der Lieferbindungspraxis, einer Aufhebung der Restriktionen im internationalen Handels- und Zahlungsverkehr sowie zu einer verstärkten Ausnutzung der Vorteile einer weltweiten Arbeitsteilung beitragen[1]. Währungsreform bedeutet in diesem Sinne die Schaffung einer restriktionsfreieren Umwelt und daher eine Entspannung für die Liquiditätsposition der Entwicklungsländer sowie ihre Befähigung, den eigenen wirtschaftlichen und sozialen Fortschritt in stärkerem Maße selbst zu finanzieren.

Noch hinkt allerdings die Liquiditätsversorgung hinter der Zunahme des Außenhandels hinterher[2], und noch ist die Verpflichtung zur Anpassungspolitik zwischen Industrie- und Entwicklungsländern ungleich verteilt[3]. Aus einer Reihe politischer und wirtschaftlicher Gründe wird eine Wechselkursanpassung zur Zahlungsbilanzsanierung vielfach umgangen und stattdessen eine zeitraubende und daher Liquidität erfordernde Anpassungspolitik betrieben oder zu restriktiven Maßnahmen gegriffen. Andererseits liegen bei den Entwicklungsländern kaum jene Voraussetzungen zur Anpassung vor, von denen das Bretton-Woods-System ausging. Daß die gegenwärtige Währungsordnung Unterschiede hinsichtlich des Entwicklungsstandes weitgehend unberücksichtigt läßt, erklärt sich aus dem Umstand, daß die meisten weniger entwickelten Staaten bei der Gründung des IMF keine politisch unabhängigen Regierungen besaßen, die in der Lage gewesen wären, dem Versuch der Industrieländer entgegenzutreten, für alle Mitglieder gleiche Anpassungsregeln durchzusetzen. Erst auf UNCTAD I wurde deutlich, daß das allgemeine Prinzip der Gleichbehandlung im Interesse der Entwicklungsländer aufgegeben werden muß, da sich auf internationaler Ebene im Bereich der Handels- und der Währungsfragen mit den Industrie- und Entwicklungsländern keineswegs gleiche Partner gegenüberstehen. Die Zahlungsbilanzschwierigkeiten der Entwicklungsländer sind nicht kurzfristiger, vorübergehender, sondern struktureller Art. Daher können

---

1) Vgl. H.G. Johnson, Beiträge zur Geldtheorie und Geldpolitik, Berlin 1969, S. 303

2) Vgl. Tabelle 29

3) Vgl. zum folgenden: UNCTAD, International Monetary Issues, a.a.O., S. 5 ff

die im IMF vorgesehenen Anpassungsmaßnahmen in Entwicklungsländern vielfach nicht die gewünschte Sanierungswirkung zeitigen oder gar nicht erst angewendet werden. Die mangelhaft diversifizierte Produktionsstruktur und die dadurch nur schwachen außenhandelsinduzierten Wachstumsimpulse auf der einen Seite und der unabwendbare Importsog, der kaum abzubauen ist, da auf entwicklungsnotwendige Kapitalgüterimporte nicht verzichtet werden kann, ohne das Wachstum und die Beschäftigung zu gefährden, führen zu einem "trade gap", der das Liquiditätsproblem verschärft, indem der Devisenbedarf in der Regel größer ist als die anfallenden Exporterlöse, die zudem noch starken kurzfristigen Schwankungen ausgeliefert sein können[1]. Auch wenn man das zufließende Entwicklungskapital aus den Industrieländern berücksichtigt, bleibt ein akuter Mangel an Liquidität, der eine Reservehaltung zum Ausgleich kurzfristiger Zahlungsbilanzdefizite nicht immer möglich macht. Zudem ist diese Reservehaltung wegen ihrer hohen Opportunitätskosten extrem teuer[2]. Die Erfahrungen bezüglich des Umgangs der Entwicklungsländer mit Währungsreserven sind sehr unterschiedlich. Jedoch kann davon ausgegangen werden, daß die meisten von ihnen die Vorteile der Reservehaltung erkannt haben und daher auch gewillt sind, eine Politik der Liquiditätsvorsorge zu betreiben, sofern ihnen dies materiell überhaupt möglich ist[3].

3. Vorschläge und Forderungen zur Verbesserung der Liquiditätsversorgung der Entwicklungsländer

Zur Verbesserung der Liquiditätsausstattung der Entwicklungsländer wurde bis heute eine Vielzahl einzelner Vorschläge und Konzeptionen unterbreitet. Sie lassen sich gliedern in solche, die das geltende IMF-System grundsätzlich erhalten, aber in seiner Ausgestaltung verbessern wollen, sowie in jene, deren Intention es ist, die bestehende Währungsordnung einer grundlegenden Reform zu unterziehen bzw. sie vollständig zu ersetzen[4]. Zu den systemerhaltenden Vorschlägen

---

1) Vgl. zum Liquiditätsbedarf der Entwicklungsländer, R.L. Haan, Special Drawing Rights and Development, Leiden 1971, S. 8 ff
2) Vgl. zu diesen Ausführungen: UNCTAD, International Monetary Reform and Co-Operation for Development, Report of the Expert Group on International Monetary Issues, New York 1969, S. 8 ff, TD/B/285/Rev. 1
3) Vgl. UNCTAD, International Monetary Issues, a.a.O., S. 11
4) Vgl. zum folgenden: ebenda S. 12 ff

gehört die Anregung, auch für die Entwicklungsländer eine "second line of defence" durch bilaterale Kreditvereinbarungen der Notenbanken zu schaffen, um - wie dies bereits in den Industrieländern geschieht - spekulativen Kapitalbewegungen sowie der Kapitalflucht in ihrer Wirkung auf die Zahlungsbilanz abzumildern. Zwar gibt es bereits einige Verbindungen zwischen Notenbanken aus Industrie- und Entwicklungsländern, so beispielsweise zwischen der amerikanischen Federal Reserve Bank und einigen lateinamerikanischen Zentralbanken, jedoch müssen diese Kontakte ausgedehnt werden. In Verbindung damit könnte den Entwicklungsländern auch ein besserer Zugang zu den Geldmärkten ermöglicht werden, der durch Regierungsgarantien zu fördern wäre. Auch wenn solche Vereinbarungen zustande kämen, sollten sich die Entwicklungsländer zusätzlich um eine verstärkte monetäre Kooperation untereinander bemühen, wozu regionales Poolen ihrer Währungsreserven und darauf aufbauende Kreditvereinbarungen sinnvolle Ansatzpunkte bieten.

Den Befürwortern einer verbesserten Liquiditätsausstattung der Entwicklungsländer wird gern entgegengehalten, daß diese Staaten z.T. trotz akuter Zahlungsbilanzschwierigkeiten über unausgenutzte Kreditfaszilitäten im IMF verfügen. Dies kann jedoch kaum als Indiz für einen nicht vorhandenen Liquiditätsbedarf gewertet werden, sondern ist vielmehr die Reaktion auf die mit steigenden Ziehungen zunehmenden wirtschaftspolitischen Auflagen des IMF. Da die Entwicklungsländer die konditionierten Tranchen des Fonds viel eher als Industrieländer erreichen, ihre Wirtschaftspolitik aber unter ganz anderen Vorzeichen steht, wäre zu prüfen, ob der IMF hinsichtlich seiner Kreditbedingungen nicht liberalisiert und flexibler gestaltet werden sollte. In Betracht käme dabei auch eine Verlängerung der Rückzahlungsperiode auf 6 bis 8 Jahre. In diesem Zusammenhang erscheint es ferner sinnvoll, eine offensichtliche Asymmetrie des Systems zu beseitigen, die darin besteht, daß die Defizitländer in viel stärkerem Maße Adressat für Aufforderungen zur wirtschaftspolitischen Disziplin und zur Anpassung sind als die Überschußländer, deren Expansionsdrang gleichermaßen durch verstärkten Druck auf ihr währungspolitisches Wohlverhalten zu dämpfen ist.

Im Mittelpunkt der Vorschläge zur Verbesserung der Liquiditätsausstattung der Entwicklungsländer stehen die Empfehlungen, die auf eine direkte Erhöhung der Fondsmittel, insbesondere auf eine Ausdehnung der unbedingten Liquidität in Form der "Special Drawing Rights" gerichtet sind. Zur Beurteilung der SDRs ist es von einiger Bedeutung, darauf hinzuweisen, daß man bei der Projektierung des Systems den Teilnehmerkreis zunächst auf die wichtigsten Industrieländer beschränken und die Entwicklungsländer als direkte Partizipanten ausschließen wollte. Daß die SDRs schließlich doch für alle Fondsmitglieder verfügbar wurden, war ein politisch bedingter Beschluß[1]. Die Entwicklungsländer hegten bei der Einführung des Systems wohl besonders deshalb große Hoffnungen, weil mit ihrer Einbeziehung in den Teilnehmerkreis von vornherein in Kauf genommen wurde, daß ein Teil der SDRs von ihnen zum einseitigen Bezug von Gütern und Dienstleistungen und nicht bloß zum temporären Saldenausgleich benutzt werden kann[2]. Sieht man einmal davon ab, daß die SDRs tatsächlich zu einer Übertragung realer Leistungen verwendbar sind, so kann nicht übersehen werden, daß die Vorteile der bisher geschaffenen zusätzlichen Liquidität wegen ihres begrenzten Umfangs und ihrer Verteilung nicht zu hoch anzusetzen sind. Am Ende des 1. Quartals 1972 waren insgesamt 9,3 Mrd. SDRs zugeteilt, von denen lediglich 25,2 % auf die weniger entwickelten Gebiete entfielen (vgl. Tabelle 30). Bei diesem geringen Volumen und der an die Quotenstruktur angelehnten Aufteilung der SDRs können nur relativ geringe Defizite abgedeckt werden[3]. Auch wären diese Mittel nur dann zur längerfristigen Finanzierung des Importbedarfs der Entwicklungsländer geeignet, wenn der Gesamtbestand der SDRs ständig aufgestockt würde, wozu jedoch z.Zt. die politischen Voraussetzungen fehlen[4].

Weitere Ansatzpunkte zur Erhöhung der internationalen Liquidität bestehen in einer Verbesserung der Systeme zur buffer-stock-, kompensatorischen- und Ergänzungsfinanzierung[5], sowie in der Schaffung spezieller Kreditfaszilitäten zur Förderung und Unterstützung regionaler Zusammenschlüsse der Entwicklungsländer. Von besonderer Bedeutung ist indes die eigentliche Korrektur der Fondsquoten. Zwar werden in regelmäßigen Abständen bereits die Quoten generell und in be-

---

1) Vgl. F.E. Aschinger, Das Währungssystem des Westens, a.a.O., S.263
2) Vgl. ebenda
3) Vgl. D. Kebschull, unter Mitarbeit von K. Fasbender und A. Naini, Entwicklungspolitik, a.a.O., S. 138
4) Vgl. ebenda
5) Vgl. XII.

sonderen Fällen je nach Dringlichkeit auch individuell heraufgesetzt, jedoch bleibt es - abgesehen vom Nachteil, daß es sich um bedingte Liquidität handelt - bei einer für die Entwicklungsländer ungünstigen Verteilung der zusätzlichen Liquidität, da sich diese immer noch nach der zwar korrigierten, aber die weniger entwickelten Gebiete nicht gerade bevorzugenden Formel richtet[1]. Daher spielt neben der Erhöhung der Quoten ihre Struktur für die Belange der Entwicklungsländer eine besondere Rolle. Die Revision der Quotenstruktur ist aber viel stärker noch als die Ausweitung der Liquidität durch Heraufsetzung des Volumens der SDRs oder der Quoten ein Entscheidungsprozess mit politischen Implikationen, da eine Änderung der Quotenverteilung gleichbedeutend ist mit einer Korrektur der Stimm- und damit der Machtverhältnisse im IMF.

Nur ein Teil der hier aufgeführten systemerhaltenden Vorschläge für eine Verbesserung der Position der Entwicklungsländer in der internationalen Währungsordnung wurde auf der 3. Welthandelskonferenz durch die Gruppe der 77 in den Ausschußsitzungen vorgetragen. Konferenzbeobachter gewannen dennoch den Eindruck, daß die währungspolitischen Fragen wie noch nie zuvor im Mittelpunkt des Konferenzgeschehens standen. Dazu mag nicht zuletzt auch die Währungskrise des Jahres 1971 beigetragen haben, deren Auswirkungen die Entwicklungsländer veranlaßte, ihre Forderungen besonders auf systemverändernde Maßnahmen (die im nächsten Kapitel besprochen werden) andererseits aber auch auf einen Ausgleich der durch die Neufestsetzung der Wechselkurse (Realignment) vom Dezember 1971 entstandenen Verluste zu konzentrieren.

Die Gruppe der 77 vertrat bereits in der Erklärung und dem Aktionsprogramm von Lima die Auffassung, daß unabhängig von einem System von Garantien gegen Devisenverluste, das Teil einer neuen internationalen Währungsordnung sein müsse, in jedem Falle ein Mechanismus auszuarbeiten sei, der eine Kompensation von Verlusten ermöglicht, die infolge von Währungsspekulationen in den Entwicklungsländern entstanden sind. Tatsächlich hat sich das Währungs-Realignment nega-

---

1) Vgl. UNCTAD, International Monetary Reform and Co-Operation for Development, a.a.O., S. 9

tiv auf ihre Außenwirtschaftsposition ausgewirkt[1]. Der Realwert ihrer Exporterlöse ist gesunken, die Schuldenlast ist tendenziell gestiegen und der Realwert der Währungsreserven hat abgenommen, und zwar stärker als in den Industrieländern[2]. Daher verlangte die Gruppe der 77 in ihrem Resolutionsentwurf[3], daß die Gläubiger der Entwicklungsländer den Schuldendienst erleichtern sollten und der IMF speziell zur Deckung der Verluste zusätzliche SDRs bereitstellen solle. Die Forderung der Entwicklungsländer stieß jedoch erwartungsgemäß auf die eindeutige Ablehnung der Industrieländer, die allerdings eine Abstimmungsniederlage und damit die Annahme der Resolution nicht verhindern konnten[4]. Man muß aber davon ausgehen, daß das Verlangen nach einer Entschädigung für die eingetretenen Währungsverluste ohne konkrete Folgen bleiben wird.

Zu einer Befürwortung spezieller IMF-Faszilitäten für die wirtschaftliche Integration der Entwicklungsländer, die ebenfalls von der Gruppe der 77 angeregt wurde[5], fand sich auf der Konferenz keine Mehrheit unter den Delegierten. Sie unterstützten jedoch ausdrücklich die vom IMF beabsichtigte allgemeine Erhöhung der Sonderziehungsrechte zum 1. Januar 1973 und legte dem Fonds nahe, bei der Überprüfung der Formel zur Quotenberechnung den wirtschaftlichen Verhältnissen der Entwicklungsländer besondere Beachtung zu schenken[6].

---

1) Vgl. dazu: H.-E. Scharrer, Auswirkungen des Realignments auf die Außenwirtschaftsposition der Entwicklungsländer, Stellungnahme des HWWA-Institut für Wirtschaftsforschung-Hamburg, angefertigt im Auftrage des Bundesministeriums für Wirtschaft und Finanzen, Hamburg 1972
2) Vgl. ebenda, S. 11
3) Vgl. UNCTAD, Third Session, Impact of the Present International Monetary Situation on World Trade and Development, Especially of the Developing Countries, Compensation for Losses Occasioned by the Realignment of Major Currencies, Draft Resolution, Santiago, 9 May 1972, TD/III/C.3/L.13
4) Vgl. UNCTAD, Third Session, Resolution 58(III) Compensation for Losses Occasioned by the Realignment of Major Countries, Santiago, 29 June 1972, TD(III)/Misc. 3, p. 62
5) Vgl. UNCTAD, Third Session, Impact of the Present International Monetary Situation on World Trade and Development, Especially of the Developing Countries and Special Aspects of Development Finance: Proposals Regarding the Question of a Link between the Allocation of Special Drawing Rights and the Provision of Additional Development Finance to Developing Countries, Draft Resolution, Santiago, 9 May 1972, TD/III/C.3/L.12, p. 4
6) Vgl. UNCTAD, Third Session, Resolution 84(III) The International Monetary Situation, 29 June 1972, TD(III)/Misc. 3, p. 161 ff

XII. WÄHRUNGSREFORM UND LINK

1. Entwicklungsländer und Währungsreform

Neben den im vorangegangenen Kapitel diskutierten und z.T. auch auf der 3. Welthandelskonferenz behandelten Vorschlägen, die systemerhaltenden Charakter haben, wurde sowohl aus dem Bereich der wirtschaftswissenschaftlichen Theorie als auch aus der Politik eine Reihe systemüberwindender Pläne unterbreitet, die - mehr oder weniger - die Bedeutung einer entwicklungspolitisch orientierten Ausgestaltung einer neuen Weltwährungsordnung berücksichtigen. Einige dieser Konzepte sind allerdings wegen ihres Abstraktionsgrades bzw. ihrer interessenbedingten Ausrichtung politisch kaum durchsetzbar. Darüber hinaus fällt auf, daß in der gegenwärtigen Währungsdiskussion nicht so sehr über das Für und Wider solcher Pläne gesprochen, sondern vielmehr über den organisatorischen Rahmen, über Verfahrensweisen, Kompetenzen und Entscheidungsbefugnisse beraten wird.

Auch der z.Zt. heftig umstrittene Link, die Kopplung von Sonderziehungsrechten und Entwicklungshilfe, stellt keinen eigenen geschlossenen Währungsplan dar, sondern sollte nach den Vorstellungen seiner Anhänger vielmehr Teil eines neuen Systems oder Erweiterung des bestehenden sein. Die Vorschläge zur Reform des internationalen Währungssystems, die eine zusätzliche wirtschaftliche Unterstützung der unterentwickelten Länder vorsehen, zerfallen in zwei große Gruppen[1]. Die eine umfaßt solche Pläne, die die in einer expansiven Weltwirtschaft erforderliche zusätzliche Liquidität durch Kredite an unterentwickelte Gebiete bereitstellen wollen, so daß die mit dem Wachstum der internationalen Reserven der Industrieländer verbundenen realwirtschaftlichen Ersparnisse automatisch in Kapitalhilfe für Entwicklungsländer umgewandelt würden.

In diese Gruppe gehört der erste "Stamp-Plan", nach welchem den unterentwickelten Ländern Kaufkraft repräsentierende Zertifikate zur Verfügung gestellt werden sollen, die sie zu Käufen in den Industrieländern verwenden könnten. Eine noch wirksamere Methode,

---

1) Vgl. zum folgenden: H.G. Johnson, Beiträge zur Geldtheorie und Geldpolitik, a.a.O., S. 318 ff

zusätzliche Liquidität als Entwicklungshilfe in die unterentwickelten Länder zu lenken, stellt der Vorschlag dar, den IMF in eine Weltzentralbank zu verwandeln, die dann nach eigenem Ermessen Kredite oder sogar verlorene Zuschüsse gewähren könnte (CRU-Plan)[1]. Weniger umfassend sind die Vorschläge, die im IMF diskutiert werden und die auf die Schaffung einer sorgfältig begrenzten Anzahl sekundärer internationaler Reserven abzielen[2]. Diese Liquidität könnte auf direktem oder indirektem Weg in die Entwicklungshilfe gelenkt werden. Den Plänen dieser Gruppe liegt jedoch, wie Johnson bemerkt, eine gewisse Irrationalität der Industrieländer zugrunde, die offen oder versteckt für und gleichzeitig gegen eine Verknüpfung von Liquiditätsausdehnung und Entwicklungshilfe sind[3].

In die Gruppe der Reformpläne fällt der von Hart, Kaldor und Tinbergen erörterte Vorschlag einer Warenreservewährung, bei dem sich die mit dem Wachstum der internationalen Liquidität verbundene Realersparnis in der Ansammlung von Rohstoffbeständen niederschlagen würde, die zum größten Teil von den unterentwickelten Ländern produziert werden. Dieser Plan ist indes in seinem Nutzen für die Entwicklungsländer wie auch in der mit ihm verbundenen Konsequenz einer grundsätzlichen, auf kühnen geldtheoretischen Überlegungen basierenden Umwandlung der bestehenden Weltwährungsordnung wenig realpolitisch orientiert.

Sieht man einmal vom Link ab, der hier lediglich als Teilreform oder Korrektur des geltenden Systems betrachtet wird, so liegt den Entwicklungsländern - wie bereits angedeutet wurde - z. Zt. weniger an der Durchsetzung konkreter Pläne als vielmehr an einer für sie unverzichtbaren Beteiligung an der Vorbereitung und Einführung einer neuen oder verbesserten Währungsordnung. Sie sind gewillt, die Mängel des ihnen entwicklungsfeindlich erscheinenden Bretton-Woods-Systems zu beseitigen und Vorkehrungen zu treffen, daß die bereitzustellende internationale Liquidität ihren besonderen Bedürfnissen entspricht und die Spielregeln der neuen Ordnung dem "Prinzip der Disparität" entsprechen, d.h. die fundamental unterschiedliche Ausgangslage der Entwicklungsländer berücksichtigen.

---

1) Vgl. auch UNCTAD, International Monetary Issues and the Developing Countries, a.a.O., S. 21
2) Vgl. ebenda
3) Vgl. dazu und im folgenden: H.G. Johnson, Beiträge zur Geldtheorie und Geldpolitik, a.a.O., S. 324 ff

Trotz aller Vorbehalte kann die Konferenz von Santiago auch in dieser Hinsicht als ein für die weniger entwickelten Staaten wichtiges Ereignis bezeichnet werden. Die ohne Gegenstimmen verabschiedete Resolution[1] stellt fest, daß eine befriedigendere internationale Währungsordnung mit einer möglichst umfangreichen Beteiligung sowohl der entwickelten als auch der weniger entwickelten Staaten anzustreben ist. Sie unterstützt ausdrücklich, daß die Länder der Dritten Welt am Entscheidungsprozeß des internationalen Währungssystems und seiner Reform in effektiver Weise teilhaben sollen. Der IMF wurde deshalb ersucht, die Errichtung eines "Zwanziger-Ausschusses" wohlwollend zu prüfen, der den Gouverneurs-Rat in allen Fragen der internationalen Währungsreform beraten soll. Der neue Ausschuß wird in seiner Zusammensetzung ausgeglichener als der "Zehner-Klub" sein, da er - dem Wunsch der Konferenz entsprechend - zumindest nach dem Vorbild des Verwaltungsrates des IMF strukturiert sein wird, in dem die Entwicklungsländer durch neun Mitglieder vertreten sind. Indes muß einschränkend festgestellt werden, daß Aufgaben und Kompetenz des "Zwanziger-Ausschusses" noch nicht hinreichend exakt definiert sind und vor allem noch Unklarheit über seine Stellung zum alten "Zehner-Klub" besteht. Einige europäische Staaten, vor allem Frankreich, haben sich für seine Beibehaltung in der gegenwärtigen Form ausgesprochen, womit die von den Entwicklungsländern erhoffte Kompetenz des neu geschaffenen Gremiums möglicherweise eingeschränkt bliebe. Hat auch in Santiago eine "monetäre Machtübernahme" nicht stattgefunden, so werden die Entwicklungsländer dennoch - durch den Beschluß der UNCTAD gestärkt - zukünftig größeren Einfluß auf die Gestaltung des Weltwährungssystems haben[2].

2. Der Link

Ob dieser Einfluß ausreicht, den seit einiger Zeit z.T. leidenschaftlich von den Entwicklungsländern vorgetragenen Plan einer Kopplung von Sonderziehungsrechten und Entwicklungshilfe (Link) durchzusetzen, muß zum gegenwärtigen Zeitpunkt stark angezweifelt werden.

---

1) Vgl. UNCTAD, Third Session, Resolution 84 (III), The International Monetary Situation, a.a.O., p. 163
2) Vgl. dazu auch, D. Kebschull, UNCTAD III - Großer Anlauf in der Währungspolitik, in: Entwicklung und Zusammenarbeit, hrsg. v. der Deutschen Stiftung für Entwicklungsländer, 13. Jg., Juni/Juli 1972, S. 12

Der Vorschlag des Link geht zurück auf den Bericht einer Expertengruppe, der im Auftrage des UNCTAD-Generalsekretärs angefertigt und bereits 1965 vorgelegt wurde[1]. Ein weiteres Gutachtergremium arbeitete den Plan im Jahr 1969 detailliert aus[2]. Seither wurde der Link von einer Reihe von UNCTAD-Institutionen und von der Pearson-Kommission ausdrücklich gutgeheißen. Hingegen ist die Haltung der meisten Industrieländer noch reserviert, wenn auch Studien über die Link-Problematik allgemeine Befürwortung fanden[3].

Die bisherige Diskussion um die Schaffung zusätzlicher internationaler Liquidität hat im Hinblick auf die besondere Zahlungsbilanzsituation der Entwicklungsländer deutlich werden lassen, daß kurzfristige Mittel die Strukturschwächen der Außenwirtschaft dieser Staaten kaum alleine überwinden helfen[4]. Für die unausgenutzten Ressourcen der Dritten Welt werden wegen der langen Ausreifungszeit der notwendigen Investitionen weniger kurzfristige Finanzierungsfaszilitäten als vielmehr langfristige Kapitaltransfers benötigt. Da die im Rahmen der Entwicklungshilfe zur Verfügung gestellten Mittel in ihren Konditionen, in ihrer Höhe und Kontinuität als unbefriedigend empfunden werden, treten die Entwicklungsländer fast leidenschaftlich für die durch den Link eröffnete Möglichkeit ein, zusätzliche und gleichmäßiger zufließende Liquidität zu erhalten, die vor allem automatisch und ohne Rücksichtnahme auf die wirtschaftliche Lage der Geberländer zur Verfügung gestellt wird.

Es wurde bereits darauf hingewiesen, daß bei der Einführung der Sonderziehungsrechte eine Verwendung dieser Liquidität auch zum einseitigen Bezug von Gütern und Dienstleistungen und nicht nur zum temporären Saldenausgleich in Kauf genommen wurde[5]. Die SDRs stellen dennoch keine langfristigen Mittel dar, da die ziehenden Mitglieds-

---

1) Vgl. UNCTAD, International Monetary Issues and the Developing Countries, a.a.O.
2) Vgl. UNCTAD, International Monetary Reform and Co-Operation for Development, a.a.O.
3) Vgl. dazu: UNCTAD, Third Session, Financial Ressources for Development, The Link, 22 December 1971, TD/118/Supp.4, p.2 ff
4) Vgl. XI.
5) Vgl. X.3.

länder einer sogenannten "Rekonstitutionspflicht" unterworfen sind, nach der sie fünf Jahre nach der ersten Zuteilung der SDRs und in der Folge am Ende jedes Kalendervierteljahres insgesamt mindestens 30 % der bis dahin zugeteilten SDRs halten müssen. Mit dieser Vorschrift ist die langfristige Verwendbarkeit der SDRs zumindest teilweise eingeschränkt. Außerdem orientiert sich die Schaffung und Verteilung zusätzlicher SDRs nach wie vor an den bisherigen IMF-Kriterien, ist daher nicht auf die langfristigen Finanzierungsbedürfnisse der Entwicklungsländer ausgerichtet[1]. Tatsächlich sollten aber Liquiditäts- und Ressourcenersparnisse nach dem jeweiligen Bedarf der Länder verteilt werden. Das Übergewicht der entwickelten Länder bei der Quotenverteilung resultiert hingegen aus ihrem relativ großen Anteil am Welthandel und am Welteinkommen, keineswegs jedoch aus ihrem relativen Bedarf nach zusätzlichen Ressourcen. Die Absicht des Link besteht daher darin, eine Umverteilung der Ressourcenersparnisse herbeizuführen, die durch eine internationale Institution überwacht werden sollte.

Bei den unterbreiteten Vorschlägen ist zwischen dem organischen oder direkten und dem nicht-organischen bzw. indirekten Link zu unterscheiden[2]. Der organische Link hat zwei Varianten. Einmal soll ein Teil der SDR-Zuteilung an die Industrieländer von vornherein für die International Development Association (IDA) abgespalten werden, zum anderen partizipiert die auf "weiche" Kredite spezialisierte Weltbanktochter direkt an den SDR-Zuteilungen und würde damit quasi Mitglied des IMF. Beim nicht-organischen Link nähmen die Industrieländer zunächst ihre SDRs selbst in Anspruch, stellten der IDA dann jedoch einen bestimmten Prozentsatz davon in eigener Landeswährung zur Verfügung.

Der Prozentsatz, mit dem die Entwicklungsländer auf diese Weise an den Sonderziehungsrechten der Industrieländer beteiligt würden,

---

1) Vgl. zum folgenden, UNCTAD, Third Session, Financial Resources for Development, The Link, a.a.O., p. 7

2) Vgl. zum folgenden: D. Kebschull, Special Aspects of Development Finance, Proposals Regarding the Question of a Link between the Allocation of Special Drawing Rights and the Provision of Additional, Hamburg o.J., sowie UNCTAD, Third Session, Financial Resources for Development, The Link, a.a.O., p. 6

schwankt zwischen 25 und 75 %. Berechnet man die "Link-Hilfe" nach der Zuteilung der SDRs für den Zeitraum 1970-72, so wären den Entwicklungsländern - je nach Link-Version - zwischen 500 Mill. und 1,5 Mrd. SDRs zugeflossen. Auf der Basis der alten Dollarparität entspricht dieser Betrag 3,2 % bzw. 9,7 % der Entwicklungshilfeleistungen der DAC-Staaten im Jahre 1970[1].

Die Argumente für und wider den Link sind vielfältig, z.T. ineinander verschachtelt und bedürfen auch heute noch einer genaueren Analyse. Einige der wichtigsten Vorbehalte und Gegenargumente sollen dennoch im folgenden kurz umrissen werden[2].

Einer der Haupteinwände weist darauf hin, daß die SDRs ihrem Wesen nach kurzfristige, zum Zahlenausgleich zu verwendende Mittel darstellen und somit nicht für einen Realtransfer benutzt werden dürften, da sonst der Charakter der gegenwärtigen Währungsordnung verändert würde. Diesem Argument wird u.a. entgegengehalten, daß die SDRs bereits mit stillschweigender Zustimmung ihrer Schöpfer zu einem Teil für den Realtransfer verwendet werden können.

Ein anderer Einwand zielt auf möglicherweise auftretende Inflationierungseffekte ab. Man befürchtet, daß durch eine Ausweitung der Nachfrage aus Entwicklungsländern die sowie nur schwer beherrschbare Inflation in den Industriestaaten weiter aufgeheizt wird. Tatsächlich dürfte diese Wirkung gering sein, da die Ausdehnung der SDRs nach den geltenden Bedingungen limitiert und kontrolliert wird, sich die induzierte zusätzliche Nachfrage nicht alleine auf ein entwickeltes Land richten dürfte und sich damit der grundsätzlich nicht zu leugnende Inflationsschub bei ausreichender Verteilung über alle Industrieländer kaum bemerkbar machen dürfte. Diese Beurteilung fiele jedoch anders aus, wenn die übrigen Vorzüge des Systems, nämlich budgetgelöste, zahlungsbilanzunabhängige, lieferbindungsfreie und politisch unbedingte, d.h. automatische Hilfe, zum Anlaß für eine wesentliche Ausweitung gekoppelter SDRs genommen würde. Berücksichtigt man, daß der Schaffung zusätzlicher Liquidität ein interessenbeeinflußter, politischer Entscheidungsprozeß zugrunde liegt, so sind dafür

---

1) Vgl. D. Kebschull, Special Aspects of Development Finance, a.a.O., S. 6
2) Vgl. ebenda

allerdings z.Zt. enge Grenzen gesetzt. Dies besagt jedoch nichts
anderes, als daß der Umfang der Entwicklungshilfe bei gleichblei-
benden "Machtverhältnissen" im IMF im Verhältnis mit Erhöhung des
allgemeinen Liquiditätsbedarfs zunimmt.

Damit sorgt der Link für einen relativ konstanten Betrag zusätzlichen Realtransfers, ohne indes als System, etwa im Hinblick auf
den Zwangscharakter der Hilfe, ausbaufähig zu sein.

Einige Skeptiker befürchten, daß gekoppelte SDRs das Gesamtvolumen
der Entwicklungshilfe reduzieren könnten, da die Geberländer ihre
anteilmäßige Belastung auf die öffentliche Hilfe anrechnen und damit noch weniger als die geforderten 1 % ihres Bruttosozialprodukts
aufbringen würden. Tatsächlich muß konzediert werden, daß eine solche Anrechnung nicht unterbunden werden kann. Es ist fraglich, ob
sich bezüglich der "freigewordenen Mittel" der moralische Appell
der 1-%-Klausel gegen die immer häufigeren Forderungen nach verstärkten öffentlichen Leistungen durchsetzen kann. Immerhin kann es
auf der anderen Seite von den Geberländern als Vorteil angesehen werden, daß die "Link-Hilfe" zahlungsbilanz- und budgetneutral ist und
wegen der Anrechnung die geforderten 1 % erfüllt oder sogar überer-
füllt wird.

In jedem Fall bedeutet die Einführung des Link eine Redistribution
der durch die gegenwärtige Quotenstruktur des IMF bedingten ungleichen
Verteilung der Liquidität, die von den Industrieländern sehr wohl
als "Quasi-Quotenrevision" erkannt wird. Dies mag ihre Ablehnung
bzw. Zurückhaltung gegenüber den verschiedenen Link-Plänen motivie-
ren. Wenn auch die Gruppe der Industrieländer nicht mehr geschlossen
gegen den Link votiert und einige Staaten wie Italien, Frankreich
sowie die Niederlande[1] befürwortende Stellungnahmen abgegeben haben,
so fielen in Santiago dennoch keine endgültigen Entscheidungen. Vor
allem drangen die Entwicklungsländer nicht mit den in ihrem Resolutionsentwurf erhobenen Forderungen[2] durch. Immerhin wurde die Auf-

---

1) Vgl. D.Kebschull, UNCTAD III - Ein großer Anlauf in der Währungs-
frage, a.a.O., S. 12
2) Vgl. UNCTAD, Third Session, Impact of the Present International
Monetary Situation on World Trade and Development, Especially of
the Developing Countries and Special Aspects of Development Finance:
Proposals Regarding the Question of a Link between the Allocation
of Special Drawing Rights and the Provision of Additional Development Finance to Developing Countries, Draft Resolution, Santiago,
9 May 1972, TD/III/C.3/L.12

merksamkeit der IMF mit 65 Ja-Stimmen und 6 Enthaltungen ohne Gegenstimmen nochmals auf die Beziehung zwischen SDRS und Entwicklungsfinanzierung gelenkt und aufgefordert, in Zusammenhang mit der Vorbereitung der Reform des Weltwährungssystems seine Überlegungen hinsichtlich des Link fortzusetzen[1]. Er wurde ferner dringend gebeten, dem Gouverneursrat so bald wie möglich die für eine Entscheidung notwendigen Studien zu unterbreiten[2].

Die Interpretation dieses Konferenzergebnisses ist insofern problematisch, als daß nicht hinreichend exakt festgestellt werden kann, ob der sich abschwächende Widerstand der Industrieländer ein Zeichen für eine zukünftige Unterstützung des Link oder eine Taktik des Hinhaltens darstellt. Die Kopplung des Links an die Reform des Währungssystems könnte darauf hinweisen, daß dem Link in der kommenden Diskussion Alternativen gegenübergestellt werden, die etwa in einer Korrektur der Quotenstruktur und der Stimmrechtsverhältnisse bestehen könnten, ohne daß damit allerdings entscheidende Machtverschiebungen im IMF stattfinden würden. Der optimistischen Beurteilung des Konferenzergebnisses, die der Generalsekretär der UNCTAD in seinem Bericht an den UN-Generalsekretär abgab, kann unter diesem Aspekt nur bedingt zugestimmt werden[3].

---

1) Vgl. UNCTAD, Third Session, Resolution 84 (III) The International Monetary Situation, a.a.O., p. 163 f
2) Vgl. ebenda, p. 164
3) Vgl. Anhang

XII. FINANZIERUNG VON EXPORTERLÖSSCHWANKUNGEN

1. Das Problem schwankender Exporterlöse

Neben den Bemühungen, durch allgemeinen Kapitaltransfer der industrialisierten Staaten und durch eine Verbesserung der Position im internationalen Währungssystem einen Teil des akuten Kapitalbedarfs der Entwicklungsländer zu decken, ist man seit vielen Jahren bemüht, Mechanismen zu entwickeln, die speziell darauf abzielen, die durch Exporte zufließenden Devisen[1] auf eine stabilere, schwankungsfreiere Grundlage zu stellen. Man geht davon aus, daß diskontinuierlich anfallende Deviseneinnahmen das langfristige Wirtschaftswachstum der Entwicklungsländer besonders negativ beeinflussen, da diese nicht mehr in der Lage sind, ihre Entwicklungspläne und -programme in der beabsichtigten Weise zu realisieren. Als Erklärung für Exporterlösschwankungen werden insbesondere Angebots- und Nachfrageverschiebungen, geringe Produktions- und Verbrauchselastizitäten und unzureichend differenzierte Exporte mit einer Konzentration auf einige wenige Rohstoffe sowie Abnehmerländer angeführt (Vgl. auch VI.1.) Die kurzfristigen Preisschwankungen, die mit der Erlösinstabilität in engem Zusammenhang stehen, kommen deutlich in den folgenden Tabellen zum Ausdruck.

Tabelle 32: Kurzfristige Preisschwankungen ausgewählter Rohstoffe mit starker Instabilität[a] in Beziehung zum Preistrend 1960-70 - in Mill. US-$ und v.H. -

	Instabilitätsindex[b] Abweichung in v.H.		Preistrend[c] prozentuale Veränderung pro Jahr		Exporte der Entwicklungsländer im Durchschnitt 1967-69 in Mill. $
	1960-64	1965-70	1960-64	1965-70	
Zucker	35,0	21,8	+ 33,0	+ 13,5	1.523
Kupfer	13,3	15,3	+ 9,0	+ 7,0	2.143
Pfeffer	12,7	14,7	- 11,4	+ 4,2	55
Reis	5,7	14,6	+ 2,0	+ 1,5	491
Palmöl	3,5	14,3	+ 0,5	- 3,5	107
Kakao	8,6	13,1	- 1,9	+ 14,2	668
Wolfram	22,5	12,5	- 10,3	+ 17,8	33
Blei	17,3	12,4	+ 8,9	+ 0,1	58
Bananen	12,9	12,0	- 1,0	- 0,3	474
Kautschuk	7,4	10,6	- 10,9	- 2,8	981
Kopra	8,7	10,4	- 0,1	+ 0,7	207

Anmerkungen und Quelle siehe Tabelle 33

[1] Der Pearson-Bericht stellte fest, daß die Entwicklungsländer etwa 85 % ihres Kapitalbedarfs selbst aufbringen.

Tabelle 33: Kurzfristige Preisschwankungen ausgewählter Rohstoffe mit mäßiger Instabilität[d] in Beziehung zum Preistrend 1960-70
 - in Mill. US-$ und v.H. -

	Instabilitätsindex[a] Abweichung in v.H.		Preistrend[b] prozentuale Veränderung pro Jahr		Exporte der Entwicklungsländer im Durchschnitt 1967-69 in Mill. $
	1960-64	1965-70	1960-64	1965-70	
Kaffee	9,2	9,6	+ 5,8	+ 3,3	2292
Erdnußöl	9,4	9,0	- 2,7	+ 3,2	104
Palmkerne	-	8,9	+ 3,0	- 0,9	59
Kokosöl	9,7	8,9	+ 0,7	+ 2,1	125
Erdnüsse	6,7	8,9	- 2,6	+ 2,2	212
Sisal	12,3	8,0	+ 13,9	- 9,2	63
Tee	7,9	7,8	- 1,6	- 4,5	520
Zinn	8,6	7,3	+ 10,5	- 1,4	405

a) Produkte, deren Instabilitätsindex im Zeitraum 1965-70 10 Prozent überschritten
b) durchschnittliche prozentuale Abweichung monatlicher Preise vom linearen Trend
c) linearer Trend berechnet nach monatlichem Durchschnitt
d) Produkte, deren Instabilitätsindex im Zeitraum 1965-70 zwischen 7 und 10 Prozent fiel.

Quellen: UNCTAD, Monthly Commodity Price Bulletin; FAO Commodity Review and Outlook sowie Nationale Handelsstatistiken.
zitiert nach: UNCTAD, Commodity Problems and Policies. Pricing Policy, including international Price Stabilization Measures and Mechanisms, TD/127, p. 5

Die Notwendigkeit zur Entwicklung und Anwendung stabilisierender Instrumente wird aus den möglichen Wirkungen auf das Wirtschaftswachstum der betroffenen Länder abgeleitet. So können schwankende Rohstofferlöse besonders in Entwicklungsländern mit starker Außenhandelsabhängigkeit zu einer Reihe unerwünschter Effekte auf Preise, Beschäftigung, Einkommen, Zahlungsbilanz und vor allem auf das Wachstum führen. Die Planung des wirtschaftlichen Wachstums steht und fällt nämlich mit der Exaktheit der bezüglich der Exporterlöse getroffenen Projektionen. Wird der Umfang der als Zielgröße in der Entwicklungsplanung veranschlagten Deviseneinnahmen nicht erreicht, so werden andere Ziele gefährdet, wenn nicht auf eigene Finanzierungsreserven oder externe Mittel zurückgegriffen werden kann[1].

---

1) Vgl. zu den obigen Ausführungen: International Bank for Reconstruction and Development: Supplementary Financial Measures - A Study requested by the United Nations Conference on Trade and Development - 1964, Washington 1965, p. 16 ff

Da die Bemühungen um eine direkte Bekämpfung der Instabilität, z.B. wegen der erfahrungsgemäß großen Schwierigkeiten beim Zustandekommen und bei der Durchführung internationaler Rohstoffabkommen[1], bisher von sehr begrenztem Erfolg waren und wohl auch zukünftig sein werden, wurden Überlegungen angestellt, in welcher Weise die speziell durch Exporterlösschwankungen entstandene Finanzierungslücke geschlossen werden kann, die nach Ausschöpfung der bereits verfügbaren Quellen verbleibt, zu denen auch die normalen Ziehungsrechte im Rahmen des IMF gehören[2].

2. Die kompensatorische Finanzierung

Die hierzu unterbreiteten Vorschläge sind zahlreich[3]. Sie unterscheiden sich u.a. durch ihr Ziel, die Erlösschwankungen einzelner Rohstoffe oder der gesamten Exporte zu stabilisieren, Mittel kurz- oder langfristig zur Verfügung zu stellen, Kredite zu kommerziellen oder erleichterten Konditionen oder aber ohne Verzinsungs- und Rückzahlungsverpflichtung als Schenkung zu gewähren[4].

Der einzige bisher verwirklichte Plan ist das System der Ausgleichsfinanzierung ("compensatory financing")[5], das seit 1963 den Mitgliedern des Internationalen Währungsfonds (IMF) die Möglichkeit einräumt, neben den normalen Ziehungsrechten zum Ausgleich von Exportschwankungen zusätzlich einen Fondskredit gegen Einzahlung eigener Landeswährung zu erhalten. Diese Kreditlinie ist begrenzt durch die Höhe eines tatsächlich eingetretenen Exporterlösrückgangs, durch ein jährliches Ziehungsrecht von maximal 25 % und durch ein Kreditvolumen von insgesamt 50 % der normalen Fondsquote, das jedoch nur vollständig in Anspruch genommen werden kann, wenn ein durch Katastrophen oder große Krisen ausgelöster, außerordentlicher Erlösrückgang vorliegt. Im Normalfall sind die Ziehungsmöglichkeiten auf 25% begrenzt. Die Berechnung der Kompensation basiert auf einer Gegenüberstellung des aktuellen Exportwertes mit einer Exportnorm, die aus einem gewichteten Durchschnitt der Ausfuhren des laufenden und der zwei vorangegangenen Jahre resultiert.

---

1) Vgl. III.2.
2) Vgl. X.
3) Vgl. u.a. International Bank for Reconstruction and Development: Supplementary Financial Measures, a.a.O., p. 77, Annex II
4) Vgl. M. Radetzki, International Commodity Market Arrangements, London, 1969, p. 110 ff
5) Vgl. zum folgenden: International Monetary Fund, Compensatory Financing of Export Fluctuations, Washington 1963

Notwendige Voraussetzung für die Inanspruchnahme von Krediten ist ein kurzfristiger, also vorübergehender, nicht strukturell bedingter Erlösrückgang, der außerhalb der Kontrolle des jeweiligen Landes liegt. Die Mittel werden im Rahmen eines - von den Entwicklungsländern z.T. heftig kritisierten - relativ großen Ermessensspielraumes erst nach Prüfung und Verhandlungen zwischen dem antragstellenden Mitglied und dem Währungsfonds gewährt. In dringenden Fällen kann ein Land zunächst sein - einer weniger genauen Prüfung unterworfenes - Ziehungsrecht in Anspruch nehmen, soweit dieses nicht ausgeschöpft ist. Binnen eines halben Jahres kann diese Ziehung nachträglich als Ausgleichsfinanzierung deklariert werden, womit das normale Ziehungsrecht wieder auflebt[1].

Das System der kompensatorischen Finanzierung im Rahmen des IMF ist bisher nur von relativ wenigen Entwicklungsländern, vor allem von Indien und Ceylon, in Anspruch genommen worden[2]. Die Ursache kann zum Teil in den strengen Maßstäben gesehen werden, die vom IMF bei der Kreditgewährung angelegt werden, zum Teil aber auch in der Bevorzugung anderer Finanzierungsquellen.

Hinsichtlich der Wirksamkeit des Systems und seiner Vorteile gegenüber anderen Instrumenten sind einige allgemeine, kritische Bemerkungen zu machen[3]. Im Gegensatz zu internationalen Rohstoffabkommen mit ihren Produktions- und Exportbeschränkungen und den Marktinterventionen aus buffer stocks kurieren allgemeine Ausgleichszahlungen zwar an Symptomen, stabilisieren jedoch wie im Falle des IMF-Systems direkt die gesamten Deviseneinnahmen und nicht nur die aus dem Export eines oder einiger weniger Erzeugnisse. Eine Stabilisierung der gesamten Exporterlöse muß aus der Sicht der Entwicklungsländer wünschenswerter erscheinen als eine Verstetigung der Ausfuhrerlöse durch internationale Abkommen für ein einziges Produkt, zumal das Zustandekommen und die Wirksamkeit solcher Verträge erfahrungsgemäß problematisch sind. Allgemeine Systeme der kompensatorischen Finanzierung, wie das des IMF, können zudem die Allokationsfunktion der Preise erhalten und die aus Markteingriffen häufig resultierenden Überproduktions-

---

1) Vgl. O. Matzke, Plündern die Reichen die Armen aus?, a.a.O., S. 54
2) Bis November 1971 betrug die gesamte Kreditsumme 316 Mio.$. Vgl. UNCTAD, Third Session, Financial Resources For Development, Economic Growth and Development Financing: Issues, Policies and Proposals, 4 January 1972, TD/118, p. 23
3) Vgl. zum folgenden: M. Radetzki, International Commodity Market Arrangements, a.a.O., S. 113 ff

effekte vermeiden helfen. Die positive Wirkung ist allerdings davon abhängig, in welcher Weise die empfangenen Mittel im Entwicklungsland verwendet werden. Einen Beitrag zum Strukturwandel können die Kredite wegen ihres kurzfristigen Charakters direkt nicht liefern; sie sind allenfalls in der Lage - und das ist ihre eigentliche Aufgabe -, die im Rahmen eines allgemeinen Entwicklungsplanes vorgesehenen Maßnahmen z.B. für eine Diversifizierung der Exportstruktur, in ihrer Durchführung finanziell abzusichern. Da die Preisschwankungen nicht den eigentlichen Stabilisierungsgegenstand bilden, ist es durch Ausgleichszahlungen auch nicht möglich, die sich daraus ergebenden Wettbewerbsnachteile besonders im Hinblick auf die Substitutionskonkurrenz für Rohstoffe zu unterbinden.

Da schwankende Devisenbestände nicht alleine außenhandels-, insbesondere exportbedingt sind, autonome Kapitalbewegungen (z.B. Kapitalflucht) aber vom System der kompensatorischen Finanzierung nicht erfaßt werden, erfährt die Wirksamkeit des Stabilisierungsinstruments auch in dieser Hinsicht eine nicht unbeachtliche Einschränkung. Kritisch betrachtet werden müssen weiterhin die Rückzahlungsverpflichtungen, die aus der Inanspruchnahme von Krediten erwachsen. Da die Tilgung ohne Berücksichtigung der weiteren Exporterlösentwicklung erfolgt, und es zur Zeit noch an geeigneten Prognosemethoden zur Trendbestimmung mangelt, ist durchaus ein destabilisierender Effekt der nur kurzfristigen Ausgleichskredite denkbar.

Trotz der angeführten Mängel des Systems versuchen die Entwicklungsländer seit Jahren das Finanzierungssystem noch stärker als bisher für sich nutzbar zu machen. Sie hofften insbesondere, durch eine Quotenrevision im Rahmen des IMF indirekt zusätzliche Ziehungsmöglichkeiten auch bei der kompensatorischen Finanzierung zu erhalten. Darüber hinaus strebten sie strukturelle Verbesserungen innerhalb des Systems an.

Die in der Gruppe der 77 zusammengeschlossenen Entwicklungsländer bedauerten auf der 3. Welthandelskonferenz, daß eine weitere Liberalisierung der Ausgleichsfinanzierung seit 1968 nicht erreicht werden konnte und verlangten daher eine ernsthafte Prüfung der bereits auf UNCTAD II ausgesprochenen Empfehlungen. Insbesondere solle erwogen werden, eine Länderquote von 50 % ohne Einschränkung zu ermöglichen sowie den Schuldendienst zu erleichtern. Ein Teil des destabilisierenden Effektes der Tilgungszahlungen könnte nach den Vorstellungen der Entwicklungsländer durch eine Verschiebung des Beginns der Rückzahlungen mindestens auf das fünfte Jahr nach der Ziehung sowie durch eine zusätzliche Abstimmung mit den aktuellen Ausfuhrergebnissen kompensiert werden. Darüber hinaus traten die Entwicklungsländer für eine Ausdehnung des Systems ein, um einen Ausgleich von Erlösrückgängen zu erreichen, die bei der Ausfuhr einzelner Waren oder Warengruppen entstehen. Die Konferenz brachte jedoch lediglich eine allgemein gehaltene Aufforderung an den IMF, die kompensatorische Finanzierung hinsichtlich ihrer Bedingungen zu überprüfen, um den Entwicklungsländern eine noch effektivere Nutzung des Systems zu ermöglichen[1].

3. Die Ergänzungsfinanzierung

Trotz der geringen Inanspruchnahme des Systems der kompensatorischen Finanzierung sowie der Bedenken hinsichtlich seiner Wirksamkeit wurden schon auf UNCTAD I Überlegungen angestellt, die Kreditfazilitäten für Entwicklungsländer mit schwankenden Exporterlösen zu ergänzen und zu verbessern. Dabei stand insbesondere der Wunsch im Vordergrund, die Einsetzbarkeit der Mittel zu verlängern, also langfristige statt kurzfristige Kredite zur Verfügung zu stellen, um so im Rahmen einer Entwicklungsplanung eine Verwendung für den in vielen Ländern notwendigen Wandel der Produktionsstruktur zu ermöglichen.

Eine entsprechende Forderung wurde auf der 1. Welthandelskonferenz von den Entwicklungsländern vorgetragen und führte zu einem Auftrag an die Weltbank, eine Studie über die durch kurzfristige Finanzierungshilfen nicht zu lösenden Probleme anzufertigen. Diese Untersuchung wurde 1965 vorgelegt[2]. Sie unterstreicht die Notwendigkeit zur Exporterlösstabilisierung, schränkt jedoch die Anwendung der Ergänzungsfinanzierung auf den Fall <u>unvorhergesehener</u> Rückgänge der Ausfuhrerlöse ein, da nach Auffassung der Weltbank <u>zu erwartende</u> Erlöseinbußen anderweitig kompensiert werden müßten. Auch die Kredite aus einem System der Ergänzungsfinanzierung sollen der Realisierung einer langfristigen Planung der wirtschaftlichen Entwicklung dienen und Friktionen, die aus schwankenden Deviseneinnahmen resultieren, vermeiden helfen. Voraussetzung für die Inanspruchnahme der Ergänzungsfinanzierung, die in flexibler Form als langfristige Anleihe zu den Vorzugsbedingungen der International Development Association (IDA) gewährt werden soll, ist daher das Vorliegen eines realistischen

---

1) Vgl. UNCTAD, Third Session, Resolution 84(III) The International Monetary Situation, 29 June 1972, TD(III)/Misc. 3, p. 164
2) Vgl. IBRD, Supplementary Financial Measures, a.a.O.

4- bis 5-jährigen Entwicklungsplanes sowie entsprechende Anstrengungen zu seiner Erfüllung, so daß ein plötzlicher Exporterlösrückgang tatsächlich außerhalb der Kontrolle des jeweiligen Entwicklungslandes liegt. Ferner wird zur Voraussetzung gemacht, daß zunächst alle anderen Finanzierungsmöglichkeiten ausgeschöpft sind, also normale Quotenziehungen, Sonderziehungen sowie die kompensatorische Finanzierung nicht mehr möglich sind. Unter diesen Bedingungen schätzte die Weltbank den gesamten Finanzierungsbedarf des Systems auf 1,5 - 2 Mrd. $, die zum größten Teil von den Industrieländern aufzubringen seien.

Die Weltbankstudie löste eine bis heute andauernde Diskussion aus, jedoch konnte keiner der sich mehr oder weniger stark an dieses Konzept anlehnenden Vorschläge tatsächlich realisiert werden. Die Entwicklungsländer sehen in der von der IDA durchzuführenden Prüfung der Voraussetzungen ein Hemmnis, das wie die IMF-Bedingungen bei der kompensatorischen Finanzierung restriktiv wirken würde. Sie weisen auf die Schwierigkeiten hin, in Verhandlungen mit der IDA Übereinstimmung in den Zielen der vorzulegenden Entwicklungsplanung und der Beurteilung der eigenen Entwicklungspolitik zu erreichen und fürchten einen Souveränitätsverlust durch zu starke Einflußnahme dieser Organisation. Aus der zögernden Bereitschaft der Industrieländer, die veranschlagten Mittel bereitzustellen, könnte zudem die Möglichkeit abgeleitet werden, daß die für die Ergänzungsfinanzierung zu erbringenden Leistungen von diesen Staaten auf die allgemeine Entwicklungshilfe angerechnet werden und damit lediglich eine Strukturverschiebung, jedoch keine Aufstockung der gesamten Mittel stattfindet[1].

Ein besonderes und das vermutlich schwierigste Problem stellen jedoch neben diesen Aspekten die Exportprojektionen dar. Zur Zeit erscheinen Vorausschätzungen über die zukünftige Entwicklung des gesamten Welthandels und der Exporte einzelner Entwicklungsländer äußerst unsicher, so daß eine zuverlässige Basis für die Berechnung der Ergänzungsfinanzierung kaum vorliegen dürfte.

UNCTAD III brachte für die von Exporterlösschwankungen betroffenen Entwicklungsländer nicht den erhofften Durchbruch. Nach 8-jähriger Diskussion steht immer noch die Realisierung der zur Ergänzungsfinanzierung unterbreiteten Vorschläge aus. Wenngleich von den meisten Konferenzteilnehmern die Notwendigkeit einer Ergänzung der Ausgleichsfinanzierung unterstrichen wurde, so blieb es bei einer Empfehlung

---

1) Vgl. O. Matzke, Plündern die Reichen die Armen aus?, a.a.O., S. 62

an die Weltbank (IBRD), mit der Ausarbeitung konkreter Vereinbarungen zu beginnen, Kostenschätzungen vorzunehmen und Möglichkeiten zur Finanzierung des Systems zu untersuchen, wobei insbesondere die Gefahr beachtet werden sollte, die aus einer Anrechnung der zu entrichtenden finanziellen Beiträge der Industrieländer auf ihre allgemeine Entwicklungshilfe resultieren könnte.[1] Als bescheidener Erfolg kann immerhin die von der Weltbank bekundete und von den Delegierten positiv aufgenommene Bereitschaft zur unverzüglichen Ausarbeitung von Interim-Vereinbarungen angesehen werden. Der Weltbankpräsident hatte in einem Brief an den Generalsekretär der UNCTAD zugesagt, eine Modifizierung der Kreditpolitik sowie anderer Instrumente zu erwägen, falls Entwicklungsländer unverschuldet von einem unerwarteten Rückgang ihrer Exporterlöse betroffen würden, der eine Realisierung ihrer Entwicklungspläne gefährdet[2].

Ob diese Vereinbarungen einen ersten realen Fortschritt auf dem Gebiet der Ergänzungsfinanzierung bedeuten, hängt davon ab, ob die Finanzierung des Systems sichergestellt werden kann, wann das Konzept vorgelegt wird und ob die darin enthaltenen Bedingungen von den Entwicklungsländern akzeptiert werden können oder ob sie zu weiteren, langwierigen Verhandlungen Anlaß geben. Man kann davon ausgehen, daß die Interim-Vereinbarungen besonders eklatante Fälle von Exporterlösrückgängen zum Gegenstand haben werden, schon um die große Lösung, die weiterhin aussteht, nicht unnötig zu präjudizieren. Daher könnten sie lediglich als ein Teilerfolg gewertet werden.

Dieses wie ein endgültiges System der Ergänzungsfinanzierung sollte in seinem entwicklungspolitischen Wert jedoch nicht überschätzt werden. Viele stark zurückgebliebene Länder benötigen zwar finanzielle Hilfe, leiden jedoch nur wenig unter Exporterlösschwankungen. Andererseits begünstigt die Ergänzungsfinanzierung aber auch relativ gut entwickelte Staaten, die ihre Exportinstabilität u.U. selbst bekämpfen könnten. Daher ist wiederholt die Frage aufgeworfen worden, ob nicht eine Orientierung am tatsächlichen Kapitalbedarf der Entwicklungsländer ein sinnvollerer Ansatz wäre, zumal Bedenken laut geworden sind, ob Exporterlösschwankungen tatsächlich den unterstellten negativen Effekt auf die wirtschaftliche Entwicklung haben[3].

---

1) Vgl. UNCTAD, Third Session, Resolution 55(III) Special Aspects of Development Finance: Supplementary Financing, 29 June 1972, TD(III)/Misc. 3, p. 57 f
2) Vgl. ebenda
3) Vgl. A. MacBean, Export Instability and Economic Development, London 1966

XIII. SCHIFFAHRTSPOLITIK, TOURISMUS UND VERSICHERUNGSWESEN

Die Behandlung von Fragen der internationalen Schiffahrtspolitik stand zwar auf den ersten beiden Welthandelskonferenzen auf der Tagesordnung, insbesondere hinsichtlich des potentiellen Beitrages der Seeschiffahrt zur Ausweitung des Handels der Entwicklungsländer, die kontroversen Ansichten zwischen Industrie- und Entwicklungsländern - letztere häufig unterstützt durch die sozialistischen Länder - verhinderten jedoch in den meisten Punkten eine Einigung. Man begnügte sich mit der Verabschiedung allgemeiner Empfehlungen und forderte zur Klärung von Detailfragen zunächst die Erstellung umfangreicher Studien, bevor Maßnahmenkonzepte zur Beseitigung handelsdiskriminierender Faktoren in der Seeschiffahrt erarbeitet werden sollten[1].

1. Kritik der Entwicklungsländer

Die Entwicklungsländer richten ihre Kritik vor allem gegen die Frachtratenpolitik der Schiffahrtskonferenzen[2] im Linienverkehr. Sie wehren sich dagegen, daß die Frachtraten als wichtiges Preiselement ihrer Handelsprodukte der Verfügungsgewalt privater ausländischer Reedereien unterstehen[3]. Sie sind der Auffassung, "that a vital part of their national product should not depend upon the profit motive of a group of foreign private enterprises"[4] und betonen, daß Schiffahrt als Dienstleistungsindustrie den Außenhandel fördern sollte, statt ihn durch Frachtratenmanipulation insbesondere zum Nachteil der Entwicklungsländer zu beeinträchtigen[5]. Die Entwicklungsländer werfen den in Konferenzen zusammengeschlossenen Linienreedereien der traditionellen Schiffahrtsnationen im wesentlichen eine bewußt nationale Diskriminierungsstrategie durch Förderung des Exportes ihrer Heimatländer zu Lasten der Ausfuhr der Länder der Dritten

---

1) Vgl. A. Naini, Grundfragen, a.a.O., S. 128 ff

2) Vereinigung von Reedereien, deren Schiffe die gleichen Reiserouten (Linien) befahren.

3) Vgl. M.G. Valente, The Participation of Developing Countries in Shipping, in: Shipping and Developing Countries, International Conciliation, Nr. 582, New York 1971, p. 41

4) W.R. Malinowski, Toward a Change in the International Distribution of Shipping Activity, in: Shipping and Developing Countries, a.a.O., p. 67

5) M.G. Valente, Von der Konfrontation zur Kooperation, in: Wirtschafts-Korrespondent, Nr. 14 vom 3.4.1971.

Welt vor. Ferner beanstanden sie die Erzielung unangemessen hoher Monopolrenditen auf den Linienfrachtmärkten zwischen den Industrie- und Entwicklungsländern, die sich negativ auf die Exportmöglichkeiten der unterentwickelten Staaten auswirken.

In dieser globalen Form sind die Diskriminierungsvorwürfe aufgrund der unterschiedlichen Struktur der zwischen beiden Staatengruppen gehandelten Produkte kaum haltbar, da die Entwicklungsländer in der Hauptsache geringerwertige Erzeugnisse, die nach dem Prinzip "to charge what the traffic will bear" relativ niedrig tarifiert werden, die Industrieländer dagegen höherwertige, dementsprechend hoch tarifierte Güter exportieren. Insofern wird in vielen Fällen sogar der Verkehr aus den Entwicklungsländern durch den Verkehr in diese Staaten subventioniert.

Diskriminierungsargumente werden auch hinsichtlich einzelner Produkte vorgebracht, und zwar in der Form, daß gleiche oder ähnliche Erzeugnisse bei gleicher Fahrtroute im aus- und eingehenden Verkehr mit unterschiedlichen Frachtraten belastet werden. Dieser Fall setzt jedoch zumindest partielle Identität der Import- und Exportstruktur des benachteiligten Landes voraus und kann insofern auch nur die fortgeschritteneren Entwicklungsländer, die industrielle Halb- und Fertigwaren exportieren, betreffen. Einer Studie des HWWA-Instituts zufolge konnte diese Diskriminierungsform jedoch bei keinem der untersuchten Produkte im Verkehr zwischen Entwicklungsländern und der Hamburg - Antwerpen - Linie festgestellt werden. Soweit Ratendisparitäten auftraten, gingen sie ausschließlich zu Lasten der europäischen Handelspartner[1].

Wesentlich häufiger wird den Konferenzen diskriminierendes Verhalten gegenüber einzelnen Exportländern in der Form vorgehalten, daß beim Transport zu bzw. von einzelnen Häfen gegenüber anderen trotz gleicher oder geringerer Entfernung bei gleichen oder ähnlichen Erzeugnissen höhere Raten anfallen. Hier wird jedoch einseitig auf das Entfernungs-

---

1) Vgl. K. Fasbender, W. Wagner - unter Mitarbeit von J.V. Bethke und H. Dornbusch, Das Argument der Diskriminierung von Exportländern, insbesondere Entwicklungsländer, durch die Frachtratenpolitik der Linienschiffahrtskonferenzen, Eine Untersuchung im Auftrage des Bundesministeriums für Verkehr und für das Post- und Fernmeldewesen, Projektleitung: H. Sanmann, Dietrich Kebschull, Hamburg 1972, S. 82 ff.

argument abgestellt und damit bewußt auf die Berücksichtigung wesentlicher Kalkulationsfaktoren verzichtet. So verwundert es nicht, daß in keinem der 11 Untersuchungsbeispiele im Rahmen der genannten HWWA-Studie, die entfernungsmäßig diskriminierend zu nennen wären, bei Einbeziehung weiterer wichtiger Kosten- und/oder Wettbewerbsfaktoren nennenswerte Anhaltspunkte auf eine "ungerechtfertigte" Ratenbildung hinwiesen[1].

Es bleibt dennoch eine Tatsache, daß zwischen den Frachtraten mehr oder weniger starke Disparitäten bestehen. Da sie als Kostenfaktor in die einzelwirtschaftliche Kalkulation der Güterpreise eingehen, können große Differenzierungen bei einzelnen Produkten die Absatzmöglichkeiten entscheidend beeinflussen. Wegen der geringen Belastbarkeit ihrer in der Regel starkem Wettbewerb ausgesetzten Exportprodukte sind die Entwicklungsländer davon besonders betroffen, ob die Differenzierung nun gerechtfertigt ist oder nicht. Scheiden ungerechtfertigte Disparitäten aus, so müssen zur Vermeidung des aufgezeigten Effektes die sie verursachenden Kostenarten gesenkt werden, beispielsweise durch Verbesserung der Infra- und Suprastruktur der Häfen.

2. Bedeutung der Seeschiffahrt und Linienkonferenzen für die Entwicklungsländer

Die Welthandelsflotte hat sich von 1960 bis 1971 mit 236 Mill. BRT fast verdoppelt. Dabei haben die Entwicklungsländer ihren Anteil zwar geringfügig von 5,3 % auf 7,6 % erhöhen können, verglichen mit den Industriestaaten, die 65,3 % der Welttonnage auf sich vereinen, ist diese Positionsverbesserung aber ohne Bedeutung, zumal wenn man bedenkt, daß gewichtsmäßig etwa 63 % des Weltexportes und 18 % des Weltimportes auf Entwicklungsländer entfällt[2]. Innerhalb der Gruppe der Entwicklungsländer laufen - gemessen in BRT-Welttonnage - mehr als die Hälfte der Flotten unter asiatischer, über ein Virtel unter lateinamerikanischer und nicht einmal 8 % unter afrikanischer Flagge. Unter ihnen wiederum verfügen die sieben größten Schiffahrtsnationen über 48,7 % der Tonnage, und zwar in folgender Rangfolge: Indien

---

1) Vgl. K.Fasbender, W.Wagner u.a., a.a.O., S. 85 ff
2) Vgl. K. Fasbender, W.Wagner u.a., a.a.O., S. 54

(14,2),Brasilien (10,0), Taiwan (7,4), Argentinien (6,5), Philippinen (5,1), Südkorea (4,4) und Singapur (3,7) (vgl. Tabelle 34 und 35).

Tabelle 34: Die Welthandelsflotte nach Ländergruppen 1960, 1970, 1971
- in BRT* und in v.H. -

Ländergruppen	1960[1) 1000 BRT	%	1970[2) 1000 BRT	%	1971[2) 1000 BRT	%
Industriestaaten[3)	96 062	77,1	144 569	66,0	154 490	65,3
davon:						
USA	22 217	17,8	15 711	7,2	14 234	6,0
BRD	4 508	3,6	7 993	3,6	8 518	3,6
Staatshandelsländer[4)	5 869	4,7	18 103	8,2	18 678	7,9
Billig-Flaggen-Länder[5)	15 983	12,9	40 073	18,3	45 322	19,2
Entwicklungsländer	6 638	5,3	16 436	7,5	18 058	7,6
davon:						
Asien[6)	3 081	2,5	10 472	4,8	11 305	4,8
Südamerika	2 926	2,3	4 309	2,0	4 467	1,9
Mittelamerika	404	0,3	395	0,2	766	0,3
Afrika	227	0,2	1 235	0,5	1 495	0,6
Ozeanien	.	.	25	0,0	25	0,0
Insgesamt	124 552	100	219 181	100	236 548	100

* Einheiten von 300 BRT und darüber

1) Stand am 1. Dezember 1960

2) Jeweils Stand am 1. Januar des darauffolgenden Jahres

3) Incl. Griechenland, Spanien, Portugal, Republik Südafrika, übriges Commonwealth und die Länder der frz. Union

4) Incl. VR China, Albanien, Nordkorea und Kuba

5) Liberia, Panama, Honduras, Hongkong

6) Incl. Malta und Zypern

Quelle: Errechnet nach Statistik der Schiffahrt (Shipping Statistics), a.a.O., 5. Jg., Heft 1, Januar 1961, S.2; 15. Jg., Heft 2, Februar 1971, S.2 f und 16.Jg., Heft 2, Februar 1972, S.2 f
zitiert nach: K.Fasbender, W.Wagner,u.a., a.a.O., S. 25

Tabelle 35: Die sieben größten Handelsflotten der Entwicklungsländer 1971 - in BRT und tdw und in v.H. der Entwicklungsländerflotte* -

Entwicklungs-länder	in 1000 BRT		tdw (1000 l.tons)	
	abs.	%	abs.	%
- Indien	2 564	14,2	3 913	16,5
- Brasilien	1 801	10,0	2 572	10,8
- Taiwan	1 338	7,4	2 114	8,9
- Argentinien	1 171	6,5	1 628	6,9
- Philippinen	916	5,1	1 317	5,6
- Südkorea	800	4,4	1 268	5,3
- Singapore	673	3,7	887	3,7
Übrige	8 795	48,7	10 051	42,3
Entwicklungsländer insgesamt	18 058	100	23 750	100

* Einheiten von 300 BRT und darüber

Quelle: Errechnet nach Statistik der Schiffahrt (Shipping Statistics), a.a.O., 16. Jg., Heft 2, Februar 1972, S.2 f und 6 ff
    zitiert nach: K. Fasbender, W. Wagner, u.a., a.a.O., S. 26

Diese Zahlen verdeutlichen die starke Abhängigkeit der Entwicklungsländer von ausländischem Schiffsraum und damit insbesondere von den Schiffahrtskonferenzen, die einen erheblichen Anteil ihres Stückguthandels abwickeln, obwohl ihre eigenen Flotten überwiegend aus Linien- und 'general purpose'-Schiffen bestehen. Das betrifft auch solche Staaten unter den größeren Schiffahrtsnationen der Dritten Welt, die einen Eigentransportanteil ihres Seehandels von 50 % gesetzlich vorschreiben, wie Brasilien und Argentinien.

Die Entwicklungsländer sind zwar in fast allen für sie wichtigen Schiffahrtskonferenzen mit eigenen Flotten vertreten, sie konnten aber bisher trotz der Mitgliedschaft ihrer Reedereien in 198 von 368 Konferenzen[1] aufgrund der dort vorherrschenden Entscheidungsbildung keinen nennenswerten Einfluß auf die Ratenpolitik ausüben. Da sie nur in 24 Fällen die Mitgliedermajorität innehaben und in den meisten Konferenzen Beschlüsse nach dem Mehrheitsprinzip gefaßt werden, fühlen sie sich durch die Abstimmungsmodalitäten diskriminiert. Man darf jedoch nicht übersehen, daß sie in zahlreichen Konferenzen durchaus eine Einflußmöglichkeit haben, obwohl sie in der Minderheit sind, sei es weil das Einstimmigkeitsprinzip eingeführt wurde, sei es weil eine Klausel besteht, nach der Ratenveränderungen der Zustimmung durch die betroffenen Staaten bedürfen. Diese Regelungen kommen einem Vetorecht der Mitgliederstaaten gleich. Dennoch sollte man den Entwicklungsländern entgegenkommen und nach Wegen suchen, die ungleichgewichtigen Machtverhältnisse innerhalb der Konferenzen zu beseitigen.

3. Schiffahrtspolitische Kontroverse in Santiago

Im Mittelpunkt der Diskussion über Fragen der internationalen Seeschiffahrt stand auf der Dritten Welthandelskonferenz das Problem, sich auf einen einheitlichen Verhaltenskodex für die Linienschiffahrt zu einigen. Die Entwicklungsländer legten dazu einen Entwurf vor, der die Mitbestimmung der Regierungen in allen wichtigen die Linienschiffahrt betreffenden Fragen, wie insbesondere hinsichtlich der Konferenzmitgliedschaft, Ratenfestsetzung, Ladungsaufteilung, Poolabsprachen, Abfahrtsrecht und Konsultationen zwischen den Kontraktpartnern, vorsieht.[2] Dieser "Draft Code of Conduct for Liner Conferences" ist eine Synthese aus zwei Konzepten der afro-asiatischen und lateinamerikanischen Mitgliedsländer der UNCTAD, die sich ihrerseits die Empfehlungen des UNCTAD-Sekretariats[3] zu eigen gemacht haben.

---

1) Vgl. R.K. Bridges (Hrsg.), Croner's World Directory of Freight Conferences, New Malden und New York, 4. Ausg., Stand: Dezember 1971
2) Vgl. UNCTAD, Third Session, Resolution 66(III), Draft Code of Conduct for Liner Conferences, 29 June 1972, TD(III)/Misc. 3, p. 94 ff
3) Vgl. UNCTAD, Third Session, The Regulation of Liner Conferences, Geneva, 13 October 1971, TD/104

Die westlichen Schiffahrtsländer und Japan präsentierten dagegen
den auf Anregung ihrer Regierungen von Verladern und Reederverbänden
gemeinsam erarbeiteten "Code of Practice" oder auch CENSA-Kodex,
der an einer auf privater Basis organisierten und betriebenen
Linienschiffahrt festhält und im Gegensatz zum Vorschlag der
"Gruppe der 77" die Verhandlungskompetenz bei den an der Verladung
beteiligten Parteien beläßt.

Zwar konnte man sich auf keinen gemeinsamen Verhaltenskodex einigen,
doch setzten die Entwicklungsländer ihre Forderung durch, während
der 27. Sitzung der UN-Generalversammlung im Herbst dieses Jahres
eine Konferenz mit dem Ziel einzuberufen, einen von den Regierungen
aller Länder akzeptierten verbindlichen Linienschiffahrts-Kodex
zu verabschieden.

In engem Zusammenhang damit stand die Erörterung der Möglichkeiten,
das Frachtratenniveau der Linienkonferenzen zu senken und in bestimmten
Fällen "promotional rates" einzuräumen[1]. Es herrschte Einmütigkeit
darüber, daß die Regierungen der UNCTAD-Mitglieder gegenüber
den eigenen Linienreedereien auf eine den Export der Entwicklungsländer
nicht diskriminierende, sondern begünstigende Frachtratenpolitik
drängen sollten derart, daß Kostenersparnisse - bedingt
durch Hafeninvestitionen, technische und organisatorische
Verbesserungen im Seeverkehr u.dgl.m. - in Form von Ratensenkungen
weitergegeben und insbesondere für "non-traditional"-Exporte der
Länder aus der Dritten Welt Vorzugsraten in einem kommerziell vertretbaren
Ausmaß gewährt werden.

Der forcierte Ausbau vieler Häfen in Entwicklungsländern in kapazitärer,
technischer und organisatorischer Hinsicht wurde allgemein
als vordringliche Zukunftsaufgabe angesehen. Die Industrienationen
haben diesbezüglich ihre finanzielle Hilfe zugesichert, ihre Bereitschaft
zur Vermittlung des notwendigen "know how" bekundet und die
Forderung nach Berücksichtigung der dadurch zu erzielenden Transportkostenersparnisse
in den Konferenzfrachtraten unterstützt[2].

---

[1] Vgl. UNCTAD, Third Session, Resolution 69(III), Freight Rates,
29 June 1972, TD(III)/Misc. 3, p. 116 ff
[2] Vgl. UNCTAD, Third Session, Resolution 67(III), Development of
Ports, 29 June 1972, TD(III)/Misc. 3, p. 112 f

Angesichts der Tatsache, daß ihr Anteil an der Welthandelsflotte erheblich unter dem am Welthandel liegt, erstreben die Entwicklungsländer im Rahmen der Welthandelsflotte bis zum Ende der zweiten Entwicklungsdekade eine Quotenzunahme der Eigentonnage von derzeit 7,1 % auf wenigstens 10 %. Deshalb verlangten sie in Santiago von den Industrienationen und den internationalen Finanzierungsinstitutionen verstärkte finanzielle Unterstützung sowie Verfahrens- und Konditionserleichterungen bei der Bewilligung von Krediten zum Erwerb neuer und gebrauchter Schiffe. Die Industrieländer zeigten Verständnis für diese Wünsche und sicherten darüber hinaus ihre Mithilfe auf technischem Gebiet bei Erweiterung der Schiffsbauindustrie in den Ländern der Dritten Welt zu, die ihrerseits prüfen sollten, inwieweit die Einrichtung internationaler Handelsflotten durchführbar ist[1].

Schließlich wurde von den Konferenzteilnehmern das Problem des kombinierten Transportes mit dem ausdrücklichen Hinweis erörtert, daß bei der Erarbeitung allgemeiner internationaler Richtlinien die Interessen der Entwicklungsländer angemessene Berücksichtigung finden sollten[2]. Insgesamt konnten in Chile auf schiffahrtspolitischer Ebene, verglichen mit den Ergebnissen der ersten beiden Welthandelskonferenzen, Erfolge erzielt werden, die eine zukünftige Positionsverbesserung der Entwicklungsländer möglich erscheinen lassen.

4. Tourismus und Versicherungswesen

Sowohl aus zahlungsbilanz- als auch beschäftigungspolitischer Sicht ist dem Fremdenverkehr besondere Bedeutung beizumessen. Die positiven Auswirkungen dieses Sektors auf den Saldo der Dienstleistungsbilanz haben den zunehmenden Verschuldungsprozeß der Entwicklungsländer in einigen Fällen bereits entscheidend gebremst. Allerdings ist insgesamt der Anteil der Dritten Welt an den Tourismuseinnahmen noch sehr gering. Er schwankte in den Jahren 1960 bis 1968 zwischen 15,6 und 20 %. Noch niedriger lag der Anteil der Entwicklungsländer hinsichtlich der Anzahl der Auslandsreisenden, und zwar zwischen jährlich 7,2 und 9 % im gleichen Zeitraum.

---

1) Vgl. UNCTAD, Third Session, Resolution 70(III), Development of Merchant Marines, 29 June 1972, TD(III)/Misc. 3, p. 121 ff
2) Vgl. UNCTAD, Third Session, Resolution 68(III), International Combined Transport of Goods, 29 June 1972, TD(III)/Misc. 3, p. 114 f

Tabelle 36: Anteil der Entwicklungsländer am internationalen Tourismus von 1960 bis 1968 in v.H.

	1960	1965	1966	1967	1968	durchschnittliche jährliche Zuwachsrate 1960 - 1968
Touristen	7,2	9,0	9,0	7,5	8,0	10,4
Tourismuseinnahmen	17,6	18,4	18,5	15,6	20,0	11,1

Quelle: UNCTAD, Trade and Development Board, Elements of Tourism Policy in Developing Countries, p. 10 TD/B/C.3/89

Neuere Zahlen sind aufgrund ungenügender statistischer Aufbereitung in den einzelnen Ländern z.Zt. nicht verfügbar. Man kann jedoch annehmen, daß die Situation sich in den letzten Jahren trotz steigender Nachfrage nach Fremdenverkehrsleistungen nicht wesentlich geändert hat, da als Reiseziele nach wie vor die nordamerikanischen und europäischen Länder bevorzugt werden. Zwar sind die Deviseneinnahmen aus dem Tourismus in den meisten Entwicklungsländern relativ niedrig, nach Auffassung von Experten eröffnen sich hier aber für die Zukunft vielversprechende Förderungsmöglichkeiten. Darüber hinaus kann die Ausweitung des arbeitsintensiveren Fremdenverkehrs zur Entspannung der Arbeitsmarktsituation in den Ländern der Dritten Welt beitragen und damit sozialproduktsteigernde Effekte auslösen[1].

Der in Santiago von den Entwicklungsländern vorgetragene Wunsch, durch gezielte internationale Maßnahmen den Tourismussektor forciert auszubauen, stieß bei den Industrienationen auf einmütiges Verständnis. Ihre Forderungen, technische und finanzielle Hilfe zu leisten bei der Durchführung der notwendigen Infrastruktur- und Unterkunftsinvestitionen in für den Fremdenverkehr zu erschließenden Gebieten, die Reiseformalitäten zu vereinfachen, Devisen- und Zollbestimmungen zu liberalisieren sowie die Flugtarife für Urlaubsreisende als Voraussetzungen für die Zunahme des Touristenstromes aus den reichen Nationen zu präferenzieren, wurden ohne wesentliche Einwände akzeptiert[2].

1) Vgl. Bremer Ausschuß für Wirtschaftsforschung, Auswertung der Dokumentation der zweiten Welthandelskonferenz (1968), Wissenschaftliche Schriftenreihe des Bundesministeriums f. wirtschaftl. Zusammenarbeit, Bd. 18, H.2, S. 423 f

2) Vgl. UNCTAD, Third Session, Resolution 37(III), Development of Tourism, 29 June 1972, TD(III)/Misc. 3, p. 2 ff

Es bleibt zu hoffen, daß dies keine leeren Versprechungen waren, denn mit Recht erwarten die Entwicklungsländer von den Maßnahmen zur Intensivierung des Fremdenverkehrssektors viel, zumal sie in diesem Bereich nicht die technologische Konkurrenz der Industriestaaten fürchten müssen. Die latente Nachfrage nach Touristikleistungen ist zweifellos sehr hoch. Sie durch entsprechende angebotsverbessernde Maßnahmen zu wecken, muß deshalb primäres Ziel der Länder der Dritten Welt sein.

Als ein weiterer wichtiger Dienstleistungssektor stand das Versicherungswesen auf der Konferenz-Tagesordnung. Sein Volkseinkommensbeitrag wird für Entwicklungsländer auf unter 1 % im Gegensatz zu fast 8 % in einigen Industrieländern geschätzt; etwa 25 - 35 % ihres Prämienaufkommens fließen auf die Konten ausländischer Versicherer. Wiederum vornehmlich aus zahlungsbilanzpolitischen Überlegungen sind die Entwicklungsländer bestrebt, ihre nationalen Versicherungsmärkte im Sinne nachfragegerechter Leistungsangebote zu stärken. Außerdem wird die Funktion des Versicherungswesens für das Wachstum der betreffenden Volkswirtschaft als ein allen Sektoren mit Dienstleistungen zur Verfügung stehendes Gewerbe nicht verkannt[1].

Auch hier zeigten sich die Industrieländer den Forderungen der Entwicklungsländer gegenüber aufgeschlossen. Sie versprachen u.a. ihre Mithilfe beim weiteren Ausbau des nationalen Versicherungssystems, der Risikenabsicherung durch ausländische Gesellschaften zu möglichst günstigen Bedingungen sowie bei der Ausbildung von Versicherungsfachkräften. Darüber hinaus sollen die Versicherungsstatistiken international vereinheitlicht und die Versicherungsgesellschaften dazu angehalten werden, in Zukunft in Entwicklungsländern erzielte Gewinne nicht zu transferieren[2].

Diese Maßnahmen dürften jedoch kaum zur Realisierung der Hauptziele der Entwicklungsländer ausreichen - Verringerung der Devisenverpflichtungen, besseren Versicherungsschutz, angemessene Versicherungsbedingungen, Mobilisierung von Versicherungsfonds für Investitionszwecke im prämienaufbringenden Land -, wenn sich ihre Regierungen nicht an nationalen und internationalen Versicherungsgesellschaften beteiligen. Hier müssen die Länder der Dritten Welt wesentliche Eigenleistungen erbringen. Das schließt auch Verschärfung der Aufsichtsbestimmungen mit ein, wie sie in einigen dieser Staaten bereits vorgenommen wurde.

[1] Vgl. Auswertung der Dokumentation der 2. Welthandelskonferenz (1968), a.a.O., H.2, S. 418
[2] Vgl. UNCTAD, Third Session, Resolution 42(III), Insurance and Reinsurance, 29 June 1972, TD(III)/Misc. 3, p. 19 ff

XIV. TECHNOLOGIETRANSFER

1. Wachstumspolitische Bedeutung des Technologietransfers für die Entwicklungsländer

Ungenügendes technisches Wissen ist zweifellos eine Hauptursache für das unbefriedigende Wirtschaftswachstum der meisten Entwicklungsländer, die vornehmlich aus dem Mangel an Kapital resultiert. Es besteht Einigkeit darüber, daß die Kapital-, Bildungs- und Handelshilfe durch konkrete Maßnahmen zur Intensivierung des Technologietransfers ergänzt werden muß, um die immensen wachstums- und beschäftigungspolitischen Probleme dieser Länder zu bewältigen. Das wird zwar einen zusätzlichen Kapitalbedarf erfordern, in der Folge aber auch einen produktivitätssteigernden Effekt des eingesetzten Kapitals sowie wettbewerbsverstärkende Wirkungen im internationalen Handel bewirken.

Die Übertragung von Technologien in Entwicklungsländer dient der besseren Nutzung der Ressourcen durch Anwendung neuer Faktorkombinationen[1]. Das betrifft alle gesellschafts- und wirtschaftspolitisch relevanten Bereiche, vornehmlich jedoch die für die industrielle Entwicklung eines Landes entscheidenden Sektoren wie Produktgestaltung, Produktionsprozeß, Managementwesen, Absatz- und Marketingforschung und dgl. mehr. Der Nachholbedarf der Entwicklungsländer auf diesem Gebiet ist in der Regel so groß, daß die Ausnutzung der allgemeinen Informationsmöglichkeiten über den Erwerb von know-how durch Fachzeitschriften und -bücher, Ein- und Rückwanderung von Spezialisten sowie Maschinen- und Kapitalgüterimporte nicht ausreicht, um den Industrialisierungsprozeß nachhaltig zu forcieren.

Eine andere Möglichkeit des Technologietransfers bietet sich im Bereich der Entwicklungshilfe. Diese ist jedoch ebenfalls begrenzt. Da die Durchführung von Infrastruktur- und Industrialisierungsprojekten im Rahmen der Kapitalhilfe normalerweise vollständig oder überwiegend ausländischen Unternehmen aufgrund ihrer stärkeren Wettbewerbsposition übertragen wird, ist der entsprechende Effekt gering. Die technische Hilfe - Einsatz ausländischer Experten, Aus- und Fortbildung von Arbeitskräften aus Entwicklungsländern, Einrichtung von

---

1) Vgl. zum folgenden, UNCTAD, Trade and Development Board, Intergovernmental Group of the Transfer of Technology, The Channels and Mechanisms for the Transfer of Technology from Developed to Developing Countries, 27 April 1971, TD/B/AC.11/5, p. 12 ff

Musterbetrieben, Veranstaltung von Seminaren usw. - läßt in der Hinsicht zweifellos größere Vorteile erhoffen, werden jedoch häufig eingeschränkt durch unterschiedliche Berufs- und Bildungsbedürfnisse des Nehmer- und Geberlandes.

Wesentlich mehr verspricht man sich von einer intensiven Zusammenarbeit zwischen Unternehmen aus Industrie- und Entwicklungsländern. Dabei ist zu unterscheiden zwischen Direktinvestitionen ohne Beteiligung des Anlagelandes und Partnerschaftsunternehmen (joint ventures). Der Vorteil beider Formen wird darin gesehen, daß sie zur Entspannung des Kapitalmarktes in den Entwicklungsländern beitragen und bei längerfristigem Engagement zu einem kontinuierlichen Informationsstrom über neue technische und betriebswirtschaftliche Erkenntnisse führen. Die Nichtbeteiligung des Anlagelandes an Direktinvestitionen kann jedoch eine für die Entwicklung des betreffenden Landes hemmende Wirkung haben, weil die ausländischen Unternehmen sich an einzelwirtschaftlichen Zielen und nicht an den Bedürfnissen des Investitionslandes orientieren. Die Erfahrung hat gezeigt, daß häufig für das Entwicklungsland unvorteilhafte Technologien transferiert, Führungskräfte aus dem Ausland mitgebracht, neue Erkenntnisse aus Geschäftsgründen geheim gehalten, heimische Konkurrenzunternehmen vom Markt verdrängt werden und dgl. mehr. Diese Nachteile ließen sich vermeiden, wenn das Entwicklungsland einen Einfluß auf die Unternehmensentscheidung hätte, wie das bei den joint ventures der Fall ist. Bei mehrheitlicher Beteiligung an den Direktinvestitionen kann es Einfluß auf die Auswahl der zu transferierenden Technologien nehmen.

Schließlich ist noch die Form des Technologietransfers durch vertragliche Vereinbarungen zwischen Unternehmen aus Industrie- und Entwicklungsländern zu nennen. Darunter fallen Lizenz-, Management- und Turnkey-Verträge (Lieferung und Aufbau industrieller Großanlagen), um nur die wichtigsten zu erwähnen. Sie betreffen jedoch immer nur spezielle Unternehmensbereiche und nicht die Unternehmen als ganzes. Insofern stellt die Direktinvestition mit Mehrheitsbeteiligung des Anlagelandes die wichtigste Form des Technologietransfers dar. Sie eröffnet am ehesten die Möglichkeit einer an den technisch-ökonomischen Gegebenheiten und wirtschaftspolitischen Zielvorstellungen des Empfängerlandes orientieren, um einerseits einen optimalen wachstumspolitischen Beitrag zu leisten und andererseits den für die wirtschaftliche Entwicklung eines Landes bedeutsamen Schritt von der bloßen Übernahme des im Ausland erzielten wissenschaftlichen und technischen Fortschritts zur eigenständigen Forschung zu erleichtern.

Eine statistische Erfassung aller Transfers von know-how hat sich bisher als nicht durchführbar erwiesen. Dennoch steht fest, daß die Kapitalinvestitionen mit Abstand die wichtigste technologische Informationsquelle der Entwicklungsländer darstellen. Alle Maßnahmen, die auf eine Verbesserung der Investitionsbedingungen für ausländische Unternehmen abzielen, wirken sich somit fördernd auf die Übertragung von Technologien in die Entwicklungsländer aus. Die zu beseitigenden Hemmnisse beruhen vornehmlich auf der wirtschaftlichen und politischen Instabilität, dem ungenügenden Ausbau des für die Sicherung der laufenden Unternehmensfinanzierung notwendigen Banken- und Versicherungswesens und dem Mangel an Führungskräften.

2. Maßnahmen zur Förderung des Technologietransfers

In Santiago wurden alle Beteiligten aufgefordert, einen adäquaten Beitrag zur verstärkten Anregung des Technologietransfers in der Dritten Welt zu leisten[1]. Die Entwicklungsländer sollten eigens für die Übertragung von know-how zuständige Institutionen schaffen, deren vorrangige Aufgaben bestehen in:

- der Registrierung, Kontrolle, Revision, Genehmigung und Aushandlung von Vereinbarungen sowohl im öffentlichen als auch im privaten Sektor, die den Technologietransfer regeln;
- der Beratung der einheimischen Unternehmen mit dem Ziel, ihnen neue Technologien alternativ zu denen aufzuzeigen, die schon von nationaler Entwicklungsplanung vorgegeben sind;
- der Ausbildungsförderung und -planung der einheimischen Arbeitskräfte, die die praktische Durchführung der Technologien im Produktionsprozeß zu bewältigen haben.

Die Industrienationen wurden aufgefordert, den Technologietransfer mit folgenden Maßnahmen zu fördern:

- der Forcierung der Kapital- und technischen Hilfe sowie der wissenschaftlich-technischen Zusammenarbeit;
- der Verbesserung und Erleichterung von Bedingungen zur Übertragung von patentierten oder nicht-patentierten Technologien in Entwicklungsländer als Anreiz für ausländische Unternehmen;
- der Unterstützung von Ländern, die neue Techniken einführen bei der Beschaffung notwendiger Informationen sowie der Ausbildung und den Einsatzmöglichkeiten von Planungs- und Führungskräften;
- der Angabe von Institutionen, die Informationen über Anwendungsbereiche aller derzeitig verfügbaren Technologien geben;

---

[1] Vgl. zum folgenden UNCTAD, Third Session, Resolution 39(III), Transfer of Technology, 29 June 1972, TD(III)/Misc. 3, p. 8 ff. Mehr UNCTAD-Aufgaben beim Technologie-Transfer, in: Entwicklung und Zusammenarbeit, 13. Jg. (1972), H. 6/7, S. 13

- der Anpassung der technischen Hilfsprogramme an die Wirtschafts- und Sozialstruktur der Empfängerländer;
- dem verstärkten Austausch von Forschungsergebnissen zwischen Instituten der Industrie- und Entwicklungsländer;
- der Aufdeckung sowie Bekämpfung von restriktiven Geschäftspraktiken, die den Technologietransfer betreffen.

Schließlich wurde auch den sozialistischen Ländern Osteuropas nahegelegt, in Übereinstimmung mit ihren Wirtschafts- und Gesellschaftssystemen für eine Beschleunigung des Technologietransfers vornehmlich durch Vereinbarungen handelspolitischer Art sowie durch wirtschaftliche, wissenschaftliche und technische Zusammenarbeit Sorge zu tragen.

Darüber hinaus wurde das UNCTAD-Sekretariat ersucht, gemeinschaftlich mit anderen internationalen Organisationen Programme zur Förderung des Technologietransfers insbesondere zugunsten der am wenigsten entwickelten Länder auszuarbeiten, nach Lösungsmöglichkeiten zur Schaffung multinationaler Institutionen wie Technologietransfer-Zentren, Patentbanken und Informationszentren zu suchen und unter Federführung des UN-Generalsekretariats eine Studie über die Bedeutung des internationalen Patentsystems für den Technologietransfer anzufertigen. Den nicht zum erstenmal vorgetragenen Wunsch der Entwicklungsländer an die Industrienationen, 0,05 % ihres Bruttosozialprodukts für die Aufgaben im Bereich des Technologietransfers sowie 10 % ihrer Forschungs- und Entwicklungsausgaben für die Lösung spezieller Probleme der Länder der Dritten Welt zur Verfügung zu stellen, wurde lediglich kommentarlos zur Kenntnis genommen.

Insgesamt waren sich die Konferenzteilnehmer in wesentlichen Fragen des Technologietransfers einig und haben damit der zukünftigen Entwicklung auf diesem Gebiet einen gangbaren Weg gewiesen. Zu kurz kam jedoch, daß Direktinvestitionen privater Unternehmen in besonderem Maße geeignet sind, technisches know-how zu vermitteln und insofern die Errichtung von Tochtergesellschaften und joint ventures sehr förderungswürdig ist. Man hat sich offensichtlich bemüht, zur Vermeidung negativer sozialer und politischer Effekte das Problem der Übertragung von Technologien vornehmlich mit gesamtwirtschaftlich-entwicklungspolitischen Mitteln zu lösen und es nicht allein den einzelwirtschaftlich orientierten Privatunternehmen zu überlassen.

Vollkommen unberücksichtigt blieb die Frage der Transferkosten. Bei Auswahl der geeigneten Technologien sehen sich die Entwicklungsländer der Situation gegenüber, daß sie einerseits die Transferkosten minimieren müssen, andererseits aber der entwicklungspolitische Beitrag des technischen know-how maximal sein soll und sie daher auf die fortschrittlichsten und teuersten, die Zahlungsbilanz stark belastenden Technologieimporte angewiesen sind. Kurzfristig besteht hier zweifellos ein Konflikt, der sich auf längere Sicht mit der Erzielung von Wettbewerbsvorteilen durch hochwertige Produktionstechniken jedoch wieder abbauen oder gar ins Gegenteil verkehren ließe, wodurch ein günstiger Einfluß auf die Einnahmen-Ausgaben-Salden ausgeübt werden könnte.

XV. HANDELSBEZIEHUNGEN ZWISCHEN LÄNDERN MIT UNTERSCHIEDLICHEN GESELLSCHAFTSSYSTEMEN

1. Handels-Volumen und -struktur der sozialistischen Länder

Die Handelsentwicklung der sozialistischen Staaten untereinander sowie mit Nicht-Mitgliedsländern des COMECON (Rat für gegenseitige Wirtschaftshilfe-RGW) weist seit dem zweiten Weltkrieg eine ununterbrochen positive Tendenz auf. Insgesamt stieg ihr Handelsvolumen im Zeitraum 1950-1970 wertmäßig um fast das 7-fache, nämlich von 9930 Mill. US-$ auf 68050 Mill. US-$[1]. Daraus resultieren jährliche durchschnittliche Zuwachsraten von 34 %. Dennoch erreichte ihr Anteil am Welthandel auch 1971 nicht mehr als 10,2 %[2].

Bei regionaler Betrachtung des internationalen Handels der sozialistischen Länder fällt eine erstaunliche Stabilität der Ländergruppenanteile auf, die in den letzten Jahren sowohl auf der Export- als auch auf der Importseite außergewöhnlich geringen Schwankungen unterlagen, wie sie wohl nur von Staaten mit planwirtschaftlichen Ordnungssystemen erreicht werden können. Wesentlich mehr als die Hälfte ihres Handelswertes wurde innerhalb der eigenen Ländergruppe abgewickelt. 1971 betrug dieser Anteil 62,1 % (60,1 % des Export- und 64,3 % des Importwertes), wobei 59,6 % auf die industrialisierten Länder Osteuropas einschließlich der UdSSR entfielen. Die restlichen 37,9 % verteilten sich zu zwei Dritteln auf die westlichen Industrienationen (25,7 % des Gesamthandels-, 25.1 % des Export- und 26,3 % des Importwertes) und nur zu einem Drittel auf die Entwicklungsländer (12,2 % des Gesamthandels-, 14,7 % des Export- und 9,4 % des Importwertes).

Während die Importe der sozialistischen Staaten aus dem COMECON und den westlichen Industrieländern die Exporte überstiegen, blieben sie bemerkenswerterweise im Handel mit den Entwicklungsländern wesentlich darunter. Das trifft insbesondere für die asiatischen Länder der Dritten Welt zu, auf die 1971 42,8 % des wertmäßigen Warenaustausches zwischen sozialistischen und zu entwickelnden Ländern entfielen.

---

1) Vgl. UNCTAD, Handbook of International Trade and Development Statistics, New York 1972, p. 2 f and 10 f
2) Berechnet nach Angaben aus: Statistical Office of the United Nations, Monthly Bulletin of Statistics, Vol XXVI (1972); No. 6, P. XII f

Tabelle 37: Außenhandel der sozialistischen Länder nach Regionen 1969 bis 1971
- in Mill. US-$ und v.H. -

Regionen	Exporte f.o.b.						Importe f.o.b.					
	1969		1970		1971		1969		1970		1971	
	Mill.$	v.H.	Mill.$	v.H.	Mill.$	v.H.	Mill.$	v.H.	Mill.$	v.H.	Mill.$	v.H.
Westliche Industrieländer darunter	6920	23,3	7630	23,2	9150	25,1	7070	25,5	8360	26,6	8960	26,3
EWG	2670	9,0	3010	9,1	3890	10,7	3050	11,0	3400	10,8	3770	11,1
EFTA	2250	7,6	2520	7,7	2800	7,7	2000	7,2	2240	7,1	2220	6,5
USA	205	0,7	215	0,7	225	0,6	250	0,9	350	1,1	380	1,1
Japan	680	2,3	730	2,2	840	2,3	760	2,7	1050	3,3	1150	3,4
Entwicklungsländer in:	4630	15,6	5150	15,7	5370	14,7	2620	9,4	3120	9,9	3190	9,4
Afrika	860	2,9	1170	3,6	1230	3,4	740	2,7	890	2,8	980	2,9
Amerika	1010	3,4	1020	3,1	1060	2,9	740	2,7	1110	3,5	910	2,7
Asien	2180	7,3	2160	6,6	2370	6,5	1140	4,1	1120	3,6	1295	3,8
Sozialistische Länder in:	18050	60,7	20000	60,8	21890	60,1	18050	65,1	20000	63,5	21890	64,3
Asien	970	3,3	1020	3,1	1210	3,3	475	1,7	500	1,6	570	1,7
Osteuropa u. UdSSR	17080	57,4	18980	57,7	20680	56,8	17570	63,3	19500	61,9	21320	62,6
Welt a)	29740	100	32900	100	36410	100	27740	100	31490	100	34040	100

a) Abweichungen durch Auf- und Abrunden

Quelle: Statistical Office of the United Nations, Monthly Bulletin of Statistics, Vol. XXVI (1972), No. 6, p. XII ff

Tabelle 38: Außenhandel der osteuropäischen sozialistischen Staaten mit Entwicklungsländern von 1960-70
- in Mill. US-$ und v.H. des Gesamtim-/exports der betreffenden Länder -

	Exporte f.o.b.						Importe f.o.b.					
	1960		1965		1970		1960		1965		1970	
	Mill.$	v.H.	Mill.$	v.H.	Mill.$	v.H.	Mill.$	v.H.	Mill.$	v.H.	Mill.$	v.H.
Bulgarien	28,5	5,0	94,3	8,0	187,5	9,3	23,4	3,7	84,1	7,1	137,0	7,5
Tschechoslowakei	235,0	12,2	358,0	13,3	513,0	13,5	196,0	10,8	301,0	11,3	375,0	10,2
DDR	127,1	5,8	223,6	7,3	340,0	7,4	140,0	6,4	229,5	8,2	291,2	6,0
Ungarn	91,0	10,4	145,0	9,5	193,0	8,3	59,0	6,0	130,0	8,5	218,0	8,7
Polen	134,0	10,1	232,0	10,4	326,0	9,2	123,0	8,2	283,0	12,0	261,0	7,2
Rumänien	53,0	7,4	88,0	7,9	235,0	12,7	27,0	4,1	69,0	6,4	169,0	8,6
UdSSR	457,0	8,2	1626,5	19,9	2948,0	23,0	686,2	12,2	1328,0	16,5	2011,0	17,1

Quelle: UNCTAD, Review and Analysis of Trends and Policies in Trade between Countries Having Different Economic and Social Systems, 29 December 1971, TD/112/Supp. 1, p. 5 ff

Ihre Importe aus Ostblockstaaten waren nur zu 54,6 % durch gegenläufige Güterströme gedeckt. Obwohl die sozialistischen Länder den Entwicklungsländern bereits auf der zweiten Welthandelskonferenz im Rahmen ihrer Einfuhrpolitik die Gewährung von Vorzugsbedingungen versprachen, hat sich dieses strukturelle Ungleichgewicht bis heute nicht abgeschwächt.

Unter den sozialistischen Handelspartnern der Entwicklungsländer nahm die UdSSR eine Vorrangstellung ein . Sie bestritt 1970 allein 60 % des gesamten COMECON-Handels mit Entwicklungsländern (57,2 % des Exports- und 64,5 % des Importwertes) und lag damit weit vor der Tschechoslowakei (10,7 %), DDR (7,6 %), Polen (7,1 %) und Ungarn (5,0%). In diesen Ländern lagen außer in Ungarn die Exportwerte z.T. wesentlich höher als die Importwerte. Dadurch verschlechterte sich die Verschuldungssituation der Entwicklungsländer ihnen gegenüber beständig.

Auch hinsichtlich der Handelsanteile der Entwicklungsländer am gesamten Im- und Exportwert einzelner sozialistischer Staaten war die UdSSR führend. Sie wickelte 1970 23 % ihrer Ausfuhr (Tschechoslowakei: 13,5 %, Rumänien: 12,7 % und Bulgarien: 9,3 %) sowie 17,1 % ihrer Einfuhr (Tschechoslowakei: 10,2 %, Ungarn: 8,7 % und Rumänien: 8,6 %) mit Ländern der Dritten Welt ab.

Die zunehmende Bedeutung Chinas als Handelsnation insbesondere auch für die Entwicklungsländer läßt eine kurze Regionalanalyse der Warenströme dieses Landes erkennen. Danach nimmt China im sozialistischen Lager den Platz als zweitgrößter Handelspartner der Länder der Dritten Welt nach der UdSSR ein.

Tabelle 39: Außenhandel Chinas nach Regionen im Jahre 1968
- in Mill. US-$ und v.H. -

	Exporte f.o.b.		Importe f.o.b.	
	Mill.$	v.H.	Mill. $	v.H.
Westliche Industrieländer	590	31,7	1070	60,7
Sozialistische Länder	464	24,9	385	21,8
Entwicklungsländer	805	43,2	307	17,4
- Hongkong und Macao	325	17,4	8	0,5
Welt	1858	100,0	1762	100,0

Quelle: Jan Deleyne, Die chinesische Wirtschaftsrevolution, Hamburg 1972, S. 146 f.

Nach der Kulturrevolution hat China seine Handelsbeziehungen zu den Ländern der Dritten Welt weiter ausgebaut. War vordem nur der Handel mit Staaten wie Kuba, Pakistan, Syrien, der VAR und Ceylon neben dem mit Hongkong und Macao von Bedeutung, bemühte sich China nunmehr um eine systematische Erweiterung seines Einflußbereiches durch Aufnahme handelspolitischer Kontake zu möglichst vielen Ländern dieser Gruppe.[1] Bereits 1968 - neuere Zahlen liegen z.Zt. nicht vor - wickelt China 30,3 % seines gesamten Außenhandels mit Entwicklungsländern ab. mit sozialistischen Staaten hingegen nur 23,4 %. Haupthandelspartner waren die westlichen Industrienationen, resultierend aus dem hohen Importanteil von 60,7 %. Bemerkenswert ist jedoch die große Diskrepanz zwischen den Handelsströmen mit den Ländern der Dritten Welt. Der Exportwert überstieg den Importwert um fast das Dreifache.

Zusammenfassend läßt sich sagen, daß das Handelsniveau zwischen den sozialistischen Staaten und den Entwicklungsländern immer noch relativ gering ist und keine Anzeichen auf eine gleichgewichtigere Entwicklung der Export- und Importströme hindeuten. Außerdem haben die Ostblockstaaten aus politischen Erwägungen bisher vornehmlich ausgewählten Wirtschafts- und Gesellschaftssystemen zuneigenden Ländern der Dritten Welt handelspolitische Beziehungen angeboten.

2. Intensivierung der Handelsbeziehungen sozialistischer Staaten mit Entwicklungsländern

Auf der dritten Welthandelskonferenz wurde das deutliche Ansteigen der Warenströme zwischen den sozialistischen Staaten und den Entwicklungsländern zwar lobend erwähnt, Niveau und Struktur dieser Handelsbeziehungen aber weiterhin als unzureichend kritisiert. Neben der Erörterung von Problemen des Ost-West-Handels standen im Vordergrund des Interesses die Suche nach neuen Möglichkeiten zur Ausweitung des Ost-Süd-Handels[2]. Die Länder mit unterschiedlichen Wirt-

---

1) Vgl. Jan Deleyne, Die chinesische Wirtschaftsrevolution, Hamburg 1972, S. 151 f.

2) Vgl. zum folgenden UNCTAD, Third Session, Resolution 53 (III), Trade Relations among Countries having Differenz Economic and Social Systems, 29 June 1972, TD (III) / Misc. 3, p. 49 ff.

schafts- und Gesellschaftssystemen wurden ersucht, die Zusammenarbeit sowohl auf bilateraler als auch multilateraler Ebene unter Beachtung der bestehenden langfristigen Entwicklungspläne und -programme zu intensivieren. Entgegenkommen wurde vor allen Dingen von den industrialisierten sozialistischen Staaten Osteuropas erwartet. Die Empfehlungen der Konferenz an diese Länder betrafen u.a. folgende wichtigen Maßnahmen:

- Erweiterung des Präferenzsystems für Importe aus Entwicklungsländern.
- Berücksichtigung des Produktions- und Exportpotentials der Entwicklungsländer in ihrer langfristigen Wirtschaftsplanung.
- Verstärkter Abschluß langfristiger Handelsvereinbarungen.
- Vertiefung der Informationsbasis über den Handel mit Entwicklungsländern durch Organisation von Seminaren, Tagungen und Ausbildungskursen.
- Intensivierung der industriellen, wissenschaftlich-technischen Zusammenarbeit insbesondere mit den am wenigsten entwickelten Ländern.
- Rückzahlung von Kreditschulden der Entwicklungsländer in Güterform
- Lieferung fehlender, für die Industrialisierung der Entwicklungsländer wichtiger Rohstoffe, Maschinen und Ausrüstungsgegenstände.

Den Entwicklungsländern legten die Delegierten nahe, die direkten Handelsbeziehungen mit den sozialistischen Staaten zu beleben durch Einräumung ähnlich günstiger Bedingungen, wie sie den westlichen Industrienationen gewährt werden sowie durch Anpassungsmaßnahmen im Rahmen der Exportgüterherstellung zugunsten einer mehr an den Importbedürfnissen der Ostblockländer orientierten Produktion.

Diese auf der Konferenz ausgesprochenen Empfehlungen wurden ohne Widerspruch von der einen oder anderen Seite akzeptiert. Dennoch ist es fraglich, ob sie geeignet sind, grundlegende Verbesserungen in den Handelsbeziehungen zwischen beiden Ländergruppen im Sinne einer Niveausteigerung, der Beseitigung der bestehenden Ungleichgewichte zwischen Export- und Importströmen und der Einbeziehung weiterer Länder der Dritten Welt in die Handelspartnerschaft zu bewirken. Verbindliche Zusagen wurden dazu nicht gegeben.

XVI. HANDELSEXPANSION UND WIRTSCHAFTLICHE INTEGRATION
ZWISCHEN ENTWICKLUNGSLÄNDERN

1. Stand der wirtschaftlichen Integration

Zu einem raschen wirtschaftlichen Wachstum in den Entwicklungsländern tragen vor allem wirtschaftliche Zusammenarbeit und die Intensivierung des Handels zwischen den Entwicklungsländern selbst bei. Die Vergrösserung der Märkte durch die Beseitigung von Handelsschranken innerhalb einer regional zusammengeschlossenen Gruppierung und die erst durch diese Koordination mögliche effektivere Ausnutzung der Ressourcen erhöhen das Wirtschaftswachstum der Länder. Hinzu kommt die stärkere Koordination der entwicklungspolitischen Maßnahmen insbesondere hinsichtlich einer an rationeller Arbeitsteilung orientierten Industriepolitik sowie die Abstimmung der Infrastrukturplanung zur Verbesserung der zwischenstaatlichen Wirtschaftsbeziehungen.

Die regionale Integration kann auf der Basis einer Freihandelszone, einer Zollunion, einer Wirtschaftsunion oder ähnlicher Übereinkommen vorgenommen werden. Seit Jahren sind solche Bestrebungen in den Entwicklungsländern im Gange. Es wurden bis jetzt zahlreiche wirtschaftliche Gruppierungen gebildet, unter ihnen in Lateinamerika[1]:

- die LAFTA (Latin American Free Trade Association), die langfristig die Schaffung eines gemeinsamen Marktes und eine Koordinierung der Wirtschaftspolitik und Infrastrukturplanung anstrebt. Innerhalb der LAFTA institutionalisierten sich einige Länder zur Anden-Gruppe (Andian Group), um die überregionalen Integrationsbemühungen zu beschleunigen;

- der CACM (Central American Common Market), der den ältesten und bisher wirksamsten Versuch wirtschaftlicher Zusammenarbeit darstellt;

- die CARIFTA (Caribbean Free Trade Association), in der sich elf Commonwealth-Länder mit dem Ziel eines stufenweisen Abbaus der internen Zölle zusammengeschlossen haben.

Die regionalen Gruppierungen in Afrika haben eine relativ kurze Geschichte. Neben der aus der UDE (Union Douanière Economique) hervorgegangenen UDEAC (Union Douanière Economique de l'Afrique Centrale) gibt es die UDEAO (Union Douanière Economique de l'Afrique de l'Ouest).

---

1) Vgl. A. Naini, Grundfragen, a.a.O., S.138 ff

Sie besteht aus Mitgliedern der "Zollunion westafrikanischer Staaten" und sieht als ihr wichtigstes Ziel die Verbesserung der zwischenstaatlichen Handels- und Transportverbindungen an. Eine ältere Gruppierung stellt der relativ kleine "Rat der Entente-Staaten" dar, dessen Bemühungen in der Verbesserung von Bedingungen für Transport- und Ausbildungswesen, der Förderung der industriellen Entwicklung, in der Aktivierung des Handels mit Fertigprodukten sowie auf dem Agrarsektor bestehen.

Die OERS (Organisation des Etats riverains du fleuve Senegal) befaßte sich seit 1968 mit Problemen des Transportwesens und der unterschiedlichen Währungssysteme. Die OCAM (Organisation Commune Africaine et Malgache) stellt lediglich eine lockere Verbindung von 15 afrikanischen Staaten dar, die eine Koordinierung in der internationalen Politik der Mitglieder sowie in ihrem Verhalten gegenüber internationalen Organisationen und der EWG anstrebt.

Auch zwischen Nordafrika und Westasien bestehen Integrationsbestrebungen. Unter ihnen hat das Abkommen über die Gründung der "Federation of Arab Republics" Bedeutung, deren Ziel eine vollständige Realisierung der arabischen Einheit auf allen Gebieten ist. Innerhalb der arabischen Länder bestehen noch andere Abkommen, so z.B. die im Rahmen des "Council of Arab Economic Unity" oder der zwischen Libyen, Sudan und der VAR beabsichtigten Errichtung eines gemeinsamen Marktes.

Ähnliche Organisationen in Süd- und Ostasien bestehen erst seit weniger als fünf Jahren. Lediglich die RCD (Regional Co-operation for Development) wurde schon 1964 gegründet. Ihre Aktivitäten konzentrieren sich auf industrielle Zusammenarbeit sowie Schiffahrts- und Versicherungsfragen.

Die ASEAN (Association of South-East Asian Nations) beschäftigt sich besonders mit Problemen des industriellen und landwirtschaftlichen Sektors.

Um die Aktivitäten der Kokosnußindustrien aufeinander abzustimmen, wurde 1969 die "Asian Coconut Community" gegründet. Ihre Mitgliedsstaaten kontrollieren 80 % der Kokosnußproduktion.

Weitere Abkommen über Handel und wirtschaftliche Zusammenarbeit, wie die "Regional Co-operation for Trade Expansion and Payments Arrangements" stellen zusätzliche wirtschaftliche Integrationsbemühungen dar.

2. Förderung der Integrationsbemühungen

Eine der unter den Konferenzteilnehmern am wenigsten umstrittenen Fragen betraf die notwendigen Schritte zur Handelsausweitung und wirtschaftlichen Integration zwischen Entwicklungsländern. Hierzu hat die Konferenz einstimmung eine umfassende Resolution[1] verabschiedet, in der eine Reihe konkreter Maßnahmen der Entwicklungsländer, der Länder mit entwickelter Marktwirtschaft, der sozialistischen Staaten Osteuropas sowie der internationalen Organisationen angeführt werden. Mit dem Hinweis auf die internationale Entwicklungsstrategie im allgemeinen und die Beschlüsse der "Intergovernmental Group on Trade Expansion, Economic Co-operation and Regional Integration among Developing Countries" im besonderen faßte die Konferenz die im folgenden erläuterten Beschlüsse.

Aufgaben der Entwicklungsländer

Von den Entwicklungsländern wird gefordert, daß sie ihre gegenwärtigen Bemühungen um langfristige, bedeutsame Verpflichtungen unter einander in regional, sub- oder interregional geeignetem Rahmen ihrer Wahl verstärken, um den gemeinsamen Handel und die wirtschaftliche Zusammenarbeit auszudehnen. Bei der Verwirklichung der in der zweiten Entwicklungsdekade angenommenen Pläne sollten im Bedarfsfall multinationale Organisationen erste vorbereitende Aufgaben in den einzelnen Subregionen in Hinsicht auf das Endziel von Handelsexpansion, wirtschaftlicher Zusammenarbeit und regionaler Integration der Entwicklungsländer unternehmen. Dazu ist die Anwendung des Prinzips der gleichwertigen Konzessionen erforderlich, um Entwicklungsländern eine Mitarbeit in regionalen Gruppierungen zu ermöglichen. Das gilt besonders für diejenigen, welche einen Großteil ihres Außenhandels über öffentliche oder staatseigene Unternehmen abwickeln. Zur Intensivierung der wirtschaftlichen Zusammenarbeit werden den Entwicklungsländern folgende Schritte empfohlen:
- die Förderung und Verbesserung des intraregionalen Handels und die dazu möglicherweise erforderliche Errichtung geeigneter Zahlungsabkommen;
- die Förderung der Maßnahmen auf dem Rohstoffsekor unter besonderer Berücksichtigung der Interessen der Ersthersteller in ihrer Region, indem diese eingehend konsultiert werden, damit geeignete Schritte zur

___
[1] Vgl. UNCTAD, Third Session, Resolution 48 (III), Trade Expansion, Economic Co-operation and Regional Integration among Developing Countries, TD (III) Misc. 3, p.38 ff

Einrichtung von Produzentenvereinigungen unternommen werden können;
- die gemeinsame Verabschiedung von begünstigten regionalen, subregionalen und interregionalen Handelsabkommen;
- eine weitere gegenseitige Handelsliberalisierung einschließlich der Reduzierung oder Beseitigung von Handelsschranken;
- das Anstreben gemeinsamer Aktionen in Forschung, Produktion, Handelsförderung und bei der Leitung von Gebrauchsgütern durch regionale und subregionale Gruppierungen, in denen Delegierte der Entwicklungsländer vertreten sind;
- die Förderung bereits gemeinsam angestrebter Vereinigungen, die in Zusammenarbeit Marktanalysen, Forschungen sowie Exportförderungsmaßnahmen, besonders für Märkte entwickelter Länder, ausarbeiten;
- eine größtmögliche Förderung der Industrieentwicklung bei optimaler Nutzung vorhandener Ressourcen einschließlich technischen Skills und know-hows der Länder einer Region;
- der Ausdehnung und Anregung der Exportproduktion durch gemeinsame regionale und subregionale Zusammenarbeit;
- die Erweiterung von Plänen gemeinsamer monetärer Zusammenarbeit;
- die Förderung gegenseitiger Konsultationen zur Lösung gemeinsamer Probleme der Schiffahrt, insbesondere der Frachtraten;
- die gemeinsame Förderung des Tourismus;
- eine zahlenmäßige Ausweitung der Teilnahmeländer an den Handelsgesprächen der Entwicklungsländer im Rahmen des GATT, mit dem die UNCTAD kooperiert;
- die Förderung des Informationsaustauschs und der Konsultationen auf dem Gebiet der Handels- und Entwicklungspolitik sowie hinsichtlich der Ziele zur wirtschaftlichen Zusammenarbeit zur Festlegung gemeinsamer Prioritäten.

Weiterhin sollten die Entwicklungsländer im Rahmen ihrer regionalen, sub- und zwischenregionalen Organisationen wirksame Vorschriften zur industriellen Zusammenarbeit auf unterschiedlichen Gebieten in Übereinstimmung mit den nationalen Entwicklungsbedürfnissen erlassen. Regionale und subregionale Organisationen werden gebeten, Maßnahmen zur besseren Versorgung ihrer am wenigsten entwickelten Mitglieder zu ergreifen, wozu die wirtschaftliche Zusammenarbeit den geeigneten Rahmen gibt. Ländern, die einem Block angehören, werden gemeinsame Schritte wie in Fragen des Seezugangs und der Diversifizierung empfohlen. Regionale Wirtschaftskommissionen sowie regionale und subregionale Gruppierungen sollen vor allem der Entwicklung und Nutzung von wissenschaftlichen und technischen Ausbildungsfaszilitäten in ihrer Region oder Subregion Rechnung tragen. Durch Rationalisierung der

Organisation regionaler und subregionaler Gruppierungen können administrative und andere Kosten auf ein Minimum reduziert werden.

Maßnahmen der Länder mit entwickelter Marktwirtschaft

Den Ländern mit entwickelter Marktwirtschaft empfahl die Konferenz, weiter mittels bi- und multilateraler finanzieller und technischer Hilfe die Handelsexpansion und wirtschaftliche Zusammenarbeit sowie die Anstrengungen der Entwicklungsländer für eine regionale Integration zu unterstützen.

Im Zusammenhang damit muß unter für die Bedürfnisse der Entwicklungsländer akzeptablen Bedingungen beschleunigt Technologie aus dem Ausland transferiert werden.

Folgende Hilfsmaßnahmen sollen primär verwirklicht werden:

- Ausbau der nötigen Infrastruktur zur Expansion interregionalen Handels;

- Unterstützung bei der Ausarbeitung regionaler Zahlungsabkommen und anderer monetärer Übereinkommen;

- Befähigung der weniger und am wenigsten entwickelten Staaten einer regionalen Gruppierung, Integrationshindernisse zu überwinden sowie Verluste aufgrund ungleicher Entwicklungsstufen zu minimieren, damit sie größeren Nutzen aus der wirtschaftlichen Integration ziehen können. Regionalen Gruppierungen von Entwicklungsländern sollten das Nutzungsrecht des kumulativen Behandlungsprinzips von den Industrienationen gewährt bekommen, damit ihren Mitgliedern der volle Nutzen des allgemeinen Präferenzsystems zukommt.

Auch werden die entwickelten Länder dringend aufgefordert, sobald wie möglich die Lieferbindung weiter abzubauen, um auch Käufe in den Entwicklungsländern zu ermöglichen. Ferner sollten die Industrieländer den weniger entwickelten Staaten die Teilnahme an internationalen Ausschreibungen erleichtern.

Schließlich müssen verstärkt Maßnahmen zur personellen Ausbildung angestrebt werden, um Institutionen für wirtschaftliche Zusammenarbeit besonders in Fragen der Handelsexpansion effektive Arbeit überhaupt zu ermöglichen.

Maßnahmen der sozialistischen Länder Osteuropas

Die sozialistischen Länder sollten im Rahmen ihres Wirtschafts- und Sozialsystems ebenfalls Maßnahmen zur Ausdehnung ihrer Hilfeleistungen, zur Handelsexpansion und wirtschaftlichen Integration der Entwicklungsländer ergreifen. Dabei sollen multinationale Infrastruktur- und Industrieobjekte vorrangig gefördert werden. Außerdem soll die technische Unterstützung in Bezug auf Handelsausweitung und Koordination erweitert werden, wozu z.B. die Planung von Industriestandorten sowie der Einsatz staatlicher Handelsagenturen gehört.

Mit dem Einverständnis des betreffenden Entwicklungslandes müßten weitere Schritte zur Multilateralisierung von Zahlungsabkommen unternommen und die bisherigen Zahlungsmöglichkeiten multilateraler osteuropäischer Wirtschaftsorganisationen aktiviert sowie weitere Möglichkeiten in dieser Richtung wahrgenommen werden.

Abschließend schlägt die UNCTAD den osteuropäischen Ländern dringend die Gewährung direkter Hilfe zur wirtschaftlichen Kooperation für interessierte Gruppen von Entwicklungsländern vor.

Maßnahmen multilateraler Organisationen

Regionale und überregionale Entwicklungsbanken sowie andere kompetente internationale Organisationen werden in Zukunft den Entwicklungsländern für eine Weiterentwicklung ihrer regionalen und überregionalen Kooperationspläne die angemessene Priorität zumessen müssen. Die Weltbankgruppe, regionale Entwicklungsbanken sowie andere internationale Institutionen sollten dazu durch bereits bestehende subregionale Finanzinstitutionen multinationale Projekte der Entwicklungsländer und der regionalen und subreginalen Gruppierungen finanziell fördern. Sollten Zahlungsbilanzprobleme in diesen Ländern entstehen, müßte der Generalsekretär der UNCTAD den IMF bitten, die Möglichkeit der Einrichtung eines besonderen Organs zur Unterstützung der Handelsexpansion unter den Mitgliedern regionaler und subregionaler Blocks ins Auge zu fassen.

Regionale und überregionale Entwicklungsbanken, internationale Finanzinstitutionen sowie die UNIDO und UNCTAD tauschen ihre Informationen und Erfahrungen auf diesem Gebiet aus, um damit wirkungsvoller die Integrationsbemühungen der Entwicklungsländer zu unterstützen. Dazu wird der Generalsekretär der UNCTAD gebeten, mit den betreffenden Regierungen und multilateralen Organisationen über Möglichkeit und Zweck eines Treffens multilateraler Finanzorganisationen zu beraten.

XVII. MASSNAHMEN ZUGUNSTEN DER AM STÄRKSTEN ZURÜCKGEBLIEBENEN LÄNDER UND DER LÄNDER OHNE ZUGANG ZUM MEER

1. Die am wenigsten entwickelten Länder

Die Wirksamkeit der generellen Maßnahmen zur Förderung des Handels sowie der wirtschaftlichen und sozialen Entwicklung der Dritten Welt hängt entscheidend vom jeweiligen Entwicklungsstand der betreffenden Länder ab. Es hat sich gezeigt, daß Handels- und Entwicklungshilfe denjenigen Staaten zugute kommt, die bereits die Phase des sich selbst tragenden wirtschaftlichen Wachstumsprozesses erreicht haben. Die Gewährung von Präferenzen für bestimmte Exportprodukte z.B. hat nur dann einen Effekt, wenn nennenswerte Mengen dieser Güterart als Exportpotential zur Verfügung stehen. Ist dies nicht der Fall und fehlen auch die Möglichkeiten, die entsprechenden Produktionsbereiche aufzubauen, können derartige Präferenzabkommen nicht genutzt werden. Insofern sind es ausgerechnet die am stärksten zurückgebliebenen Entwicklungsländer, die keine oder nur geringe Vorteile aus den allgemeinen internationalen Förderungsmaßnahmen ziehen. Dieser Mißstand wird sich nur durch gezielte Maßnahmen zugunsten der betroffenen Länder beseitigen lassen, die sie befähigen, den Zustand der stagnierenden Entwicklung ihrer Volkswirtschaft zu überwinden, um an den wachstumsbeschleunigenden Impulsen teilhaben zu können.

Ein schwieriges Problem bildet die Bestimmung der am wenigsten entwickelten Länder. Es lassen sich zwar zahlreiche Indikatoren für die Ermittlung des wirtschaftlichen und sozialen Entwicklungsniveaus eines Landes aufstellen, diese führen jedoch bei Einzelbetrachtung zu unterschiedlichen Ergebnissen. Deshalb ist es notwendig, eine Indikatorengruppe zugrundezulegen. Unter den Versuchen, Kriterien zur Klassifizierung der Entwicklungsländer nach dem Entwicklungsniveau zu erarbeiten, ist der des "Committee for Development Planning" hervorzuheben. Er führt drei Hauptkriterien an, die bei gleichzeitiger Nichterreichung bestimmter Mindestwerte eines Landes dessen Zugehörigkeit zur Gruppe der am wenigsten entwickelten Länder signalisieren. Als Richtgröße nennt das Komitee ein Bruttoinlandsprodukt pro Kopf von weniger als 120 $, einen Anteil der Industrieproduktion am BIP von unter 10 % und eine Analphabetenquote von mehr als 80 %[1].

---

1) Vgl. UN, Committee for Development Planning, Report on the Seventh Session, Economic and Social Council, New York 1971, Suppl. No. 1, p. 16

Danach fallen folgende 25 Staaten unter die am stärksten zurückgebliebenen Länder:

Tabelle 40: Ausgewählte Indikatoren zur Kennzeichnung der am wenigsten entwickelten Länder im Jahre 1969
- in US-$ und in v.H. -

Länder	Bruttoinlandsprodukt pro Kopf (US-$)	Analphabetenquote (v.H.)a)	Industrieproduktionsanteil am BSP - v.H. -
Afghanistan	85b)	92	11b)
Bhutan	60b)	-	-
Botswana	99	80	8c)
Burundi	54	90	4
Tschad	68	90-95	4
Dahome	80	80	5d)
Äthiopien	65	95	8c)
Guinea	100	90-95	6
Haiti	85	90	12e)
Laos	73	85	-
Lesotho	94	41	1c)
Malawi	62b)	85	8b)
Malediven	80b)	-	-
Mali	90	95	8c)
Nepal	80	91	11d)
Niger	90	95	6d)
Ruanda	75b)	90	9d)
Sikkim	70b)	84	-
Somali	64	5	-
Sudan	113	85-90	9b)
Tanzania	96	80-85	7
Uganda	118	80	6b)
Obervolta	47	90-95	5
Westsamoa	120	-	-
Jemen	80	90	-

a) keine Jahresangaben, jeweils die neuesten verfügbaren Zahlen
b) 1968 c) 1967 d) 1966 e) 1962

Quelle: UNCTAD, Third Session, Special Measures for the Least Developed among the Developing Countries, Selected Data, 14 March 1972, TD/135/Supp. 1, p. 1

Diese Liste der 25 am wenigsten entwickelten Länder wurde zwar in Santiago gebilligt, erwartungsgemäß verlangte jedoch eine Reihe weiterer Entwicklungsländer, in diese Gruppe aufgenommen zu werden, um ebenfalls in den Genuß von Sondervergünstigungen zu kommen. Die Industrienationen zeigten dafür Verständnis, plädierten aber für weitere Forschungstätigkeit der zuständigen internationalen und regionalen Institutionen bei der Erarbeitung von Klassifizierungskriterien zur

Identifizierung von benachteiligten Staaten[1]. Damit wurde eine Erweiterung der durch spezielle Maßnahmen zu fördernden Ländergruppe verhindert.

Die Lösung des Klassifikationsproblems ist in der Tat von besonderer entwicklungspolitischer Bedeutung und eine wesentliche Voraussetzung für die Beseitigung der bestehenden Disproportionalitäten zwischen den Entwicklungsländern aufgrund ungleicher Behandlung. Es muß sichergestellt sein, daß spezielle Förderungsmaßnahmen auch tatsächlich den am stärksten zurückgebliebenen Ländern zugute kommen. Außerdem ist es wichtig, daß diese Vergünstigungen zusätzlich gewährt werden und nicht eine Umverteilung der bisherigen Leistungen für die Länder der Dritten Welt auf Kosten der fortschrittlicheren unter ihnen erfolgt.

Welcher Art sollten nun diese über die normalen Hilfeleistungen an Entwicklungsländer hinausgehenden Sondermaßnahmen sein? Primärziel ist zweifellos die Zunahme der Exporte aus den am wenigsten entwickelten Ländern. Die entsprechenden handelspolitischen Maßnahmen - Liberalisierung, Präferenzabkommen, Exportförderung usw. - müssen sich an den speziellen Bedürfnissen der betreffenden Staaten orientieren. Diese den Handel regulierenden und fördernden Vereinbarungen sind jedoch wenig erfolgversprechend, wenn die in der Regel noch im Aufbau befindlichen oder gar erst zu errichtenden Schlüsselindustrien für den Export nicht technisch und finanziell unterstützt werden. Das betrifft sowohl den Produktionsbereich direkt als auch insbesondere den die Industrialisierung erst ermöglichenden hohen Investitionsbedarf im Infrastruktursektor. Darüber hinaus ist es sinnvoll, den am meisten zurückgebliebenen Ländern bei der Bildung größerer Wirtschaftsräume behilflich zu sein, und zwar vor allem durch Intensivierung der Kooperation mit anderen Entwicklungsländern. Damit könnten sie dem starken Wettbewerbsdruck auf den Märkten der Industrienationen ausweichen und verstärkt in Ländern anbieten, deren Produzenten und Konsumenten ein Nachfrageverhalten an den Tag legen, das ihrer Angebotssituation besser entspricht.[2]

---

1) Vgl. UNCTAD, Third Session, Resolution 64(III), Identification and General Considerations about the Special Measures in Favour of the Least Developed among the Developing Countries, 29 June 1972, TD(III)/Misc. 3, p. 91 ff

2) Vgl. Auswertung der Dokumentation der 2. Welthandelskonferenz (1968), a.a.O., H. 3, S. 592 ff

Alle diese Maßnahmen, von der Gruppe der 77 als Zusatzforderungen in einem Aktionsprogramm für die am wenigsten entwickelten Länder niedergelegt, wurden auf der 3. Welthandelskonferenz ausführlich diskutiert. Die damit zusammenhängenden Fragen ließen kaum einen der in Santiago behandelten Themenbereiche unberührt[1]. Das führte zu einer Verwischung der einzelnen Probleme ohne konkrete Zugeständnisse seitens der Industrieländer.

2. Vom Meer abgeschlossene Entwicklungsländer

Die Hemmnisse der wirtschaftlichen Entwicklung einiger Länder der Dritten Welt resultieren vornehmlich aus ihrer ungünstigen geographischen Lage. Als Binnenländer kämpfen sie mit Versorgungs- und Absatzschwierigkeiten, die nach Entfernung zum nächsten Hafen und Rückständigkeit der Verkehrsinfrastruktur im In- und Transitland unterschiedlich groß sind. Aufgrund nachteiliger Transportbedingungen wird einerseits die Produktion von Industriegütern behindert, weil der Nachschub wichtiger ausländischer Rohstoffe, Vorprodukte und Ersatzteile nicht reibungslos erfolgt und andererseits die Erweiterung der Außenhandelsbeziehungen beeinträchtigt. So kommt es nicht von ungefähr, daß die meisten Länder ohne Zugang zum Meer der Gruppe der am wenigsten entwickelten Länder angehören[2].

Die Maßnahmen zur Förderung der wirtschaftlichen Entwicklung dieser Länder werden demnach neben den oben genannten Sondervergünstigungen für die am meisten zurückgebliebenen Staaten insbesondere auf eine Beseitigung der durch den Transport bedingten Erschwernisse abzielen müssen. Die hohen Transportkosten erklären sich nicht nur aus der zu überwindenden Distanz zwischen Hafen und Bestimmungs- bzw. Abgangsort und der mangelhaften Infrastruktur im Verkehrsbereich, sondern sind zum Teil eine Folge von unangemessenen Abgabebestimmungen, zeitraubenden Grenzformalitäten und sonstigen Behinderungen des Transithandels durch die zu passierenden Nachbarländer.

---

1) Vgl. UNCTAD, Third Session, Resolution 62(III), Special Measures in Favour of the Least Developed among the Developing Countries, 29 June 1972, TD(III)/Misc. 3, p. 72 ff
2) Von den am wenigsten entwickelten Länder sind folgende 15 ohne Zugang zum Meer: Afghanistan, Bhutan, Botswana, Burundi, Laos, Lesotho, Malawi, Mali, Nepal, Niger, Obervolta, Ruanda, Sikkim, Tschad und Uganda. Hinzu kommen die 5 Länder Bolivien, Paraguay, Sambia, Swasiland und Zentralafrikanische Republik. Vgl. UNCTAD, Trade and Development Board, Special Problems of the Land-Locked Countries, 19 July 1971, TD/B/363, p. 8 und UNCTAD, Third Session, Other Special Measures Related to the Particular Needs of the Land-Locked Developing Countries, 9 March 1972, TD/136, p. 2

Der freie und schnelle Zugang zum Meer ist für die Entwicklung jedes Landes eine Frage von zentraler Bedeutung. Deshalb sind alle denkbaren Schritte zu unternehmen, diesen Zustand zu erreichen. Dabei sind die betroffenen Entwicklungsländer auf die finanzielle und technische Hilfe internationaler Institutionen sowie auf Entgegenkommen ihrer Transitnachbarn angewiesen. Das Hauptproblem liegt zweifellos in den z.T. völlig unzulänglichen Verhältnissen im Infrastrukturbereich. Eine vordringliche Aufgabe stellt sich deshalb hinsichtlich Ausbau, Instandhaltung und Verbesserung des derzeitigen Straßen-, Schienen- und binnenländischen Wasserwegenetztes für den Handelsverkehr sowohl im vom Meer abgeschlossenen als auch im benachbarten, die Transporte durchlassenden Land. Außerdem sind Investitionen zur Modernisierung des Luftverkehrssektors, des Post- und Nachrichtenwesens und der Umschlaghäfen sowie Vereinbarungen zwischen dem handeltreibenden Land ohne Seeverbindung und seinem Nachbarn über den Abbau administrativer den Transitverkehr behindernder Bestimmungen erforderlich. Langfristig wird es darüber hinaus notwendig sein, ökonomisch sinnvolle alternative Verkehrswege zur Entlastung der bestehenden Fahrtstrecken zu schaffen[1].

Diese vom UNCTAD-Sekretariat vorgetragenen Vorschläge zur Lösung der speziellen Probleme von Entwicklungsländern ohne Meerzugang haben sich die Länder der Dritten Welt zu eigen gemacht und in Santiago mit der Forderung an die Industrienationen verknüpft, sie finanziell und technisch zu unterstützen.

Die Vertreter der industrialisierten Staaten haben dagegen keine Einwände erhoben, ließen sich aber nicht auf verbindliche Zusagen ein. Da sich die betroffenen Länder auf derartige Versprechungen erfahrungsgemäß wenig verlassen können, wären sie gut beraten, in Zukunft verstärkt darauf hinzuarbeiten, die Exportproduktion mehr auf Güter abzustellen, die hohe Transportkosten tragen können und geringwertige aber mit hohen Frachten belastete Importerzeugnisse wenn irgend möglich durch Eigenprodukte zu substituieren, also selektiv diversifizierende Maßnahmen zu ergreifen[2].

---

1) Vgl. UNCTAD, Third Session, Other Special Measures Related to the Particular Needs of the Land-Locked Developing Countries, a.a.O., p. 3 ff
2) Vgl. UNCTAD, Third Session, Resolution 63(III), Special Measures Related to the Particular Needs of the Land-Locked Developing Countries, 29 June 1972, TD(III)/Misc. 3, p. 85 ff

XVIII. SONSTIGE WICHTIGE BESCHLÜSSE DER UNCTAD

1. Charta der ökonomischen Rechte und Pflichten aller Staaten

Bereits in seiner Eröffnungsrede äußerte der chilenische Präsident Allende seine Sorge darüber, daß durch realen und potentiellen Druck das souveräne Recht von Staaten beschnitten wird, über ihre Naturschätze selbst zu verfügen. Er verwies auf die Konvention der Menschenrechte und den ersten allgemeinen Grundsatz der UNCTAD sowie auf das von der "Gruppe der 77" in Lima genauer formulierte Prinzip zur Abwehr solcher Drohungen. Das Prinzip besagt, "daß jedes Land das souveräne Recht hat, frei über seine Naturschätze im Interesse seiner wirtschaftlichen Entwicklung und der Wohlfahrt seiner Bürger zu verfügen". In diesem Zusammenhang erwähnte Allende die von der chilenischen Regierung unternommene Verstaatlichung der Kupferindustrie.

Im Laufe der Konferenz setzte sich immer mehr die Ansicht durch, gleichberechtigt neben die Charta der Menschenrechte eine Konvention wirtschaftlicher Rechte und Pflichten aller Staaten zu setzen. Die Konferenz einigte sich auf einen Charta-Entwurf[1], der unter dem provisorischen Titel "Charter of the Economic Rights and Duties of States" nach einer weiteren Bearbeitung durch die Vollversammlung der Vereinten Nationen zur Verabschiedung vorgelegt werden soll.

Der Konventionsentwurf erinnert daran, daß eine der Hauptaufgaben der UNCTAD darin besteht, "Prinzipien und politische Grundsätze zum internationalen Handel und daran anknüpfend Probleme wirtschaftlicher Entwicklung" zu formulieren. Es wird ferner auf die Strategie des zweiten Entwicklungsjahrzehnts sowie die relevanten Prinzipien der "Charta von Algier" und der "Deklaration von Lima" verwiesen.

Die Charta geht davon aus, dass die gegenwärtigen juristischen Instrumentarien, auf denen die internationalen Wirtschaftsbeziehungen basieren, durchaus widerruflich sind und keine befriedigende Möglichkeit bieten, eine gerechte Ordnung sowie eine stabile Weltlage herbeizuführen. Daher soll eine Konvention formuliert werden, die einen angemessenen Schutz der Rechte aller Länder, besonders der Entwicklungsländer, garantiert.

---

1) Vgl. UNCTAD, Third Session, Resolution 45 (III), Charter of the Economic Rights and Duties of States, 29 June 1972, TD (III) Misc. 3, p.30 ff; die Resolution wurde mit 90 Ja- bei keiner Nein-Stimme und 19 Enthaltungen angenommen.

Es wird daran erinnert, daß die Charta der Menschenrechte und der "International Convenants on Human Rights" ihre Grundsätze in Abhängigkeit von einer gerechten internationalen Ordnung und der Achtung des Prinzips der Selbstbestimmung von Völkern sehen. Damit ist auch das Recht zur freien Disposition über eigene Reichtümer und natürliche Ressourcen gemeint.

Das Konzept beachtet dabei die dringende Notwendigkeit, in der internationalen Gemeinschaft allgemein akzeptierte Normen zu errichten, nach denen internationale wirtschaftliche Beziehungen systematisch geregelt werden und betont folglich die Bedeutung einer weiteren Stärkung der UNCTAD, um die vollständige Überwachung dieser Normen zu gewährleisten.

Zur Realisierung dieses Zieles beschloß die UNCTAD, daß eine Arbeitsgruppe aus Regierungsmitgliedern von 31 Mitgliedsstaaten die Textformulierung für ein Charta-Konzept ausarbeitet. Sie soll sobald als möglich vom UNCTAD-Generalsekretär in Vereinbarung mit Delegierten der Konferenzstaaten berufen werden.

2. Multilaterale Handelsgespräche

Ihre unnachgiebige Haltung auf dem Gebiet des internationalen Warenhandels und die daraus resultierenden dürftigen Ergebnisse der Konferenz mögen die Industrieländer bewogen haben, multilaterale Handelsgespräche zu initiieren und zu unterstützen. Die im Rahmen der GATT-Runde 1973 beginnenden Gespräche werden - nach der Resolutionsempfehlung der Konferenz, die ohne Gegenstimme aufgenommen wurde[1] - die Ausdehnung und Liberalisierung des internationalen Handels sowie die Verbesserung des Lebensstandards in der Dritten Welt zum Gegenstand haben. Die Entwicklungsländer machten in der Resolution jedoch deutlich, daß sie nur dann bereit sind an den geplanten Verhandlungen teilzunehmen, wenn sie bei der Festlegung der Konferenzmodalitäten von vornherein partizipieren können. Dazu unterbreiteten sie einen Katalog von Vorkehrungen und Bedingungen:

---

1) Vgl. UNCTAD, Third Session, Resolution 84(III), Multilateral Trade Negotiations, 29 June 1972, TD(III)/Misc. 3, p. 155 ff

- Die Verhandlungen sollten eine reale Verbesserung der Lage der Entwicklungsländer erwarten lassen.

- Werden Präferenzvorteile der Entwicklungsländer reduziert, sollten sich die Industrieländer zur Kompensation bereitfinden.

- Es wird eine Erleichterung des Marktzugangs und ein Anwachsen des Marktanteils der Entwicklungsländer-Exporte erwartet.

- Zwischen Industrieländern vereinbarte Handelserleichterungen sollten auch auf die weniger entwickelten Länder Anwendung finden.

- Hingegen müßten Sondervereinbarungen mit den Entwicklungsländern auf diese begrenzt bleiben wie auch

- Handelserleichterungen der Entwicklungsländer untereinander nicht der Meistbegünstigungs-Klausel unterliegen sollten.

- Die Exporte der am wenigsten entwickelten Länder sollten bei der Vereinbarung von Handelserleichterungen besondere Priorität geniessen.

Die Entwicklungsländer legten besonderen Wert darauf, an den Verhandlungen in allen Phasen umfassend, effektiv und kontinuierlich beteiligt zu werden.

3. Regierungskonsultationen über Fragen des Marktzugangs und der Preispolitik

Aus einer ähnlichen Motivation heraus dürfte eine andere Resolution entstanden sein, die ebenfalls keine sachlichen Fortschritte gebracht hat, jedoch beabsichtigt, solche anzubahnen[1]. Die Empfehlung weist in ihrer Einleitung nochmals darauf hin, daß die Konferenz keinen der zu den Problemen des Marktzugangs und der Preispolitik eingebrachten Resolutionsentwürfe angenommen hat. Daher wurde der Generalsekretär der UNCTAD aufgefordert, die 7. Sitzung des Warenausschusses als Sondersitzung einzuberufen, deren Ziel es sein soll, intensive Regierungsverhandlungen vorzubereiten und gegebenenfalls eine ad-hoc Beratungsgruppe zu bilden.

---

1) Vgl. UNCTAD, Third Session, Resolution 83(III) Intergovernmental Consultations on Commodities in Connexion with Access to Markets and Pricing Policy, 29 June 1972, TD(III)/Misc. 3, p. 159 ff

4. Entschließung zum Suezkanal

Nach einer heftigen Diskussion, insbesondere zwischen den arabischen Nationen und den westlichen Ländern, über die Zuständigkeit der UNCTAD in dieser Frage, verabschiedete die Konferenz eine Resolution[1] zu den wirtschaftlichen Auswirkungen der Schließung des Suezkanals. Sie sieht in der Besetzung arabischer Territorien durch Israel den Grund für die anhaltende Schließung des zur Förderung des internationalen Handels zwischen Ost und West wichtigen Kanals. Dadurch ergaben sich für viele Länder, besonders denen der Dritten Welt, wirtschaftliche Schwierigkeiten hinsichtlich ihrer Entwicklung, insbesondere für ihre Zahlungsbilanz. Unter Hinweis auf eine Studie der UNCTAD, die beim "Afrikanischen Ministertreffen" im Oktober 1971 und auf dem zweiten Ministertreffen der Gruppe der 77 im Oktober/November 1971 vorgelegt wurde, sowie unter Beachtung zweier Resolutionen dieser Treffen und denen des Sicherheitsrates und der Vollversammlung, betont die Konferenz die Notwendigkeit der Wiedereröffnung des Suezkanals zur Normalisierung des internationalen Handels und zum Nutzen besonders der betroffenen Entwicklungsländer. Die Konferenz erachtet den Rückzug Israels aus den besetzten Gebieten als Voraussetzung für die Wiedereröffnung des Kanals und unterstützt deshalb die Resolution 242 (1967) des Sicherheitsrates, deren Umsetzung in die Praxis eine beschleunigte Wiedereröffnung ermöglichen sollte.

5. Wirtschaftliche Aspekte der Abrüstung

In einer weiteren Resolution[2] befaßte sich die Konferenz mit den handels- und wirtschaftspolitischen Aspekten einer internationalen Abrüstung. Unter Hinweis auf drei Resolutionen der UN-Vollversammlung wurde die enge Verbindung zwischen der Abrüstungsdekade und dem zweiten Entwicklungsjahrzehnt hervorgehoben. Es wurde an den vom Generalsekretär der UNO 1973 vorzulegenden Report über Koordinierung und Möglichkeiten einer Verwendung der durch generelle und vollständige Abrüstung freiwerdenden Mittel erinnert. Die Konferenz betonte, daß trotz der für einen Weltfrieden und eine weitere wirtschaftliche und soziale Entwicklung der Entwicklungsländer notwen-

---

1) Vgl. UNCTAD, Third Session, Resolution 40(III) Economic Effects of the Closure of the Suez Canal, 29 June 1972, TD(III)/Misc. 3, p. 16 f
2) Vgl. UNCTAD, Third Session, Resolution 44(III) Trade and Economic Aspects of Disarmament, Annahme der Resolution mit 87 Ja- zu keiner Nein-Stimme bei 9 Enthaltungen, Santiago 29 June 1972, TD(III)/Misc. 3

digen Abrüstung die militärischen Ausgaben in der Welt weiterhin
stark ansteigen, dagegen die Mittel für Entwicklungshilfe immer
noch begrenzt sind. Die Konferenz drängte auf die Verabschiedung
und Verwirklichung weiterer Maßnahmen zur Abrüstung und forderte
die Mitgliedsländer auf, die frei werdenden Mittel zur Finanzierung
von wirtschaftlichen und sozialen Programmen besonders in Entwicklungsländern zu verwenden.

6. Öffentlichkeitsarbeit

In einer einstimmig angenommenen Resolution[1] unterstrich die Konferenz unter Hinweis auf die Konferenzresolution 10 vom 22.3.1968,
die Internationale Entwicklungsstrategie, die allgemeine Deklaration der Menschenrechte und eine weitere diesbezügliche Resolution
der UN-Vollversammlung die Notwendigkeit, die Öffentlichkeit der
Industrie- und Entwicklungsländer in stärkerem Maße über wirtschafts-,
handels-, finanzpolitische und technische Probleme der Entwicklungsländer aufmerksam zu machen. Die Funktion internationaler Informationsmedien läßt sich, so die Resolution, daran ermessen, daß eine
mobilisierte Öffentlichkeit die Regierungen entwickelter Länder
zu gesteigerten Hilfeleistungen ermutigen und damit bewirken könnte,
daß die in der Zweiten Entwicklungsdekade formulierten Ziele erreicht
werden. Dabei wies die Konferenz auf die Bedeutung des "UNCTAD Information Service" und des "UN-Centre for Economic and Social Information" hin, deren Journalistenseminar am Ende der Konferenz verstärkt das internationale Interesse an entwicklungsspezifischen Problemen weckte.

Parallel zum vorgeschlagenen "Weltentwicklungstag" empfahl die Konferenz die Konstituierung eines "Weltentwicklungsinformationstages",
der alljährlich die Bedeutung der internationalen Zusammenarbeit für
die Entwicklungsprobleme betonen soll. Dabei sollen die oben erwähnten UN-Organe ihre Zusammenarbeit untereinander sowie gegenüber nichtstaatlichen Organisationen verstärken und Programme für diesen Tag
ausarbeiten. Bezüglich wirkungsvollerer Öffentlichkeitsarbeit wird
dem Generalsekretär der UNCTAD empfohlen, Studien über die Wirkung
der Informationsmedien auf einflußreiche Gruppe der Öffentlichkeit
anzufertigen.

---

1) Vgl. UNCTAD, Third Session, Resolution 43(III) Dissemination of
Information and Mobilization of Public Opinion Relative to Problems of Trade and Development, 29 June 1972, TD(III)/Misc. 3,
p. 25 ff

DIE DRITTE VOLLVERSAMMLUNG DER KONFERENZ DER
VEREINTEN NATIONEN FÜR HANDEL UND ENTWICKLUNG
Santiago 1972

Bericht des Generalsekretärs der UNCTAD an den
Generalsekretär der Vereinten Nationen [1])

EINLEITUNG

1. Die dritte Vollversammlung der UNCTAD wurde zu einem Zeitpunkt einberufen, als die Reform des internationalen Währungssystems noch allseitige Aufmerksamkeit erforderte und nur ein paar Wochen nachdem die Regierungen der entwickelten Länder mit Marktwirtschaft ihre Absicht erklärt hatten, im Jahre 1972 multilaterale und umfassende Handelsverhandlungen im Rahmen des GATT einzuleiten und aktiv zu unterstützen. Diese beiden ineinandergreifenden Fragen wurden nicht nur während der Konferenz in Santiago erörtert, sondern auch in Beratungen zwischen Regierungen, die während der Welthandelskonferenz an anderen Orten stattfanden.

2. Es besteht kein Zweifel darüber, daß infolge der internationalen Währungssituation und der Aussicht auf multilaterale Handelsverhandlungen die entwickelten Länder mit Marktwirtschaft nicht sehr bereit waren, auf die seitens der Entwicklungsländer auf der Konferenz gestellten Forderungen wohlwollend einzugehen. Andererseits war es gerade dadurch, daß die Versammlung in einer Zeit abgehalten wurde, in der währungs- und handelspolitische Maßnahmen vorbereitet wurden, möglich, auf der Konferenz grundsätzliches Einverständnis über die volle und effektive Beteiligung aller Entwicklungsländer bei internationalen Entscheidungen in für sie lebenswichtigen Fragen zu erzielen. Die Konferenz kam ebenfalls über einige Maßnahmen zur Durchführung dieses Grundsatzes überein. Die Zustimmung zur Beteiligung an international zu treffenden Entscheidungen über diese Fragen wird möglicherweise als eine der hauptsächlichen Errungenschaften der dritten Vollversammlung der Konferenz angesehen werden.

3. Man schien mit Recht erwarten zu können, daß diese erste Versammlung, die von der Konferenz in der Zweiten Entwicklungsdekade der Vereinten Nationen abgehalten wurde, die Gelegenheit ergreifen würde, den internationalen Wirtschaftsbeziehungen die Dynamik zu verleihen, die zur Erreichung der Ziele der internationalen Entwicklungsstrategie erforderlich ist. Diese Gelegenheit wurde keineswegs voll genutzt. Für den Mangel an hinreichenden Aktionen sind alle Beteiligten verantwortlich, aber die weitaus größte Schuld daran tragen die Länder, die eine führende Rolle in der Weltproduktion und im Welthandel spielen. Trotz der Inanspruchnahme dieser Länder mit ihren eigenen, zugegebenerweise komplizierten Problemen hätten sie in der Lage sein müssen, neue handels- und entwicklungspolitische Maßnahmen zu vereinbaren, die für die Dritte Welt von großem Nutzen gewesen wären und ihre eigenen Volkswirtschaften nur geringfügig belastet hätten.

4. Besonders betroffen von diesem Mangel an Aktionen waren die Bereiche, die traditionsgemäß unter die Zuständigkeit der UNCTAD fallen, nämlich die lebenswichtigen Bereiche des Handels und der Finanzen, insbesondere der Handel mit Grundstoffen und die Verschuldung der

[1]) Vgl. UNCTAD, The Third Session of the United Nations Conference on Trade and Development, Report by the Secretary-General of the UNCTAD to the Secretary-General of the United Nations, 30 June 1972, TD/179, (Übersetzung der Autoren) .

Entwicklungsländer. Im Gegensatz hierzu wurden auf einigen relativ neuen, aber wichtigen Tätigkeitsgebieten der UNCTAD bedeutende Fortschritte gemacht, es wurde Übereinstimmung über Sondermaßnahmen zugunsten der am wenigsten entwickelten und küstenfernen Entwicklungsländer erzielt.

5. Die Vollversammlungen der Konferenz sind wichtige Ereignisse, Gelegenheiten für erneute Anstrengungen, dem Erreichen ihrer Ziele näherzukommen. Die UNCTAD hat sich jedoch fest als ein aktionsfähiges Unternehmen etabliert, und in den Perioden zwischen den Versammlungen werden die Arbeiten durch seine ständigen Gremien fortgeführt. Einige wichtige Ergebnisse, wie z.B. der Abschluß des internationalen Zuckerabkommens, der Beitrag zur internationalen Entwicklungsstrategie und die Einführung des Allgemeinen Präferenzsystems in den meisten entwickelten Ländern wurden zwischen der zweiten und dritten Vollversammlung der Konferenz erzielt. Angesichts der Vielfalt und Kompliziertheit der auf der Tagesordnung stehenden Punkte sollte die Bedeutung einer Vollversammlung der Konferenz nicht nur nach den im Laufe einiger Wochen tatsächlich erzielten Ergebnissen beurteilt werden, sondern auch nach ihrem Einfluß auf zukünftige Aktivitäten und Maßnahmen innerhalb und außerhalb der UNCTAD. Gleichzeitig muß zugegeben werden, daß die Einführung und Anwendung konvergierender Maßnahmen zur wirksamen Förderung des wirtschaftlichen und sozialen Fortschritts der Dritten Welt bisher nicht so schnell vonstatten ging, wie es die Dimension und Dringlichkeit dieser zentralen Frage unserer Zeit erfordert.

6. Die internationale Gemeinschaft steht immer noch vor der Aufgabe, das Bewußtsein vom Entwicklungsproblem in neue handels- und entwicklungspolitische Maßnahmen umzusetzen, wodurch gegenwärtige Trends geändert werden können, bevor sie größere Krisen auslösen. Wenn dieses Ziel erreicht werden soll, ist es besonders wichtig, daß die Bestimmungen der Konferenzbeschlüsse über die Währungssituation und die multilateralen Handelsverhandlungen konsequent befolgt und von den Regierungen und einschlägigen Organisationen in Kraft gesetzt werden. Die Konferenz erkannte an, daß die UNCTAD in dieser Hinsicht eine wichtige Rolle zu spielen haben würde, besonders im Hinblick auf die multilateralen Handelsverhandlungen. Außerdem sollten Anstrengungen gemacht werden, die Leistungsfähigkeit der institutionellen Einrichtungen der UNCTAD zu erhöhen und dadurch das Erreichen sinnvoller Resultate zu ermöglichen, sowie die öffentliche Meinung zu mobilisieren mit dem Ziel, den politischen Willen zu schaffen, der erforderlich ist, um einen genügend schnellen Fortschritt zu gewährleisten. Die dritte Vollversammlung der Konferenz widmete sich diesen Fragen.

7. Kommentare zu den Ergebnissen der Konferenz, in Tätigkeitsgebiete unterteilt, befinden sich in Kapitel I dieses Berichts. Um eine allgemeine Übersicht dieser Ergebnisse zu erleichtern, können die hauptsächlichen Leistungen der Konferenz wie folgt eingeteilt werden: [1]

a) Traditionelle Tätigkeitsgebiete der UNCTAD:
    i) Mangel an Ergebnissen: Finanzielle Fragen außer dem "Link" (A); Zugang zu Märkten und Preisgestaltungspolitiken in bezug auf Grundstoffe (B); Warendiversifizierung (B);

---

[1] Die Hinweise auf die verschiedenen Abschnitte des Kapitel I sind in Klammern angegeben.

ii) begrenzte oder unvollständige Ergebnisse; handelspolitische Hemmnisse für Exporte von Erzeugnissen aus Entwicklungsländern (B); der "Link" zwischen Sonderziehungsrechten und finanzieller Entwicklungshilfe (A);

  iii) positive Ergebnisse: Sondermaßnahmen im Hinblick auf die am wenigsten entwickelten und küstenfernen Entwicklungsländer (B); Handelsbeziehungen zwischen Ländern mit unterschiedlichen wirtschaftlichen und sozialen Systemen (B); Zusammenarbeit zwischen Entwicklungsländern (F); Schiffahrt und Versicherung (D).

b) Positive Ergebnisse auf relativ neuen Tätigkeitsgebieten der UNCTAD: Übertragung von Technologie und restriktive Geschäftspraktiken (C).

c) Neue wichtige Initiativen: internationale Entscheidungsverfahren und verwandte Angelegenheiten (A,B); Prüfung der Konzeptionen gegenwärtiger Ziele der Hilfe und ihres Zuflusses (A); Gewinnung der Bodenschätze des Meeresgrundes (B); Untersuchung der einschlägigen Aktivitäten multinationaler Gesellschaften (C); Charter of the Economic Rights and Duties of States (H); Umweltprobleme in bezug auf Handel und Entwicklung (H).

8. Zu der obigen Einteilung ist zu bemerken, daß der Gebrauch von Ausdrücken wie "Mangel an Ergebnissen" und "positive Ergebnisse" auf keinen gleichförmigen Kriterien basiert. Zum Beispiel waren die Erwartungen größer in Gebieten, in denen die Zielsetzungen in bestimmten praktischen Begriffen klar angegeben waren, als in Gebieten, in denen noch viel Erhebungs- und Forschungsarbeit zu leisten war. Ausserdem sollte die Einteilung in Verbindung mit den in den vorhergehenden Abschnitten 5 und 6 gegebenen Kommentaren gelesen werden. In Fällen, in denen ein Mangel an Ergebnissen festgestellt wird, können die letztendlichen Resultate daher positiv werden, wenn der politische Wille zum Handeln besteht als Reaktion auf Beschlüsse, die andeuten, wie Fragen, über die keine Einigung erzielt werden konnte, von dem ständigen UNCTAD-Apparat weiterbehandelt werden können.

Kapitel I: HAUPTPROBLEME VON HANDEL UND ENTWICKLUNG

A. Währungs- und Finanzfragen

9. Währungs- und Finanzfragen wurden auf der Konferenz ausführlich diskutiert, wobei dem ersteren viel größeres Gewicht beigemessen wurde, als dies auf früheren Versammlungen der Konferenz der Fall war.

Die internationale Währungssituation

10. Die Währungskrise, die im August 1971 ausbrach, und ihre Folgeerscheinungen demonstrierten sowohl die Notwendigkeit einer unter Beteiligung aller interessierten Länder durchzuführenden Reform des internationalen Währungssystems, als auch das Ineinandergreifen der Währungs-, Finanz- und Handelsprobleme.

11. Nach längeren Beratungen faßte die Konferenz einen Beschluß, mit dem sie die effektive Beteiligung der Entwicklungsländer am Entscheidungsverfahren stark unterstützte, den internationalen Währungsfonds (IWF) aufforderte, die Vorschläge zur Gründung eines Komitees der Zwanzig zur Beratung des Gouverneursrates über im Zusammenhang mit der Reform des internationalen Währungssystems stehende Fragen wohl-

wollend zu prüfen, und die Ansicht bekräftigte, daß die Entwicklungsländer durch neun Mitglieder in besagtem Komitee vertreten sein sollten. Der Beschluß legte ebenfalls nahe, Probleme im Währungs-, Handels- und Finanzbereich in koordinierter Weise unter Berücksichtigung ihrer gegenseitigen Abhängigkeit zu lösen.

12. Die im Hinblick auf die Währungssituation ergriffene Maßnahme ist einer der positiven Leistungen der Konferenz, obgleich zugegeben werden muß, daß zwei Fragen auf dem Gebiet des Entscheidungsverfahrens noch ungelöst sind. Die erste betrifft die Beteiligung von Nichtmitgliedern des IWF an Beratungen über internationale Währungsfragen. Bezeichnenderweise beteiligten sich die meisten sozialistischen Länder Osteuropas und China nicht an der Abstimmung über den Beschluß. Die zweite Frage betrifft die Art und Weise auf welche die oben erwähnte Koordinierung erreicht werden kann. Diese Frage wurde an den Ausschuß für Handel und Entwicklung weiterverwiesen, der sie auf seiner nächsten Sitzung anhand eines vom Generalsekretär der UNCTAD zu erstellenden Berichts behandeln soll. Dieser Bericht soll vom Generalsekretär aufgrund von Beratungen mit dem leitenden Direktor des IWF und dem Generaldirektor des GATT angefertigt werden.

Der "Link"

13. Der Beschluß über die Währungssituation befaßte sich auch mit der Frage der Einführung eines "Link" zwischen der Schaffung von Sonderziehungsrechten im IWF und der Bereitstellung von zusätzlichen Mitteln für Entwicklungsfinanzierung. Die Einführung eines solchen "Link" wurde von zwei für internationale Währungsfragen zuständige Expertengruppen, die vom Generalsekretär der UNCTAD im Jahre 1965 bzw. 1969 berufen wurden, befürwortet. Der Plan wurde von den Entwicklungsländern stark unterstützt; die entwickelten Länder mit Marktwirtschaft verhielten sich indes reserviert, obgleich die Idee von Währungsexperten in zunehmendem Maße unterstützt wurde.

14. Die Konferenz war sich der Wichtigkeit des Themas "Link" bewußt und forderte die geschäftsführenden Direktoren des IWF auf, dem Gouverneursrat so bald wie möglich die für die Entscheidung erforderlichen Untersuchungen vorzulegen, welche hinsichtlich der möglichen Einführung eines gangbaren Verfahrens gefällt werden müssen. Der angenommene Text erfüllte nicht die Erwartungen der Entwicklungsländer, die sie in ihrem eigenen Vorschlag zu dieser Frage ausgedrückt hatten. Er stellt jedoch einen bedeutenden Fortschritt dar, der - zusammen mit weiteren Anstrengungen - zufriedenstellende Ergebnisse zeitigen dürfte.

Andere Fragen

15. Die Konferenz erzielte keinen weiteren Fortschritt auf finanziellem Gebiet. Folglich enthält das Übereinkommen über das Ausmaß der Hilfeleistung keine nennenswerte Verbesserung der einschlägigen Bestimmungen der Internationalen Entwicklungsstrategie, obgleich sich weniger entwickelte Länder ihren Standpunkt vorbehielten als das bei Einführung der Strategie der Fall war. Eine wichtige Neuerung war jedoch die dem Handels- und Entwicklungs-Rat (Trade and Development Board) gegebene Anordnung, die Konzeptionen der gegenwärtigen Ziele der Entwicklungshilfe und Ströme zu untersuchen, um sich auf eine Diskussion darüber im Zusammenhang mit der zwischenzeitlichen Überprüfung der Durchführung der Internationalen Entwicklungs-Strategie vorzubereiten. Auf der Konferenz schlugen die Entwicklungsländer vor,

daß das 1 %-Ziel Komponenten, die sich von Hilfeleistungen unterscheiden, wie z.B. private Direktinvestitionen und Lieferanten- oder Käuferkredite nicht berücksichtigen und daß es keine Rückflüsse von Zinszahlungen enthalten sollte. Hinsichtlich der zusätzlichen Finanzierungen forderte die Konferenz die Internationale Bank für Wiederaufbau und Entwicklung erneut auf, vor der sechsten Sitzung des Komitees für mit dem Handel verbundene Dienstleistungen und Finanzierungen (Committee on Invisibles and Financing related to Trade) die Details für ein System zusätzlicher Finanzierungen und für die Mittel seiner Durchführung auszuarbeiten.

16. Das Schuldenproblem war ein ernster Fehlschlag der Konferenz. Die vom Sekretariat angefertigten Untersuchungen bewiesen, daß bei fehlenden Korrekturmaßnahmen das Schuldenproblem der Entwicklungsländer in den 70-er Jahren sogar noch größer werden würde als in der vergangenen Dekade. Angesichts dieser Aussicht fühlte sich die Konferenz genötigt, die Beziehung zwischen Verschuldung und Entwicklung genau untersuchen zu lassen und geeignete Abhilfemaßnahmen zu empfehlen.

17. Die Diskussion auf der Konferenz war gekennzeichnet durch große Meinungsverschiedenheiten zwischen Ländern mit entwickelter Marktwirtschaft und Entwicklungsländern über die Art der zur Behandlung des Schuldenproblems erforderlichen Maßnahmen. Es war auf der Konferenz nicht möglich, die Unstimmigkeiten zu beseitigen. Der von der Konferenz angenommene Beschluß fordert den Handels- und Entwicklungs-Ausschuß auf, ein besonderes Gremium innerhalb des UNCTAD-Apparates zu bilden, um praktische Lösungen für die Schuldendienstprobleme des durch diese akuten Schwierigkeiten aufgeworfenen Fragenkomplexes zu finden. Seitens der UNCTAD seien alle Anstrengungen zu unternehmen, um Übereinstimmung über den praktischsten Weg zur Durchführung dieses Beschlusses zu erzielen.

B. Probleme und Maßnahmen im Warenhandel

18. Auf dem Gebiet des Warenhandels erzielte die Konferenz keinen wesentlichen über frühere Entscheidungen hinausgehenden Fortschritt. Was die Verarbeitung betrifft, so waren die Ergebnisse der Konferenzberatungen begrenzt und unvollständig, wobei der Beschluß hinsichtlich restriktiver Geschäftspraktiken eine Ausnahme machte. Andererseits kam man in bezug auf Handelsbeziehungen zwischen Ländern mit unterschiedlichen wirtschaftlichen und sozialen Systemen ein Stück voran.

Multilaterale Handelsverhandlungen

19. Das Fehlen konkreter Ergebnisse auf dem Gebiet des Warenhandels spiegelte teilweise die Absicht der entwickelten Länder mit Marktwirtschaft wider, im Jahre 1973 umfassende Handelsverhandlungen aufzunehmen. Deshalb muß dem von der Konferenz über dieses Thema gefaßten Beschluß besonderes Gewicht beigemessen werden.

20. Die Konferenz lenkte die Aufmerksamkeit auf die Ansicht der Entwicklungsländer, daß für die Verhandlungen unter anderem gewisse, durch sie dargelegte Grundsätze maßgebend sein sollten und kam überein, daß besondere Verfahren, Modalitäten und Grundregeln für die Verhandlungen eingeführt werden sollten, um zu gewährleisten, daß die Interessen der Entwicklungsländer besondere Berücksichtigung finden und daß allen diesen Ländern Gelegenheit gegeben werden sollte, voll, wirksam und laufend an den Verhandlungen in allen ihren Stufen teil-

zunehmen. Der Generalsekretär der UNCTAD und der Generaldirektor des GATT wurden ersucht, den Entwicklungsländern behilflich zu sein und ihre Aktivitäten zu diesem Zweck zu koordinieren. Die Konferenz kam außerdem überein, daß die mit der Ausdehnung des Handels der Entwicklungsländer in Zusammenhang stehenden Arbeiten der UNCTAD tatkräftig gemäß den von der UNCTAD gefällten relevanten Entscheidungen durchgeführt und durch die bevorstehenden Handelsverhandlungen in keiner Weise verzögert werden sollten.

21. Die Ergebnisse der Kennedy-Runde der Handelsverhandlungen kamen hauptsächlich den entwickelten Ländern mit Marktwirtschaft zugute. Dem Beschluß über multilaterale Handelsverhandlungen sollten daher geeignete Maßnahmen seitens der Regierungen und der betreffenden Organisationen folgen, damit die in Aussicht genommene neue Verhandlungsrunde im Rahmen des GATT und weitere Aktionen der UNCTAD den Entwicklungsländern im Anfang der zweiten Entwicklungsdekade wesentlichen Nutzen bringen können.

Grundstoffe

22. Über die Frage der Bindung an ein bestimmtes aktionsorientiertes Programm bezüglich des Zugangs zu Märkten und der Preispolitik im Hinblick auf Rohstoffe wurde keine Einigung erzielt. Mit dem über dieses Thema angenommenen Beschluß verwies die Konferenz zwei von den Entwicklungsländern bzw. den entwickelten Ländern mit Marktwirtschaft vorgelegte Resolutionen an die UNCTAD. Mit demselben Beschluß entschied die Konferenz jedoch auch, daß die siebente Sitzung des Waren-Komitees (Committee on Commodities) eine Sondersitzung sein soll, auf der ausgiebige Beratungen zwischen den Regierungen über vereinbarte Waren organisiert und gegebenenfalls ad hoc-Beratungsgruppen gebildet werden sollen. Dies, zusammen mit dem Beschluß über multilaterale Handelsverhandlungen (siehe Absatz 20) hält die Möglichkeit der Aktion seitens der UNCTAD in bezug auf den Zugang zu Märkten und Preisbildungspolitiken offen, aber die Bedeutung der von der Konferenz gefällten Entscheidung hängt von dem politischen Willen der Regierungen ab, das Ziel zur Erreichung konkreter und bedeutender Resultate zu Beginn der 70-er Jahre in praktische Maßnahmen umzusetzen.

23. Auf dem Gebiet der Warendiversifizierung, das allgemein für sehr wichtig für die wirtschaftliche Entwicklung der Entwicklungsländer gehalten wird und dem sowohl vor wie während der Konferenz viel Beachtung geschenkt wurde, wurde nichts veranlaßt. Das Ausbleiben einer Entscheidung liegt zum großen Teil daran, daß die Entwicklungsländer darauf bestanden, daß jedwede Empfehlung in dieser Angelegenheit auf die Notwendigkeit eines verbesserten Zugangs zu den Märkten und vergrößerter Ströme finanzieller Hilfeleistung für Diversifikationszwecke hinweisen sollte, und die entwickelten Länder nicht bereit waren, dies zu akzeptieren. Der entsprechende Beschlußvorschlag wurde dem ständigen UNCTAD-Apparat zugeleitet.

24. Die Konferenz veranlaßte verschiedene Maßnahmen in einer Reihe anderer Handelsaspekte auf dem Rohstoffsektor. Erstens ersuchte sie die Weltbank, einige neue, angenommene Vorschläge zu prüfen, die die Operationen der Weltbankgruppe enger mit den Bemühungen um eine Stabilisierung der Warenpreise verknüpfen. Zweitens verlangten die Entschließungen der Konferenz im Hinblick auf die aus der Herausforderung der synthetischen Waren und Ersatzstoffe an die von den Entwicklungsländern exportierten Naturprodukte sich ergebenden Probleme nicht nur erhöhte finanzielle und technische Hilfe für Forschung, Entwicklung und Förderung zwecks Steigerung der Wettbewerbsfähigkeit der

Naturprodukte, sondern lenkten die Aufmerksamkeit der Konferenz in Umweltangelegenheiten auch auf die Bedeutung der Umweltverschmutzung für die Frage des Wettbewerbs zwischen Natur- und synthetischen Produkten und ersuchten die ständigen UNCTAD-Gremien, alle Folgerungen, die in dieser Hinsicht möglicherweise getroffen werden müssen, in ihrer weiteren Arbeit zu berücksichtigen. Drittens nahm die Konferenz eingedenk der auf der Vollversammlung gefaßten Beschlüsse Empfehlungen an, die ein Moratorium über die Gewinnung von Bodenschätzen aus dem Meeresgrund bis zur Gründung eines internationalen Regimes forderten und den 'Board and the Committee on Commodities' ersuchten, die sich aus der Gewinnung der Bodenschätze des Meeresgrundes ergebenden wirtschaftlichen Konsequenzen und Verwicklungen im Auge zu behalten. Viertens entschied die Konferenz, die Arbeit der UNCTAD in bezug auf Vermarktungs- und Verteilungssysteme zu erweitern, um zu prüfen, wie bestehende Systeme im Interesse der Entwicklungsländer verbessert werden können. Alles in allem kommt man um den Schluß nicht herum, daß die Konferenz jedoch in Gestalt konkreter Maßnahmen auf einem für die Mehrzahl der Entwicklungsländer lebenswichtigen Gebiet wenig erreichte.

Industrieprodukte

25. Bezüglich des "Allgemeinen Präferenzsystems" drängte die Konferenz die beiden entwickelten Länder mit Marktwirtschaft, die noch nicht die erforderliche Gesetzgebung veranlaßt haben, dies so schnell wie möglich zu tun, damit ihre Pläne im Jahr 1972 oder Anfang 1973 zur Anwendung kommen können.

26. Die entwickelten Länder mit Marktwirtschaft, die den Importen aus Entwicklungsländern bereits Vorzugsbehandlung gewährt haben, waren auf der Konferenz nicht bereit, Forderungen nach Verbesserung ihrer Präferenzregelungen zu berücksichtigen. Die Konferenz kam aber überein, das "Special Committee on Preferences" als Teil des ständigen UNCTAD-Apparates einzusetzen. Das Komitee soll sobald wie möglich zu Beratungen zusammenkommen, die zu Verbesserungen des Allgemeinen Präferenzsystems führen können. Die Konferenz kam ferner darin überein, daß die Präferenzen gewährenden Länder die Forderungen nach Verbesserungen ihrer Systeme in Erwägung ziehen sollten.

27. Auf der dritten Konferenz äußerten die Entwicklungsländer Befürchtungen, daß die bevorstehenden multilateralen Handelsverhandlungen Reduzierungen der Vorzugsspannen bei in den allgemeinen Präferenzregelungen enthaltenen Produkten zur Folge haben könnten. Dies ist eine der wichtigsten Fragen, die vom "Special Committee on Preferences" zu behandeln ist.

28. Im Vergleich zu den von den Entwicklungsländern vorgebrachten Forderungen bezüglich nicht-tarifärer Handelshemmnisse waren die von der Konferenz ergriffenen Maßnahmen sehr gemäßigt, allerdings erkannte die Konferenz die Notwendigkeit einer laufenden Prüfung nicht-tarifärer Handelshemmnisse innerhalb der UNCTAD an. Sie beschloß, auf der nächsten Versammlung ein Sitzungskomitee zu gründen, welches den Entwicklungsländern bei der Vorbereitung ihrer Teilnahme an den bevorstehenden multilateralen Handelsverhandlungen helfen und Maßnahmen zur Reduzierung, Lockerung und Beseitigung nicht-tarifärer Handelshemmnisse, die ihre Exporte beeinträchtigen (vgl. Abschnitt 20 oben), vorschlagen soll.

29. Die Konferenz bestätigte, daß restriktive Geschäftspraktiken einen wichtigen Bestandteil des Arbeitsprogramms zur Liberalisierung der Schranken im Handel der Entwicklungsländer mit Fertigwaren und Halbfertigwaren bilden (Die hinsichtlich dieser Praktiken ergriffene Maßnahme wird in Teil C erläutert).

30. Die Konferenz forderte die entwickelten Länder auf, gegebenenfalls geeignete Anpassungsmaßnahmen oder -programme hinsichtlich einer besseren Verteilung der Ressourcen einzuführen und stellte fest, daß solche Maßnahmen oder Programme die Notwendigkeit tarifärer und nichttarifärer Protektionen reduzieren könnten. Das UNCTAD-Sekretariat wurde ersucht, die Arbeit bezüglich der Anpassungshilfe, die von großer potentieller Bedeutung für eine rationellere internationale Arbeitsteilung ist, fortzusetzen.

31. Ein neues vielversprechendes Arbeitsgebiet ist das internationale "Sub-Contracting", das Gegenstand eines von der Konferenz angenommenen Beschlusses war.

Handelsbeziehungen zwischen Ländern mit unterschiedlichen wirtschaftlichen und sozialen Systemen

32. Die Konferenz gab zu bedenken, daß angesichts der wissenschaftlichen und technologischen Revolution und der beträchtlichen Erweiterung des internationalen Austauschs sowie der internationalen Spezialisierung die 70-er Jahre einen wichtigen neuen Markstein in der Entwicklung wirtschaftlicher Beziehungen zwischen Ländern mit unterschiedlichen wirtschaftlichen und sozialen Systemen darstellen dürften. Ungeachtet divergierender Meinungen in bestimmten Fragen wie z.B. der Wechselbeziehung von Handelsströmen und der Auswirkung der Expansion des Ost-West-Handels auf den Handel der Entwicklungsländer, nahm die Konferenz einen Beschluß an, der mehrere Empfehlungen enthält, die eine Erweiterung der auf ihrer zweiten Versammlung erzielten Übereinkunft auf diesem Gebiet darstellen.

33. Ein Merkmal des Beschlusses ist die in ihm ausgedrückte Meinung, daß diese Handelsströme zunehmend Teil eines komplexen Systems kommerzieller, industrieller, wissenschaftlicher und technologischer Zusammenarbeit werden. Um wirksam zu sein, müssen Maßnahmen zur Handelsförderung gleichzeitig auf mehreren in Wechselbeziehung stehenden Gebieten ergriffen werden. In diesem Zusammenhang mißt die Konferenz bilateralen und multilateralen Beratungen zwecks Bestimmung der langfristigen Zukunftsaussichten für gegenseitige Zusammenarbeit große Bedeutung bei, und zwar unter Berücksichtigung der bestehenden langfristigen wirtschaftlichen Entwicklungspläne der Partner auf Gebieten gemeinsamen Interesses. Sie empfahl ebenfalls, zu diesem Zweck Gebrauch von den ständig arbeitenden UNCTAD-Ausschüssen zu machen.

C. Technologietransfer und restriktive Geschäftspraktiken

34. Private Unternehmen der entwickelten Länder nutzen oftmals ihre Verhandlungsstärke aus, indem sie geschäftlichen Transaktionen Bedingungen auferlegen, die die Entwicklung der Länder der Dritten Welt hemmen und insbesondere diese Länder daran hindern, den vollen Nutzen aus dem Außenhandel zu ziehen. Die Verhandlungsmacht dieser Unternehmen resultiert aus der Verfügung über Technologie und unternehmerische Fähigkeiten sowie aus einer führenden Stellung auf einem oder mehreren Märkten. Sie wird ausgespielt durch große, in der Regel internationale Unternehmen, durch Kartelle oder andere Konzentrationsformen der Privatunternehmen.

35. Die Ausnutzung der überlegenen Verhandlungsstärke ist auf keinen Fall ein neues Phänomen. Allerdings wurde der UNCTAD erst in den letzten Jahren der klare Auftrag erteilt, sich mit dem Technologietransfer und den restriktiven Geschäftspraktiken, die den Handel mit

Industrieprodukten beeinträchtigen, zu beschäftigen. Zwar wurde zwischen der zweiten und dritten Welthandelskonferenz ein bedeutender Fortschritt erzielt, aber der entscheidende Durchbruch auf diesen ineinandergreifenden Gebieten erfolgte erst in Santiago. Man ist jetzt zu aktionsorientierter Forschung, Ausbildungs- und Beratungsdiensten sowie der Entwicklung geeigneter Verfahrensmethoden im Rahmen der UNCTAD-Aktivitäten bereit.

Technologietransfer

36. Auf ihrer dritten Versammlung billigte die Konferenz das von der "Intergovernmental Group on the Transfer of Technology" 1971 angenommene umfangreiche Arbeitsprogramm, beauftragte den Handels- und Entwicklungsrat (Trade and Development Board), das Programm der laufenden Aufgaben der UNCTAD auf diesem Gebiet in die institutionellen Einrichtungen der UNCTAD einzubeziehen und stimmte einer Reihe von Empfehlungen für entwickelte und weniger entwickelte Länder sowie für die internationale Gemeinschaft zu, Maßnahmen zum Zwecke eines verbesserten Zugangs der Entwicklungsländer zur Technologie und zur Stärkung ihrer wissenschaftlichen und technologischen Infrastruktur zu ergreifen. Der Generalsekretär der UNCTAD wurde ersucht, das Arbeitsprogramm hinsichtlich der Formulierung konkreter Verfahrensweisen durchzuführen, den Entwicklungsländern Beratung zu erteilen und Ausbildungsprogramme zu initiieren. Die von der Konferenz angenommene Resolution erstreckt sich ebenfalls auf so wichtige Themen wie die internationale Gesetzgebung zur Regelung des Technologietransfers, das Weltpatentsystem und die Wirkung des "brain drain" als entgegengesetzter Technologiefluß.

37. Die erhebliche Erweiterung des UNCTAD-Mandats auf dem Gebiet des Technologietransfers schafft eine Handlungsbasis für das Erzielen nützlicher Resultate für die Entwicklungsländer in den kommenden Jahren. In Übereinstimmung mit den Empfehlungen der Konferenz soll die Zusammenarbeit mit anderen internationalen Organisationen zur vollen Ausnutzung dieser Möglichkeit angestrebt werden.

Restriktive Geschäftspraktiken

38. Die Konferenz empfahl, alle Anstrengungen zu unternehmen hinsichtlich der Einschränkung und - wo möglich - der Beseitigung restriktiver Geschäftspraktiken, die den Handel der Entwicklungsländer mit Fertig- und Halbfertigwaren beeinträchtigen. Sie beschloß, eine ad-hoc-Expertengruppe mit dem weitreichenden Auftrag zu bilden, Untersuchungen solcher Praktiken durchzuführen und entsprechende Empfehlungen vorzulegen. Die Expertengruppe wurde ebenfalls beauftragt, die Möglichkeit der Aufstellung von Richtlinien zu prüfen, die den Regierungen von entwickelten und Entwicklungsländern zur Begutachtung und als Aktionsgrundlage auf diesem Gebiet vorgelegt werden sollen.

39. Der steigende Anteil multinationaler Unternehmen an der Weltproduktion und dem Welthandel sowie die von ihnen ausgeübte Macht fand auf der Konferenz weitgehende Beachtung und gab zur Besorgnis Anlaß. Es ist zu berücksichtigen, daß die Konferenz in die Gruppe restriktiver Geschäftspraktiken ausdrücklich auch solche einbezog, die aus Tätigkeiten multinationaler Gesellschaften resultieren und wodurch sowohl Handel als auch Entwicklung der Länder der Dritten Welt beeinträchtigt werden. Die vorzunehmenden Untersuchungen über Vertriebs- und Verteilungssysteme (vgl. Absatz 24 oben) werden sich auch auf die relevanten Tätigkeiten dieser Gesellschaften erstrecken.

40. Die internationale Gemeinschaft hat bisher der Art und Weise, in der multinationale Gesellschaften ihre wirtschaftliche Macht ausüben, zu wenig Beachtung geschenkt. Die UNCTAD ist jetzt aufgerufen, einen wesentlichen Beitrag zur Schließung dieser Lücke zu leisten.

D. Schiffahrt und Versicherung

41. Die Konferenz erreichte auf dem Gebiet der Schiffahrt und Versicherung einen beachtlichen Fortschritt. Es wird jetzt von den Regierungen der Länder mit entwickelter Marktwirtschaft anerkannt, daß der Staat in diesem wichtigen, überwiegend privatwirtschaftlich orientierten Bereich eine Rolle spielen muß.

Schiffahrt

42. Von Beginn der Konferenz an wurde den Schiffahrtsfragen große Bedeutung beigemessen. Eines der wichtigsten Probleme vor der dritten Versammlung war deshalb ein Verhaltenskodex für Linienkonferenzen.

43. Auf der Konferenz herrschte Einverständnis darüber, daß ein allgemein annehmbarer Kodex als dringende Angelegenheit unter der Schirmherrschaft der UNCTAD aufgestellt und in Kraft gesetzt werden sollte. So begann der Prozeß der Verhandlungen über einen Kodex tatsächlich auf der Konferenz. Es wurde jedoch keine Übereinstimmung in der wichtigen Frage der Regelung vs. Selbstregelung erzielt: Die Länder mit entwickelter Marktwirtschaft zogen einen selbstregelnden oder nichtbindenden Kodex vor, der von den Schiffahrtslinien freiwillig angewandt werden sollte, während die Entwicklungsländer die Erstellung eines multilateralen juristischen Instruments als Kodex forderten, dessen Anwendung bindend und erzwingbar sein sollte.

44. Die Konferenz verabschiedete eine Resolution, mit der die Vollversammlung der UN aufgefordert wurde, auf ihrer 27. Sitzung 1973 so früh wie möglich eine Bevollmächtigten-Konferenz zwecks Annahme eines Verhaltenskodex für Linienkonferenzen einzuberufen, der von den Regierungen aller Länder angenommen werden und in einer für sie bindenden und angemessen erzwingbaren Weise zur Durchführung kommen soll. Die Vollversammlung wurde ebenfalls aufgefordert, ein vorbereitendes Komitee zu bilden, welches sich unter anderem mit dem Entwurf eines multilateralen gesetzlichen Instrumentariums für einen Verhaltenskodex der Linienkonferenzen befassen soll. So kann das nächste Jahr ohne weiteres den erfolgreichen Abschluß einer äußerst wichtigen Phase der UNCTAD-Tätigkeit auf dem Gebiet der Schiffahrt bringen.

45. Die Konferenz fällte eine Reihe anderer Entscheidungen über Schiffahrtsfragen, die eine Erweiterung früherer Empfehlungen und Entscheidungen darstellen. Sie beziehen sich auf die Entwicklung von Häfen und Frachtraten, die Entwicklung der Handelsmarine, auf den internationalen kombinierten Verkehr und die wirtschaftliche Zusammenarbeit in der Handelsschiffahrt. Eine Übereinkunft über einen Verhaltenskodex für Linienkonferenzen würde diesen Entscheidungen zusätzliches Gewicht verleihen.

Versicherung

46. Der aktionsorientierte Beschluß über Versicherungsangelegenheiten, den die Konferenz auf ihrer dritten Versammlung angenommen hat, stellt einen beachtlichen Fortschritt im Vergleich zu den mehr oder weniger deklamatorischen Resolutionen der ersten und zweiten Versammlung dar. Unter nochmaliger Betonung der Empfehlung, daß Entwicklungsländer ihr eigenes Versicherungssystem so weit entwickeln und/ oder stärken sollten, daß es den im Rahmen ihrer eigenen Wirtschafts-

tätigkeit entstehenden Verpflichtungen genügen kann, empfahl die
Konferenz den Entwicklungsländern konkrete Maßnahmen zur Erreichung
dieses Ziels. Die vorgeschlagenen Aktionen erstrecken sich auf eine
Reihe von Gebieten, wie z.B. der Versicherungsgesetzgebung und -überwachung, der Anlage bestehender Versicherungsreserven, der Versicherungsstatistiken sowie der Zusammenarbeit auf regionaler oder
überregionaler Ebene. Die Konferenz war sich ferner darüber einig,
daß die Regierungen der entwickelten Länder und ihre Versicherungs-
und Rückversicherungsinstitutionen den Entwicklungsländern auf diesem Gebiet Hilfe leisten sollten.

47. Ein wesentlicher auf der Konferenz in Santiago erzielter Fortschritt ist die einstimmige Annahme eines neuen Vorschlags, das Versicherungswesen mit der wirtschaftlichen Entwicklung zu verbinden.
Auf diese Weise hat die Versicherung nicht mehr die alleinige Aufgabe des Schutzes des Versicherten, sondern sie befaßt sich auch mit
nationalen Interessen.

E. Am wenigsten entwickelte und küstenferne Länder

48. Die besonderen Probleme der am wenigsten entwickelten und der küstenfernen Entwicklungsländer wurden schon auf UNCTAD I angeschnitten,
aber erst auf der dritten Versammlung wurde die Konferenz aufgefordert, umfassende Aktionsprogramme für diese Länder in Betracht zu
ziehen. Die in Santiago erzielten Übereinkommen über Sondermaßnahmen
zugunsten der am wenigsten entwickelten bzw. küstenfernen Länder sind
positive Leistungen, die es der internationalen Gemeinschaft ermöglichen, sofortige und längerfristige Maßnahmen zur Unterstützung
der Entwicklungsbemühungen dieser Länder zu ergreifen.

Am wenigsten entwickelte Länder

49. Der Beschluß über Sondermaßnahmen zugunsten der am wenigsten
entwickelten Länder berücksichtigt eine Anfangsliste von fünfundzwanzig der "durch und durch" entwicklungsbedürftigsten Länder und sieht
die Einführung eines breitgefächerten Programms spezieller Maßnahmen zugunsten dieser Länder vor, das sich auf alle wesentlichen Tätigkeitsbereiche der UNCTAD erstreckt. Es ruft ferner zu einer beträchtlichen Steigerung des Stromes finanzieller und technischer Hilfe für die am wenigsten entwickelten Länder auf, läßt jedoch die Frage nach der Schaffung eines speziellen Fonds zu diesem Zweck unbeantwortet. Der Beschluß empfiehlt dem Wirtschafts- und Sozialrat, die
Notwendigkeit und Möglichkeit der Errichtung eines solchen Fonds zu
untersuchen, und bittet das UNDP, die Möglichkeit zu untersuchen, den
"United Nations Capital Development Fund" in erster Linie für die am
wenigsten entwickelten Länder zu verwenden. Der Beschluß ersucht ferner die Länderabgeordneten der UNCTAD, Tätigkeitsberichte über zugunsten der am wenigsten entwickelten Länder ergriffene Maßnahmen anzufertigen und beauftragt den Generalsekretär der UNCTAD, den Fortschritt laufend zu überwachen, besonders darauf zu achten, daß die
internationale Entwicklungsstrategie auf diese Länder angewandt wird
sowie in Zusammenarbeit mit zuständigen internationalen Organisationen gründliche und umfassende Länderstudien über die spezifischen
Probleme und Bedürfnisse jedes dieser entwicklungsbedürftigsten Länder zu erarbeiten.

50. In einem anderen Beschluß ersuchte die Konferenz den Handels-
und Entwicklungsrat (Trade and Development Board), die Bildung einer
zwischenstaatlichen Gruppe ins Auge zu fassen, die Maßnahmen und Verfahren zugunsten der am wenigsten entwickelten Länder formulieren,
entwickeln, überprüfen und beurteilen soll.

51. Weitere aktionsorientierte Studien über die Probleme der am wenigsten entwickelten Länder sind zweifellos erforderlich. Insbesondere sollte für jedes einzelne Land eine detailliertere Untersuchung vorgenommen werden, um festzustellen, wie die Wirksamkeit der technischen und finanziellen Hilfe für diese Länder gesteigert werden kann. Außerdem sollten Sondermaßnahmen auf dem Gebiet der Handelspolitik stärkere Beachtung finden, wobei die Entscheidung der Konferenz, die Interessen anderer Entwicklungsländer in keiner Weise durch diese Sondermaßnahmen zu verletzen oder zu beeinträchtigen, gebührend zu berücksichtigen ist.

52. Vorbehaltlich weiterer Erwägungen hat das erzielte Übereinkommen über eine Anfangsliste von 25 der "durch und durch" entwicklungsbedürftigsten Länder den Fortschritt auf diesem Gebiet sehr erleichtert. Die Konferenz entschied, die Liste im Lichte weiterer Forschung zu überprüfen und empfahl, daß die zuständigen internationalen Gremien die Kriterien für die Bestimmung der relativ benachteiligten Länder erarbeiten soll. Die Konferenz nahm ferner einen Beschluß über sich entwickelnde Inselstaaten an, demzufolge eine kleine Expertengruppe die besonderen Probleme dieser Länder studieren und diesbezüglich Vorschläge unterbreiten soll.

Küstenferne Länder

53. Die Konferenz empfahl eine Reihe von Sondermaßnahmen im Hinblick auf die speziellen Bedürfnisse der küstenfernen Entwicklungsländer. Diese Maßnahmen umfassen unter anderem die wirtschaftliche Struktur, die Transport- und Kommunikationsinfrastruktur, Transit- und Hafeneinrichtungen, institutionelle Vorkehrungen und Verwaltungsverfahren. Der Generalsekretär der UNCTAD wurde ersucht, die speziellen wirtschaftlichen Probleme der küstenfernen Länder ständig zu beobachten und eine Expertengruppe zu beauftragen, eine Reihe von auf der Konferenz vereinbarten Aufgaben durchzuführen.

54. Der von der Konferenz angenommene Beschluß sieht ausdrücklich vor, die Bestätigung allgemeiner Prinzipien mit einem Hinweis auf die praktischen Schritte zu verbinden, die zur Unterstützung der küstenfernen Länder unternommen werden müssen.

F. Zusammenarbeit unter den Entwicklungsländern

55. Die Deklaration von Lima[1] betonte die Notwendigkeit der Förderung der gemeinsamen Zusammenarbeit unter den Entwicklungsländern als ein Mittel, durch effektive Nutzung der Ergänzungsmöglichkeiten ihrer jeweiligen Ressourcen und Bedürfnisse zu ihrem wirtschaftlichen und sozialen Fortschritt beizutragen. Im Einklang mit dieser Bestimmung der Deklaration nahm die Konferenz eine Resolution über Handelsexpansion, wirtschaftliche Zusammenarbeit und regionale Integration unter den Entwicklungsländern an.

56. Die Resolution enthält detaillierte Empfehlungen und Richtlinien für Maßnahmen seitens der Entwicklungsländer selbst und für die Unterstützung von Seiten der Länder mit entwickelter Marktwirtschaft, der sozialistischen Länder Osteuropas, multilateraler Finanzorganisationen einschließlich regionaler und subregionaler Entwicklungsbanken sowie der internationalen Gemeinschaft als Ganzes. Die Unterstützungs-

---

[1] verabschiedet auf dem zweiten Ministertreffen der Gruppe der 77, im Oktober 1971 in Lima

aktion umfaßt Gebiete wie z.B. ungebundene Hilfe, die Anpassung des allgemeinen Präferenzsystems an die Integrationsbedürfnisse der Entwicklungsländer, Zahlungsabkommen zwischen Entwicklungsländern und die Bedürfnisse der weniger entwickelten Mitglieder regionaler Gruppierungen. Im Hinblick auf die zunehmende Bedeutung, die Entwicklungsländer dem Selbstvertrauen sowohl auf multinationaler als auch auf nationaler Ebene zumessen, sollte diese Resolution einen weiteren Anstoß zur intensiven Zusammenarbeit zwischen ihnen geben. Im Gegensatz zu einer Reihe anderer auf der Konferenz behandelter Themen war die Idee der Förderung der Zusammenarbeit unter Entwicklungsländern nicht umstritten, obgleich nicht alle der zum Zwecke solcher Zusammenarbeit vorgeschlagenen Sondermaßnahmen und Untersuchungen einstimmig unterstützt wurden.

G. Überprüfung und Beurteilung

57. Angesichts des entscheidenden Beitrags der UNCTAD zur Ausarbeitung der Internationalen Entwicklungsstrategie für die Zweite Entwicklungsdekade der Vereinten Nationen ist die Überprüfung und Beurteilung der Wirksamkeit der Strategie auf den Gebieten des Handels, der Hilfe u.a. eine Hauptaufgabe der UNCTAD. Auf ihrer dritten Versammlung bestätigte die Konferenz erneut die wichtige Rolle und Verantwortung der UNCTAD bei der Durchführung ihrer sektoralen Überprüfung und Beurteilung des in der Anwendung der Maßnahmen und in der Realisierung der Zielsetzungen der Internationalen Entwicklungsstrategie erreichten Fortschritts innerhalb ihres Kompetenzbereichs. Die Konferenz versicherte ebenfalls, daß das Verfahren der Überprüfung und Beurteilung ständige dynamische Anstrengungen innerhalb des UNCTAD-Apparates erfordere. Demzufolge muß es zum einen die Aufgabe sein, eine speziellere Übereinkunft über Fragen zu erlangen, die im Zusammenhang mit der Strategie nicht gelöst wurden, zum anderen müssen neue Gebiete der Übereinstimmung und die Ausweitung schon bestehender angestrebt werden, neue Konzeptionen entwickelt und Einvernehmen über zusätzliche Maßnahmen erzielt werden.

58. Die Konferenz beschloß, ihre im Zusammenhang mit der Internationalen Entwicklungsstrategie stehenden Überprüfungs- und Beurteilungsfunktionen den Handels- und Entwicklungsausschüssen zu übertragen, die sich zu diesem Zweck in einer Sondersitzung einmal alle zwei Jahre auf angemessen hoher Ebene treffen sollten, um geeignete Empfehlungen auf der Grundlage eines vom Generalsekretär der UNCTAD anzufertigenden Berichts zu formulieren. Der Rat wurde gebeten, die zur Überprüfung und Beurteilung der Durchführung von Empfehlungen, Beschlüssen und anderen Entscheidungen der UNCTAD bereits aufgestellten Regeln zu überprüfen, um diese Verfahren gegebenenfalls den Aufgaben der Überprüfung und Beurteilung von Maßnahmen anzupassen, die gemäß Paragraph 82 der Resolution 2626 (XXV) der Vollversammlung in den Kompetenzbereich der UNCTAD fallen.

H. Andere Problemkreise

59. Die Konferenz behandelte eine Anzahl weiterer wichtiger Fragen, einschließlich solcher, die allgemeine Grundsätze, eine Charta der wirtschaftlichen Rechte und Pflichten von Staaten, die menschliche Umwelt und die öffentliche Information betreffen.

Grundsätze und Charta der wirtschaftlichen Rechte und Pflichten von Staaten

60. Die Konferenz nahm einen von den Entwicklungsländern unterbreiteten Resolutionsvorschlag an, der bestimmte, der Entwicklung dienende Prinzipien für die internationalen Handelsbeziehungen und die Handelspolitik aufstellt. In einer des weiteren verabschiedeten Resolution wies die Konferenz besorgt auf den widerruflichen Charakter der gegenwärtigen internationalen rechtlichen Instrumentarien hin, die die wirtschaftlichen Beziehungen zwischen den Staaten regeln, und sie faßte Beschlüsse über eine Reihe von Maßnahmen - einschließlich der Einberufung einer aus Regierungsvertretern bestehenden Arbeitsgruppe - die den Entwurf einer Charta der wirtschaftlichen Rechte und Pflichten von Staaten unter Berücksichtigung der von der Konferenz auf ihrer ersten Versammlung gebilligten Grundsätze und der in der "Charta von Algier" und der "Deklaration von Lima" enthaltenen Prinzipien anfertigen soll. Die Ergebnisse der vorbereitenden Arbeit über eine derartige neue Charta sollen vom Handels- und Entwicklungsausschuß der Vollversammlung auf ihrer 28. Sitzung vorgelegt werden, damit sie über die Möglichkeit und das Verfahren der Ausarbeitung und Annahme der Charta entscheiden soll.

61. Der Vorschlag zur Erarbeitung einer Charta der wirtschaftlichen Rechte und Pflichten von Staaten kann weitreichende Konsequenzen haben.

Menschliche Umwelt

62. Es herrschte Übereinstimmung auf der Konferenz, daß Umweltmaßnahmen einen erheblichen Einfluß auf den internationalen Handel und die Entwicklung haben können. Insbesondere wurde befürchtet, daß die Sorge um den Schutz der Umwelt zur Errichtung neuer nicht-tarifärer Schranken führen könnte.

63. Die Konferenz veranlaßte den Generalsekretär der UNCTAD, die Untersuchungen über die Auswirkungen des Umweltschutzes auf Welthandel und Entwicklung besonders der Länder der Dritten Welt fortzusetzen. Dabei wird der Generalsekretär der UNCTAD von der Überlegung ausgehen, daß die Lösung der Umweltprobleme gleichzeitig mit den Anstrengungen zur Beschleunigung der wirtschaftlichen Entwicklung und der Erhöhung des Lebensstandards der Dritten Welt erfolgen muß.

Öffentliche Information

64. Die Konferenz erkannte die Bedeutung der Mobilisierung der öffentlichen Meinung zur Beschleunigung von Regierungsmaßnahmen auf dem Gebiet von Handel und Entwicklung. Es ist zu hoffen, daß die beabsichtigten Maßnahmen in der von der Konferenz zu diesem Thema angenommenen Resolution, einschließlich der Einführung eines "Weltentwicklungstages" durch die Vollversammlung, die erwünschten Auswirkungen auf die öffentliche Meinung und auf die Entscheidungen der Regierungen auf nationaler und internationaler Ebene haben werden.

Kapitel II: INSTITUTIONELLE FRAGEN

65. Die Konferenz befaßte sich mit zwei wichtigen Problemkreisen: der weiteren Entwicklung des institutionellen Rahmens der UNCTAD sowie mit ihren bestehenden Einrichtungen.

A. Entwicklung des institutionellen Rahmens der UNCTAD

66. Die Konferenz nahm einen Beschluß zu diesem Thema an, mit dem der Handels- und Entwicklungsrat ersucht wird, auf seiner im Jahre 1973 stattfindenden Sitzung die Gründung einer umfassenden Handelsorganisation in Betracht zu ziehen, die hinsichtlich ihrer Mitgliedschaft und ihres Problembereichs möglichst universal sein sollte.

67. Die Meinungen über diesen Beschluß sind geteilt, vor allem hinsichtlich der Frage der grundsätzlichen Struktur der Organisation, die sich mit multilateraler Zusammenarbeit auf dem Gebiet des internationalen Handels beschäftigen soll.

B. Bestehende Einrichtungen der UNCTAD

68. Aus Kapitel I, das die Ergebnisse der Konferenz, nach Tätigkeitsbereichen unterteilt, diskutiert, ist ersichtlich, daß sich der Aufgabenbereich der UNCTAD erheblich erweitert hat, weil relativ neue Tätigkeitsbereiche und eine Anzahl neuer Initiativen hinzugetreten sind. Gleichzeitig veranschaulicht der Überblick die dringende Notwendigkeit, in den traditionellen Bereichen von Handel und Hilfe, in denen die Konferenz keine bemerkenswerten Fortschritte erzielte, zu konkreten Ergebnissen zu kommen. Zusammenfassend zeigen diese positiven und negativen Seiten der Bilanz einmal mehr, wie wichtig es ist, die bestehenden Einrichtungen der UNCTAD zu überprüfen.

69. Auf der Versammlung in Santiago überdachte die Konferenz den Zeitplan der UNCTAD-Tagungen, die Mitgliedschaft des Handels- und Entwicklungsrates und seiner wichtigsten Ausschüsse sowie Maßnahmen zur Steigerung der Leistungsfähigkeit ihrer Organisation.

70. Die Konferenz empfiehlt der Vollversammlung, die Resolution 1995 (XIX) zu ergänzen, um sie mit den Praktiken der UNCTAD in Einklang zu bringen, nach denen die Konferenz gewöhnlich alle vier Jahre und der Rat gewöhnlich einmal im Jahr zusammentritt. Darüber hinaus empfahl die Konferenz den Ausschüssen des Rates, normalerweise zweimal zwischen den Versammlungen der Konferenz zusammenzukommen. Eine entsprechende Entscheidung würde die Häufigkeit der Ausschuß-Sitzungen verringern.

71. Im Hinblick auf die seit 1964 angestiegene Mitgliederzahl der UNCTAD empfiehlt die Konferenz eine weitere Ergänzung der Resolution 1995 (XIX) der Vollversammlung dergestalt vorzunehmen, daß die Mitgliedschaft des Rates von 55 auf 68 Mitglieder erweitert wird. Die Konferenz entschied ebenfalls, daß die Hauptausschüsse des Rates in Ausschüsse, die allen interessierten Mitgliedstaaten auf der Basis der Selbstbestimmung offen stehen, umgewandelt werden. Diese Neuerung soll vom Rat auf seiner Sitzung im Jahre 1974 überprüft werden.

72. Was die Leistungsfähigkeit ihrer ständigen Institutionen anbelangt, so wiederholte die Konferenz, daß die Aufgabe zur Verhandlung, einschließlich Erkundung, Beratung und Vereinbarung über Lösungen ein einziger Prozeß ist und daß das Erreichen von Lösungen das primäre Ziel der UNCTAD ist und bleibt und energisch verfolgt werden sollte. Darüber hinaus richtete die Konferenz die Aufmerksamkeit des Rates auf das in der Resolution 1995 (XIX) der Vollversammlung vorgesehene Schlichtungsverfahren und forderte ihn auf, gegebenenfalls

auf hoher Ebene Sitzungen abzuhalten und Sondersitzungen einzuberufen, um außergewöhnliche, die Hauptinteressen der Mitgliedstaaten berührende Situationen zu besprechen. Sie empfahl weiterhin, daß die Sitzungen der Ausschüsse des Rates auf genügend hoher Ebene stattfinden, so daß die Angelegenheiten wirksam abgehandelt werden können und daß die Ausschüsse nach sorgfältiger, vorbereitender Arbeit bei geeignetem Anlaß und gegebener Notwendigkeit in Experten- und/oder Ad-hoc-Gruppen zusammenkommen.

73. Die Konferenz erkannte, daß große Organisationen nicht leicht zu dirigieren sind und betonte deshalb die Wichtigkeit vorbereitender Arbeit vor den Sitzungen besonders der Ausschüsse des Rates. Der Handels- und Entwicklungsrat wird zweifellos auf seiner bevorstehenden Sitzung die verschiedenen Empfehlungen der Konferenz im Hinblick auf die Steigerung der Leistungsfähigkeit ihrer ständigen Institutionen sorgfältig erwägen.

C. Versammlungen der Konferenz

74. Auf der bevorstehenden Sitzung könnte der Rat auch die Frage der Leistungssteigerung der Konferenzversammlungen erörtern.

75. Der Konferenz in Santiago lag eine Tagesordnung zugrunde, die sich praktisch auf sämtliche Problemkreise im Kompetenzbereich der UNCTAD erstreckte. Trotz intensiver Arbeit, die durch die ausgezeichneten Arrangements der gastgebenden Regierung erleichtert wurde, erwies es sich als unmöglich, alle Punkte ordnungsgemäß zu behandeln. Es ist besonders zu bedauern, daß keine angemessene Beratung über eine Reihe von Resolutionen möglich war.

76. Ein weiteres Problem, welches die Konferenz mit sich brachte, hängt mit der Anwesenheit hoher Politiker zusammen. Die Präsenz einiger Minister und anderer hoher Politiker erwies sich gegen Ende der Konferenz als sinnvoll. Allerdings ist wahr, daß die meisten Minister eher der Anfangsphase der Konferenz als der Schlußphase beiwohnten - wobei gerade hier Entscheidungen von Spitzenpolitikern den Ausschlag über Erfolg oder Mißerfolg von Verhandlungen über Schlüsselfragen geben könnten.

77. Zweifellos wird sich der Rat besonders mit den Mitteln und Wegen, einschließlich intensiver vorbereitender Arbeit, zur Regelung einer Anzahl wichtiger Sachfragen auf den Sitzungen der Hauptausschüsse befassen. Folglich sollte es möglich sein, die Tagesordnung der Konferenzversammlungen auf die Sachfragen zu beschränken, die wirksam behandelt werden können, und so die Dauer der Konferenzversammlungen zu verkürzen, um die Präsenz hoher Politiker und die Erreichung positiver Resultate zu erleichtern.

LITERATURVERZEICHNIS

I. BÜCHER UND SAMMELWERKE

Aschinger, Franz E.	Das Währungssystem des Westens, Frankfurt 1971
Baldwin, Robert E.	Nontariff Distortions of International Trade, Washington 1970
Borrmann, Axel Jägeler, Franz-J. Kebschull, Dietrich Schams, Rasul M. Steuber, Ursula	Vermarktungs- und Verteilungssysteme für Rohstoffe - Eine Untersuchung möglicher Ansatzpunkte zur Rationalisierung bei Kakao, Baumwolle, Kautschuk und Zinn - durchgeführt im Auftrage des Bundesministeriums für Wirtschaft und Finanzen, Projektleitung: Dietrich Kebschull, Hamburg 1972, Veröffentlichung in Vorbereitung
Bremer Ausschuß für Wirtschaftsforschung	Auswertung der Dokumentation der 2. Welthandelskonferenz (1968), wissenschaftliche Schriftenreihe des Bundesministeriums für wirtschaftliche Zusammenarbeit, Bd.18, H. 1-3
Bridges, R. Kenneth (Hrsg.)	Croner's World Directory of Freight Conferences, New Malden and New York, 4. Ausg., Stand: Dezember 1971
Fasbender, Karl Wagner, Wolfgang unter Mitarbeit von J.Volker Bethke und Hans-L. Dornbusch	Das Argument der Diskriminierung von Exportländern, insbesondere Entwicklungsländern, durch die Frachtratenpolitik der Linienschiffahrtskonferenzen, Eine Untersuchung im Auftrage des Bundesministerium für Verkehr und für das Post- und Fernmeldewesen, Projektleitung: Horst Sanmann, Dietrich Kebschull, Hamburg 1972
Greve, Gerd	Die Bedeutung der internationalen Rohstoffabkommen für die unterentwickelten Länder, Diss., Münster 1961
Haan, Roelf L.	Special Drawing Rights and Development, Leiden 1971
Hirschmann, Albert O.	Die Strategie der wirtschaftlichen Entwicklung, Stuttgart 1967
Institut für Weltwirtschaft an der Universität Kiel	Auswertung der Dokumentation der Welthandelskonferenz; in: Wissenschaftliche Schriftenreihe des Bundesministeriums für wirtschaftliche Zusammenarbeit, Band 7, Heft 1, Stuttgart 1966
Johnson, Harry G.	Beiträge zur Geldtheorie und Geldpolitik, Berlin 1969
Kebschull, Dietrich unter Mitarbeit von Karl Fasbender und Ahmad Naini	Entwicklungspolitik - Eine Einführung, Düsseldorf 1971

Kebschull, Dietrich	Special Aspects of Development Finance: Proposals Regarding the Question of a Link between the Allocation of Special Drawing Rights and the Provision of Additional Development Finance to Developing Countries, erarbeitet im Auftrage des wissenschaftlichen Beirats beim Bundesministerium für wirtschaftliche Zusammenarbeit, Hamburg o.J.
Kebschull, Dietrich	Stellungnahme zum Tagesordnungspunkt (13b) Competitiveness of Natural Products (UNCTAD III) - erarbeitet im Auftrag des Wissenschaftlichen Beirats beim BMZ, Hamburg 1972 (Veröffentlichung in Vorbereitung)
MacBean, Alasdair	Export Instability and Economic Development, London 1966
Matzke, Otto	Plündern die Reichen die Armen aus?, Münster 1971
Myrdal, Gunnar	Politisches Manifest über die Armut in der Welt, Frankfurt 1970
Naini, Ahmad	Grundfragen der dritten Welthandelskonferenz, Veröffentlichung des HWWA-Institut für Wirtschaftsforschung, Hamburg 1972
Pearson-Bericht	Bericht der Kommission für internationale Entwicklung, Vorsitzender Lester B. Pearson, Wien-München-Zürich 1969
Radetzki, Marian	International Commodity Market Arrangements, A Study of the Effects of Post-War Commodity Agreements and Compensatory Finance Schemes, London 1969
Scharrer, Hans-Eckart	Auswirkungen des Realignments auf die Außenwirtschaftsposition der Entwicklungsländer, Stellungnahme des HWWA-Institut für Wirtschaftsforschung-Hamburg. angefertigt im Auftrage des Bundesministerium für Wirtschaft und Finanzen, Hamburg 1972
Wilhelms, Christian Boeck, Klaus	Market and Marketing in the Federal Republic of Germany - a Manual for Exports from Developing Countries, Hamburg 1971
Wilhelms, Christian Vogelsang, Dieter W.	Untersuchung über Fragen der Diversifizierung in Entwicklungsländern, HWWA-Report Nr. 3, Hamburg 1971
Wruck, Horst	Internationale Marktvereinbarungen, Berlin 1970

II. AUFSÄTZE AUS ZEITUNGEN UND ZEITSCHRIFTEN

Bethke, Volker J.	Focal Points of Chinese Economic Aid, in: Intereconomics, H. 6, Juni 1972
Johnson, Harry G.	Präferenzen - ein wirksames Instrument der Entwicklungsförderung, in: Wirtschaftsdienst, Nr. 7, 1966
Kamarck, Andrew M.	Die Allokation der Hilfe durch die Weltbankgruppe, in: Finanzierung und Entwicklung, 9. Jg., H.3, September 1972
Kebschull, Dietrich	UNCTAD - Großer Anlauf in der Währungspolitik, in: Entwicklung und Zusammenarbeit, hrsg. von der Deutschen Stiftung für Entwicklungsländer, 13. Jg., Juni/Juli 1972
Matzke, Otto	Der Widerspruch zwischen Handels- und Entwicklungspolitik, in: Aus Politik und Zeitgeschichte, Beilage zur Wochenzeitung Das Parlament, B 17/72 vom 22.4.1972
Naini, Ahmad	Ein Jahr EWG-Zollpräferenzen, in: Wirtschaftsdienst, Jg. 52, H. 7, Juli 1972
Valente, M. Gurgel	Von der Konfrontation zur Kooperation, in: Wirtschafts-Korrespondent, Nr.14 vom 3.4.1971
Valente, M. Gurgel	The Participation of Developing Countries in Shipping, in: Shipping and Developing Countries, International Conciliation, Nr. 582, New York 1971
o.V.	Bisherige Erfahrungen mit den allgemeinen Zollpräferenzen, in: Nachrichten für Außenhandel, Nr. 262 vom 10.12.1971
o.V.	Bonn diskutiert Handelshemmnisse, in: Handelsblatt Nr. 112 vom 14.6.72
o.V.	Runderlaß Außenwirtschaft Nr. 17/72 (betreffend IV 1: Vermögensanlagen Gebietsansässiger in fremden Wirtschaftsgebieten, vom 17. März 1972) in: Bundesanzeiger Nr. 65 vom 6.4.72

III. VERÖFFENTLICHUNGEN INTERNATIONALER ORGANISATIONEN

FAO
Agricultural Commodity Projections, Rome 1971, CCP 71/20

Committee on Commodity Problems, Study Group on Bananas, Fourth Session, Point à Pietre (u.a.) 5-12 May 1971, Review of Economic Aspects of Production, Trade and Distribution of Bananas, CCP: BA 71/2, 25 January 1971

Group of 77
II. Ministerial Meeting, The Declaration and Principles of the Action Programme of Lima, Lima 1971, MM/77/II/11

IBRD
Internationale Entwicklungsorganisation, Jahresbericht 1971

International Development Association, 15 June 1971, Report No. EC - 167 - 70

Supplementary Financial Measures, A Study Requested by the United Nations Conference on Trade and Development - 1964, Washington 1965

IMF
Annual Report 1969

Articles of Agreement of the International Monetary Fund, Washington, o.J.

Compensatory Financing of Export Fluctuations, Washington 1963

International Financial Statistics, July 1970 und June 1972

OECD
Entwicklungshilfe, Jahresprüfung 1971, Paris, Dezember 1971

Press Release, Paris, 5th July, 1972

UN
Committee for Development Planning, Report on the Seventh Session, Economic and Social Council, New York 1971, Suppl. No. 1

Economic and Social Consequences of Arms Race and of Military Expenditure, New York 1972

Economic and Social Council, Fifty-first Session, The Sea, Mineral Resources of the Sea, 26 April 1971, E/4973

General Assembly, Committee on the Peaceful Uses of the Sea-Bed and the Ocean Floor beyond the Limits of National Jurisdiction, Possible Impact of Sea-Bed Mineral Production in the Area beyond National Jurisdiction on World Markets, with Special Reference to the Problems of Developing Countries: A Preliminary Assessment, 28 May 1971, A/AC. 138/36

Monthly Bulletin of Statistics, June 1972

Monthly Bulletin of Statistics, July 1972

Statistical Yearbook 1965, New York 1966

UNCTAD   Handbook of International Trade and Development Statistics, New York 1972

International Monetary Issues and the Developing Countries, Report of the Group of Experts, New York 1965, TD/B/32, TD/B/C.3/6

International Monetary Reform and Co-Operation for Development, Report of the Expert Group on International Monetary Issues, New York 1969, TD/B/285/Rev. 1

Proceedings of the United Nations Conference on Trade and Development, Final Act and Report, Vol. I, New York 1964

Review of International Trade and Development 1971, 9 August 1971, TD/B/369/Add. 1

Trade and Development Board, Committee on Commodities, Sixth Session, Marketing and Distribution Systems for Primary Commodities, Descriptive and Statistical Reviews, Cocoa, Geneva, 5 July 1971, TD/B/C.1/110/Add. 1

Trade and Development Board, Elements of Tourism Policy in Developing Countries, 8 October 1971, TD/B/C.3/89

Trade and Development Board, Eleventh Session, Report of the Advisory Committee to the Board and to the Committee on Commodities on its Sixth Session, 1 June 1971, TD/B/348, TD/B/C.1/113, TD/ACBCC/6

Trade and Development Board, Fifth Session, Committee on Manufactures, Restrictive Business Practices, 19 January 1971, TD/B/C.2/104

Trade and Development Board, Generalized System of Preferences, Scheme of Czechoslovakia, TD/B/378/Add. 2, 3 September 1971

Trade and Development Board, Generalized System of Preferences, Scheme of Hungeria, 12 January 1972, TD/B/378/Add. 3/Annex

Trade and Development Board, Special Problems of Landlocked Countries, 19 July 1971, TD/B/363

Trade and Development Board, The Flow of Financial Resources 1 September 1971, TD/B/C.3/97

Third Session, Adjustment Assistance Measures, 14 January 1972, TD/121/Suppl.

Third Session, Commodity Problems and Policies, Access to Markets and Pricing Policy, Draft Resolution, Santiago, 9 May 1972, TD/III/C.1/L.13

Third Session, Commodity Problems and Policies, Access to Markets, Pricing Policy, Machinery and International Price Stabilization, Measures and Mechanisms, Draft Resolution, Santiago, 2 May 1972, TD/III/C.1/L.11

Third Session, Commodity Problems and Policies, Diversification, Draft Resolution, Santiago, 26 April 1972, TD/III/C.1/L.4 und TD/III/C.1/L.4/Rev. 1

Third Session, Commodity Problems and Policies, Diversification, International Action relating to Commodity Diversification, 14 February 1972, TD/109

UNCTAD Third Session, Commodity Problems and Policies, Diversification, Problems of Commodity Diversification in Developing Countries, 9 February 1972, TD/119

Third Session, Commodity Problems and Policies, Effectiveness of Commodity Agreements, Santiago, 16 February 1972, TD/129

Third Session, Commodity Problems and Policies, Marketing and Distribution Systems for Primary Commodities: Progress Report on a Study in Depth Regarding to Cocoa, Santiago, 9 February 1972, TD/113/Supp. 3

Third Session, Commodity Problems and Policies, Mineral Production from the Area of the Sea-Bed beyond National Jurisdiction, Issues of International Commodity Policy, 7 March 1972, TD/113/Supp.4

Third Session, Commodity Problems and Policies, Trends in Commodity Trade in the 1960s and Prospects for the 1970s, 7 March 1972, TD/113/Supp. 2

Third Session, Development of Merchant Marines, Santiago, 1 May 1972, TD/III/C.4/L.5

Third Session, Development of Merchant Marines, Santiago, 15 May 1972, TD/III/C.4/L.14

Third Session, Development of Ports, Santiago 1 May 1972, TD/III/C.4/L.4

Third Session, Development of Ports, Santiago, 14 May 1972, TD/III/C.4/L.11

Third Session, Development of Tourism, Draft Resolution of the Fourth Committee, Santiago, 2 May 1972, TD/III/C.4/L.6

Third Session, Draft Code of Conduct for Liner Conferences, Santiago, 27 April 1972, TD/III/C.4/L.2

Third Session, Draft Report of the First Committee, Santiago, 9 May 1972, TD/III/C.1/L.12

Third Session, Draft Report of the First Committee, Santiago, 13 May 1972, TD/III/C.1/L.12/Add. 2

Third Session, Draft Report of the Second Committee, Santiago, 8 May 1972, TD/III/C.2/L.11

Third Session, Export Promotion, 10 March 1972, TD/123

Third Session, Financial Resources for Development, Economic Growth and Development Financing: Issues, Policies and Proposals, Santiago, 4 January 1972, TD/118

Third Session, Financial Resources for Development, The Link, 22 December 1972, TD/118/Supp. 4

Third Session, Freight Rates, Santiago, 4 May 1972, TD/III/C.4/L.9

Third Session, Freight Rates, Santiago, 14 May 1972, TD/III/C.4/L.13

Third Session, Impact of the Present International Monetary Situation on World Trade and Development, Especially of the Developing Countries and Special Aspects of Development Finance: Proposals Regarding the Question of a Link between the Allocation of Special Drawing Rights and the Provision of Additional Development Finance to Developing Countries, Santiago, 9 May 1972, TD/III/C.3/L.12

UNCTAD   Third Session, Impact of the Present International Monetary Situation on World Trade and Development, Especially of the Developing Countries, Compensation for Losses Occasioned by the Realignment of Major Currencies, Draft Resolution, Santiago, 9 May 1972, TD/III/C.3/L.13

Third Session, Insurance and Reinsurance, Draft Resolution of the Fourth Committee, Santiago, 6 May 1972, TD/III/C.4/L.10

Third Session, International Combined Transport of Goods, Santiago, 1 May 1972, TD/III/C.4/L.3

Third Session, International Combined Transport of Goods, Santiago, 14 May 1972, TD/III/C.4/L.12

Third Session, Draft Report of the Second Committee, Liberalization of Non-Tariff Barriers, Santiago, 13 May 1972, TD/III/C.2/L.11/Add. 2

Third Session, Other Special Measures Related to the Particular Needs of the Land-Locked Developing Countries, 9 May 1972, TD/136

Third Session, Programme for the Liberalization of Quantitative Restrictions and Other Non-Tariff Barriers in Developed Countries on Products of Export Interest to Developing Countries, 31 January 1972, TD/120/Supp. 1

Third Session, Resolutions and Decisions of the United Nations Conference on Trade and Development, Santiago 13 April - 21 May 1972, Note by the UNCTAD Secretariat, Geneve, 29 June 1972, TD(III)/Misc. 3

Third Session, Restrictive Business Practices, 7 January 1972, TD/122/Supp. 1

Third Session, Restrictive Business Practices, Draft Report of the Second Committee, Santiago, 10 May 1972, TD/III/C.2/L.11/Add. 1

Third Session, Review of Trade in Manufactures of the Developing Countries 1960 - 70, 10 December 1971, TD/111

Third Session, Special Measures for the Least Developed among the Developing Countries, Selected Data, 14 March 1972, TD/135/Supp. 1

Third Session, The Declaration and Principles of the Action Programme of Lima, 12 November 1971, TD/143

Third Session, The Increasing Burden of Debt-Servicing in Developing Countries, 29 June 1972, TD(III)/Misc. 3

Third Session, The Outflow of Financial Resources from Developing Countries, 20 December 1971, TD/118/Supp. 5

Third Session, The Outflow of Financial Resources from Developing Countries Including Debt Servicing, Santiago, 28 April 1972, TD/III/C.3/L.7

Third Session, The Regulation of Liner Conferences, Geneva, 13 October 1971, TD/104